一杯清茶，神聊新闻创新

一间聊吧，推演新闻实战

一位长江韬奋奖入围者历时十年的新闻求新思辨

一部别开生面的新闻观念集

新闻求新聊吧

（修订版）

NEWS CHAT BAR

汝鸣◎著

经济日报出版社

图书在版编目（CIP）数据

新闻求新聊吧 /汝鸣著．--北京：经济日报出版社，2018.4（2023.4 重印）

ISBN 978-7-5196-0320-5

Ⅰ．①新… Ⅱ．①汝… Ⅲ．①新闻报道-研究 Ⅳ．①G212

中国版本图书馆 CIP 数据核字（2018）第 053927 号

新闻求新聊吧

作　　者	汝　鸣
责任编辑	张　丹
出版发行	经济日报出版社
社　　址	北京市西城区白纸坊东街 2 号 A 座综合楼 710
邮政编码	100054
电　　话	010-63567684（总编室）
	010-63584556（财经编辑部）
	010-63567687（企业与企业家史编辑部）
	010-63567683（经济与管理学术编辑部）
	010-63538621　63567692（发行部）
网　　址	www.edpbook.com.cn
E-mail	edpbook@126.com
经　　销	全国新华书店
印　　刷	北京虎彩文化传播有限公司
开　　本	710×1000 mm　1/16
印　　张	19.75
字　　数	330 千字
版　　次	2018 年 4 月第 1 版
印　　次	2023 年 4 月第 2 次印刷
书　　号	ISBN 978-7-5196-0320-5
定　　价	48.00 元

NEWS CHAT BAR

一本特别的书

——序汝鸣的《新闻求新聊吧》

成文胜

某日，师兄汝鸣来电说，他写了本书——《新闻求新聊吧》。惊喜之余，更好奇这会是怎样的一本书呢?

20 世纪 90 年代，我刚进入安徽新闻媒体的时候，就耳闻了师兄的大名，一位非新闻专业的县级通讯员成长为安徽日报社的高级记者，一直奔波于广袤的农村大地，深耕于农业报道。之后我虽然离开了媒体，但这么多年，不断有师兄的好消息传来：2 篇长篇通讯获中国新闻奖，1 篇消息入围中国新闻奖参评作品，12 篇作品获全国性其他新闻奖其中一等奖 3 篇，11 篇作品获安徽新闻奖其中特、一等奖 6 篇，还先后获全省性及以上其他新闻奖数十个。他本人也先后获得全国绿化奖章，两次省委、省政府联合表彰“先进个人”，入围全国第十届长江韬奋奖。

拿到书稿，认真拜读。果然，这样优秀的记者，在三十年新闻实践中始终不渝地追求一个“新”字，书稿从形式到观念不但够新，且具有很高的实用价值!

首先，这是一本形式特别的新闻求新观念集。

《新闻求新聊吧》不是新闻理论专著，汝鸣却结合自己的新闻作品较为系统、深入浅出地阐述自己的新闻新观念。全书从他近三千篇新闻作品中精选出五十九篇和两个系列报道，不再按消息、通讯、新闻评论和理论等来分类，也不是结合采编过程、写作背景等对作品的优劣做评价，而是通过对作品采写的回顾、思考及新闻价值的挖掘，来谈自己对新闻求新的理解和感悟。甚至，在一般新闻书籍作为附录收入的文学作品等，在《新闻求新聊吧》里，却被作为其新闻观念不可或缺的一部分，专门开列“与文学互鉴”“文友聊汝鸣”等栏目来聊，使之与全书有机地融为一体。

既为聊吧，此书在行文上采取了独特的聊天形式。每个话题，有话则长、无话则短、实话实说，有时一篇作品分作两种体裁来聊，有时一篇作品采取两级媒体对照（还包括自己原稿），聊成功不沾沾自喜，聊不足毫不避讳，忽而聊在前，忽而聊在后，加之一些恰到好处的即兴议论，整本《新闻求新聊吧》显得无拘无束、随心自然，没有故作高深、居高临下的感觉，一句“窃以为”，让读者觉得自己和汝鸣就对坐在一间悠闲的聊吧里，忘情地、不拘形式地探讨新闻的真谛。

其次，汝鸣聊的新闻观念也很特别。

书中赫然有一个栏目标题为“抬杠、求新”，又称“写新闻是‘骂人’的”。当然，这里并非真的是骂人，而是指和昨天旧的新闻价值取向抬杠，是求新的一种形象化、通俗化地比喻。汝鸣吸收新闻名家艾丰、黄彩忠等的新闻观念，提出采写新闻要像总理那样站在全国、全球和理论的高度想事情，既要善于思考，又要敢于“骂人”（即抬杠、求新，下同），“往往‘思考’为了‘骂人’，而‘骂人’也需要‘思考’。”要善于思考地“骂人”，二者相辅相成、相得益彰。正是由于这一特别的新闻感悟，使得汝鸣从一个小县城的通讯员一直“骂”到省级党报的高级记者，“骂”出《26亿元换来了什么？》《大局精神感动中国》《天长36个农技站办起示范园》《让瓜农到哪去卖瓜？》等一批中国新闻奖、安徽新闻奖等获奖作品，“骂”出《月季花传奇》《兼职“总统”张其应》《小张庄：一个春天的童话》《曹操回故乡》等一批深刻反映社会进步、具有传奇色彩的新闻佳作，“骂”出《该怪谁呢？》《公共农业设施谁来养护？》《化解农民办事难》《三上潮头》等一批深度剖析社会问题的新闻力作。

正像他在书中所聊的，想“骂”得那些不作为的农村党支部，振作起来、积极作为；想“骂”得那些学先进不求实效、只图形式、一味往外跑的地方领导求真务实；想“骂”得那些不调查市场、盲目引进、盲目生产的服装厂家茅塞顿开；想“骂”得那些应为公共农业设施毁坏负责的人，感到汗颜，亡羊补牢尽快改革……显然，其“骂人”的作品，更有社会价值。这特色让人不禁联想起蒲松龄笔下的《聊斋》。

所以，书中所述的新闻要善于思考地“骂人”，这看似奇谈怪论，实则是小“骂”大帮忙啊！这期翼的是不仅能给社会提供更有价值的新启示，有更佳的传播效果，也更能为社会提供正能量。

我很有幸，较早地走进师兄汝鸣的《新闻求新聊吧》，与其促膝长谈，获益匪浅。我相信会有更多的同行走进《新闻求新聊吧》，与之交友，聊新闻，聊文学，聊社会、聊人生……

（本文作者：中国传媒大学新闻学博士、硕士生导师）

NEWS CHAT BAR

立根原在破岩中

——赞《新闻求新聊吧》出版

王 鸿

熟悉农事的人们都知道，小麦是越冬作物，小麦丰收的要素很多，“麦盖三床被，头枕馍馍睡”是其中之一。但最关键的特性是它的根系发达，“根扎黄泉”就是生动的比喻。

到过黄山的人们都知道，奇松、怪石、云海、温泉，是黄山闻名于世的“四绝”。排名居首的奇松，奇特之处在于它生长在群山峻岭的巨石之中，只要有点空隙，它的根须就会破岩延伸。据说一棵大树地面上的枝条有多长，它在地下的根须就扎有多深。据《黄山志》记载，闻名遐迩的黄山迎客松已有 800 多年的历史，它那巨大的身姿，靠的就是在巨石下盘根错节的牵扯与支撑。

上面两段话，是我看过《新闻求新聊吧》一书后的联想。联想到作者汝鸣先生的为人为事，联想到他那坚韧不拔和奋力进取的精神，进而联想到清代郑板桥“咬定青山不放松，立根原在破岩中”的至理名言，从而在思想认识上有所收获，在精神层面上受到鼓舞。

安徽日报社高级记者汝鸣，一位发稿量大、上报率高、争上头版头条意识强，新闻作品获奖量大、影响面广的职业新闻工作者，于 2010 年初从报社经济新闻中心负责人的位置上退下来后，仍笔耕不止，近年来转入对新闻理念和采写技巧的进一步钻研中，并日夜兼程，写出《新闻求新聊吧》一书。

汝鸣先生邀我作序，我便很自然地想起他的为人为事。又从我们交往的故事中，联想到越冬小麦和黄山的奇松，这些看似风马牛不相及的事物联系在一起，深感这人世间很多情理是相通的。汝鸣的成长与成就，不也是“立根原在破岩中”的生动写照吗？！

早在20世纪80年代中期，我从省委机关调入安徽日报社工作后，就知道阜阳地区太和县有位通讯员叫汝鸣。当时只见其稿未见其人，经常看到他的来稿，大都及时反映党和政府的决策在农村落实的情况，之后于1989年和1991年，又分别在《农民日报》和《安徽日报通讯》上，看到记述汝鸣先进事迹的文章，进一步加深了对这位奋斗在农业战线上优秀通讯员的印象。令人敬佩的是，他出生于一个贫困的农家，不弃故土，不离乡情，扎根农村，关注“三农”，满腔热情地为农业的发展、农村的建设、农民的生活鼓与呼。尤其是在1986年其婚姻破裂后，作为农家的独子、月薪仅几十元的县直机关普通干部，上要奉养两位年逾古稀的老人，下要抚养三个农村户口的孩子，常常债台高筑。在如此不堪重负、异常艰辛的境况下，他每年在省内外报刊和电台上，都能发表上百篇新闻稿件，而且频频获奖。据县有关部门统计，自1989年其被《农民日报》评为优秀通讯员后的三年中，就在中央、省和地级新闻单位获得29个奖。

机遇总是青睐那些积极向上和奋力进取的人。1992年，安徽日报社为加强对突发事件和重大新闻的报道，决定成立“机动记者组”。除在本报范围内抽调得力编采人员外，党组决定把最熟悉农村、最深入基层、能写出“三农”好稿的汝鸣调进来。事后的实践证明，他上任后，如鱼得水，百倍奋力，不断创造新的业绩。

新闻工作者大都有此经验：写篇稿件不难，难在写出好稿，更难在写出的作品能够获得全省乃至全国的大奖。因为这些作品，不仅要求好在主题的挖掘上，还要表现在思辨的力度上和表达的技巧上，这其中的功底与艰辛、追求和付出，都不同寻常。而在这方面，汝鸣作出了突出的成绩。他在安徽日报的18年，参与和完成了难以计数的重大题材采访报道，年年都有作品获奖，其中有两个长篇通讯获“中国新闻奖”，在11篇获“安徽新闻奖”作品中有特等奖、一等奖6个，并在2009年被省新闻工作者协会推荐参评全国第十届长江韬奋奖。

作者本人不好自夸自己的业绩，但旁观者清。上面所介绍的，只能是汝鸣丰富经历的点滴。对其作品的感悟，还要靠读者去从中领会。值得欣慰的是，他的很多优秀作品，已经收录于《新闻求新聊吧》一书中。在中国传媒大学新闻学博士、硕士生导师成文胜教授为《新闻求新聊吧》所作的序言中，详述了此书在体例上的创新和在观念上的领异（这里不再赘述），加上作者自身的特殊经历和战斗业绩，堪称“三特”，这确实是本特别的书。

诚祝《新闻求新聊吧》出版成功！

（本文作者：原中共安徽省委宣传部副部长、安徽日报社党组书记、总编辑）

NEWS CHAT BAR

修订版的话

近年来，受新兴媒体强烈冲击，传统纸质出版物也像纸媒一样，发行量骤降。新闻业务类书籍尤甚。拙作能获得这么多读者朋友的喜爱，从而有幸再版，实属不易。欣喜之余，更感到一份沉甸甸的责任。唯有殚精竭虑，穷其所能，进一步提高作品质量，以回报读者厚爱。

拙作首次出版后，我先后应邀到各地做了几十场“新闻求新”的专题授课。每次授课，听众的反响总是很强烈。往往原计划一个半到两个小时的讲课时间，在听众一致地强烈请求下，不得不延长到两个半至三个多小时，甚至一次授课后几百本书就被抢购一空。然而，拙作在各地书店里的销售虽还不错，却远没能达到同样的热火。原因何在？

“全书每篇新闻作品后面聊的内容，能都取个标题就好了。”一次，原安徽日报编委、总编室主任、高级记者王彦的一句话让我猛然醒悟。本书每篇新闻作品和系列报道后面聊的内容，实际都是单独的一篇文章。标题是文章的眼睛，而眼睛是心灵的窗户。试想，一篇连标题都没有的文章，读者何以窥其所云？又如何能吸引他们去翻阅？本书初版精选的 59 篇新闻作品及 2 个系列报道后面聊的内容，主要传播的是我的新闻新观念和实用性很强的采写感悟等，却仅有 7 篇取了标题，且还没有放入目录。想来，我授课时引起强烈反响的这些新闻新观念和实用性很强的采写感悟等，即“聊吧”里聊的这些内容，由于没有标题竟大都被埋没在书本里了，忙忙碌碌的读者或许大都没能看到。酒香也怕巷子深啊！

然而，要给书中每一篇新闻作品和系列报道后面聊的内容都取个标题，却并非易事。这等于给每篇原比较随意聊的内容都正式确定一个主题，还都要围绕这个主题重新聊。这无异于对书中全部新闻作品和系列报道的一次再认识，对全部所聊内容的一次再提炼，对全书质量的一次再提升。随着再认识、再提炼，修订版对这些所聊内容的大部分都进行了修改，改动幅度较大。并且，修订版还将每篇所聊内容的标题都列入了目录。这样，书中传播的新闻新观念和实用性很强的采写感悟等，读者就较容易看到。

几十场授课，也使我更加了解各类读者的不同需求，在修改每一篇所聊内容时有的放矢。修订版依据重在提高、兼顾普及的初衷，对提高部分（即面向出新闻精品、甚至获奖作品的要求），聊得尽可能再深化、细化，标准再提高；而对于普及部分（即面向初学写新闻、包括通讯员等要求），则聊得更加通俗易懂、便于实操。同时，通过一次次精心备课，也促使我对讲授书中各个章节、篇目的新闻观念再思考、再认识，使对每篇所聊内容的修改更精准。通过再审视，修订版删除了篇后所聊内容主题相似的新闻作品 2 篇，新选入 2 篇经受了时间检验。这些，都力求使全书的价值获得再提升。

这里我还要特别说明的是，由于拙作要传播的是我在几十年新闻生涯中形成的新闻新观念和采写感悟等，修订版仍只能精选自己的一些新闻作品，对国内其他名家的名作只能作为某方面的例子在聊题中引用。这样，一些涉及对自己新闻作品的评价部分，聊起来就很难做到客观公正，难免给人以自吹自擂之嫌。

修订版，很想努力奉献一本完美的作品回报读者厚爱。但由于本人水平所限，拙作仍难免有不妥之处，包括自吹自擂之嫌，敬请新闻方家、同仁和读者朋友批评指正。

NEWS CHAT BAR

目录

NEWS CHAT BAR

聊吧一

中国新闻奖获奖及入围作品的采写回顾与探析

中国新闻奖，是全国优秀新闻作品最高奖。全国的专职和业余新闻工作者无不想获得“她”。要想获得“她”，窃以为，为“闻”先为人。如果你没有家国情怀、不能真正做到急国家所急、想人民所想，你就不可能写出真正有重大价值的好新闻，更遑论获大奖了。

1997年，我国夏粮获得大丰收，由于一些地方没有根据国务院的决定及时出台保护价，组织粮食部门按保护价敞开收购议购农民的丰收粮，一时造成粮价下跌和卖粮难。人民日报负责农村报道的编辑黄彩忠，忧心谷贱伤农、挫伤农民种粮积极性，甚至危及国家粮食安全。当获悉河南省在全国率先出台保护价敞开收购议购农民丰收粮的举措，他马上约请该报驻河南站记者李杰采写了一条新闻稿《按保护价敞开收购议购粮深得民心——河南农民高高兴兴卖夏粮》，并予配发《粮食不怕多 种粮不吃亏》的短评，刊发在7月7日《人民日报》头版头条。从避免谷贱伤农、挫伤农民种粮积极性和危及国家粮食安全的高度，多日深入夏粮主产区调研的朱镕基总理，当日下午正要主持召开国务院粮食购销工作电视电话会议，推动保护价敞开收购议购农民的丰收粮工作。当他看到当日《人民日报》的这条消息和短评后大加赞赏。为此，他不仅在当天下午的会议开头就对人民日报提出表扬，会后还特意找来人民日报总编辑范敬宜同志交谈，对此消息和短评给出了“神来之笔”的四字评价。

时任人民日报经济部主任、中国“范长江新闻奖”首届首位获得者、著名记者艾丰，在当日该报评报栏评论这组新闻时写下了一句名言：“当记者要想总理想的事。”艾丰通过这件事告诉我们，当记者要像总理那样，心里装着国家和人民，以国际视野和理论的高度去思考问题，尤其是思考社会发展中普遍存在的重大及人民群众反映强烈的热点、难点问题，并思考解决这些问题的办法，才能不负国家、时代和人民的期望搞好新闻报道，也才能找到价值重大的好新闻。窃以为，这也许是获取中国新闻奖最重要、也是必备的一个要素。

这里，我对自己两篇获奖、一篇入围作品（当年安徽全省报刊类仅四篇选送参评名额）的采写，做些回顾与探析。但愿能给新闻界的年轻朋友些许裨益。

财政并不宽裕的安徽，今年在全省全面取消农业税附加，降低农业税率 2.2 个百分点，并实行粮食直补、良种补贴和农机补贴，全年免、减、补相加，财政减收 26.73 亿元——

26 亿元换来了什么？

带来了 55 亿公斤粮油
很多年没见过农民种粮有这样高的积极性

“俺种了 312 亩小麦，亩产达 550 公斤；二茬种大豆，亩产 196 公斤，都比去年增产 20% 以上。两季总收入 48 万元。”安徽省太和县旧县镇张槐村种粮大户徐淙祥乐滋滋地说。谈起今年粮食增产的原因，老徐说：“主要是党的政策好，种地划算了。”

据介绍，推进农村税费改革最早的太和县，今年仅农业税费免、减、补就给农民减负增收 4712 万元，人均近 38 元，同比亩均减负 62.54%，极大地调动了农民的生产积极性，全县小麦单产、总产同比分别增长了 26.4% 和 28.6%，均创历史新高。

“预计今年全市农民人均纯收入可达 3400 元，同比可增长 26%，均创历史最高水平。其中粮油收入可占农民人均总收入的 50%。”一见面，天长市农业局的一位领导乐呵呵地说。今年，粮食直补最早试点县市之一的天长市，农业税费免、减、补给全市农民带来 4171 万元的实惠，亩均减负增收 48 元。农民勃发的生产积极性换来小麦、油菜籽、水稻同比分别猛增 39%、22% 和 84%，均创历史最高水平。

“很多年没见过农民种粮有这样高的积极性了，主要是政策在发挥作用。”省农委副主任张华建说。据统计，今年安徽实行农业税费“一免一减三补”后，全省增产粮食 50 多亿公斤，增幅达到 23% 以上，增产油料 5 亿公斤，加上粮油涨价因素，全省农民粮油总增收 203 亿元，投入产出比达 1：7.6。主要由于粮食大幅增收，预计今年安徽省农民人均收入可增长300元，增幅可望达10%以上，创近8年来的新高。

带来了干群亲情
专门为农民负担问题来省里上访的基本没有了

“俺干了22年的村支书，家里出了事，头一回遇到群众这么热心帮忙！”阜南县会龙乡闫老村党支部书记陈仲英很激动。今年10月份，陈仲英的丈夫因病去世，村里400多户人家，除极少数不在家的，老少爷们都自发赶来帮助料理丧事，看着屋里院外黑压压前来帮忙的群众，陈仲英泪如泉涌。

“以前，村干部一年到头不是催工就是讨款，干群关系紧张。现在不同了，税费减了一大半，全到乡纳税厅自己去交，明明白白，干部还上门送粮食补助，帮助群众发家致富，咱老百姓的心也是肉长的，能不感动吗？”闫老村村民郜立胜说得在情在理。由于陈仲英出面担保，他从乡信用社获得一笔小额贷款，今年种了7亩大棚辣椒，一举脱贫。

“闫老村今年发展大棚辣椒1500亩，并建了400多亩无公害辣椒示范基地，通过陈仲英担保为群众争取的小额信贷就达30多万元，仅此一项该村今年亩均就增收1000元。”会龙乡乡长李坤说。该村两委班子一门心思帮助群众致富，在群众中树立起很高威望。一年间，通过“一事一议”，该村集资修路1.5公里、修桥8座，每次议事没有一户群众表示异议。

过去群众负担过重，阜南县农村干群关系比较紧张，群众上访不断。农村税费改革，特别是今年免、减农业税费和实行粮食直补，全县农村干群关系得到根本改善。今年，全县没发生一起因农民负担而上访的事件。“以前，我们像风箱里的老鼠两头受气。现在好了，免、减税费的新政策，把我们解放了。”采访中，不少农村基层干部这样说。

“农村税费改革前的1999年，全省农民因负担过重而来省上访的多达3450批，共10245人次；农村税费改革后的2003年下降到512批，1195人次；今年由于免、减农业税和粮食直补等，至今顺便提及历年遗留农民负担问题的上访有310批，578人次，而专门为农民负担和为今年的负担问题而来省里上访的基本没有了。”安徽省委、省政府来访接待室主任西传军说。

带来了农业生产的勃勃生机
由于得到实实在在的增收，秋种的热情高过往年

徐淙祥给笔者算了一笔账：今年秋种以来，他新打机井 6 眼，购进喷灌、旋耕、播种等全套机械，并提前购置了两台联合收割机，每亩除配方施足化肥外，还增施六七百公斤秸秆还田沤制的土杂肥，312 亩小麦全部使用包衣良种且全部抗旱造墒抢种等，总投资达 14 万元。

据悉，由于今年农民种田得到实实在在的增收，秋种的热情更是高过去年。太和、天长小麦播种面积分别增长了 10 万亩和 7 万亩；界首创历史新高的 45.2 万亩小麦，有 1/3 打了畦田，优质高效专用小麦良种覆盖率达 98% 以上；阜南县创历史新高的 115 万亩小麦，90 万亩是群众抗旱造墒抢种的，全县有 10 万人次的农民主动参加了秋种培训，同比增长 15%；太和县通过疏沟、打井、改塘，将新增、改善除涝面积 5.7 万亩、新增旱涝保收田 3.6 万亩、改造低产田 2.2 万亩。农机热也出现了，今年界首购进各类农业机械同比增长 81.82%，太和同比增长 80%，天长购买各类农业机械的投入同比甚至增长了 3 倍多……

几天的奔走，笔者在省直有关单位获得这样一组数据：今年秋种，全省夏粮播种面积达 3159 万亩，油菜籽面积达 1565 万亩，同比分别增长 90 万亩和 60 万亩，其中优质小麦、优质双低油菜播种面积同比分别增长 5.26% 和 5.42%，而且普遍突击抢种比上年提早 10 天左右；化肥同比亩均增施 20%，土杂肥同比亩均增施 1 方；有 1060 万人次农民主动参加秋种技术培训，机播面积 2328 万亩，均大大高于去年。仅今年上半年，全省农民购买各类农业机械的投入就达 9.35 亿元，相当于去年全年同类投入的 73.45%。看到这一组数据，笔者仿佛看到了我省广袤农村焕发的勃勃生机，看到了 5000 万江淮农民灿烂的笑靥。

（此文作者还有立业、少平、王雨、炳旺）

链接

什么是“一减三补”？

为促进农民增收，中央出台了包括“一减三补”在内的一系列政策。“一减三补”即减征农业税，粮食补贴、良种补贴、农机购置补贴。

据有关部门统计，仅农业税减免一项，我国农民就直接减轻税收负担 301

亿元。此外，中央财政已兑现粮食直补资金116亿元、良种补贴28亿元、农机购置补贴7000万元，地方财政落实良种补贴10亿元以上、农机补贴5亿元左右。

"一减三补"政策大大激发了农民种粮的积极性，为今年我国粮食的全面增产起到了关键性作用。今年全国粮食一举扭转了自2000年以来连续四年减产的局面。全年粮食总产量将比去年明显增加，可以实现年初预定的4550亿公斤的目标。同时，据权威部门估计，今年一至三季度，农民人均现金收入达到2622.2元，扣除物价因素，实际增长11.4%，这是1984年以来农民收入增长最快的一年。

（注："链接"由人民日报编辑于猛配）

原载《人民日报》2004年12月27日第13版头条、即（经济周刊）头版头条"经济热点"；《安徽日报》2004年12月3日头版报眼；获第十五届中国新闻奖（2004年度）通讯三等奖；安徽新闻奖（2004年度）通讯一等奖

聊吧

为"闻"先为人

家国情怀，自古以来是中国优秀文人的共有品质，也是他们能写出不朽作品的思想基础。搞新闻也不例外，只有真正与国家和人民休戚与共、同呼吸共命运，你才可能写出真正有重大价值的好新闻。回顾这篇中国新闻奖获奖作品的采写过程，尤感"为文先为人"的古训内涵之深刻。

"省政府大门又给一大批上访的农民堵上了！"那些年，这种本不该发生的事情在安徽省城却时有发生。

农民上访主要原因是负担过重。农业责任制后，大部分农民刚刚解决温饱（直到2000年，全国仍有3000多万农民没有解决温饱），除了国家规定的税费，乡村基层一些组织和部门随意找借口向农民伸手（被称作无底洞），严重挫伤了农民的生产积极性，不少农田抛荒。这不仅严重阻碍了农村经济的发展，还导致农村干群关系紧张，甚至发生群体性恶性案件。如何解决这一社会普遍存在的严重问题？作为一名长期从事农村报道的记者，我常常陷入深深地

忧思，夜不成寐。正是这种对国家和社会存在突出问题的深思，使我抓到了这条有重大价值的新闻，才具备了获取中国新闻奖的可能。

经中央同意，2000 年中共安徽省委、省政府在全国率先整体实施农村税费改革试点，大幅度减轻了农民负担。继而，财政并不宽裕的安徽，2004 年又率先在全省深化对这项改革的试点，全面取消农业税附加，降低农业税率 2.2 个百分点，并实行粮食直补、良种补贴和农机补贴，全年免、减、补相加，财政少收了 26.73 亿元。种地划算了，农民的生产积极性又一次被调动起来，干群关系迅速得到改善，基层政权得到巩固，广袤的江淮大地再次焕发出勃勃生机。然而，改革却遇到了相当大的阻力。一是改革动了不少人的奶酪；二是相当一部分人对这项史无前例的改革试点不理解。当时较有代表性的看法是：财政富裕的发达省市都没搞这项改革，安徽财政并不宽裕为什么要先搞？

如何正确对待这项前无古人的改革？我认为首先要分清的不是该不该先搞的问题，而是该不该搞的问题，是竭泽而渔还是放水养鱼的问题。从理论上讲，中国农民是中国革命的主力军，是中国共产党最亲密的同盟军。回顾战争年代，广大农民不仅送子送夫参军，还咬紧牙关承担起革命队伍生活所需。可以说，没有他们就没有中国革命的胜利。新中国成立后，农民依然节衣缩食支持新生的人民政权，支持社会主义建设。随着改革开放国民经济快速发展，财政收入大幅改善，通过深化改革逐步减轻农民负担，进一步解放农村生产力，促进农村经济发展，化解农村干群由此产生的尖锐矛盾，巩固基层政权，则是大势所趋。

因此我觉得，一位真正与国家和人民休戚与共的记者，应敢于为这项顺应社会发展方向的改革一辩，应敢于为维护广大农民的正当权益鼓与呼，为冲破改革的阻力而斗争。采写此稿正是为此，作品的主题重大，且时效性、针对性极强！

既然是参与改革之争，就需要充分摆事实讲道理，以理服人，尤其是对很多一时不理解的人。这更需要记者选准时机，花大功夫深入扎实采访。2004 年 11 月下旬，省农委刚刚预测出当年全省农村经济发展相关数据，我抓住时机，立即深入一批税费改革“三补”试点较早、粮食生产重点市县及曾因农民负担过重而发生过群体性恶性案件的市县采访，到田间地头向农民、基层干部了解实情；还采访了省农委、财政厅、省委省政府信访办等相关部门，获得充足的第一手资料。稿件原用三个“换回”(《人民日报》稿改用三个“带来了”，下同）回答“免、减、补”正确与否、值不值的问题。如果说，换回 55 亿公斤粮油，政府的投入与撬动农民增收之比高达 1∶7.6 还是有价的，那么换回久违的干群鱼水亲情、民心和农村基层政权巩固，则是无价的。加之，还促进了农民向农田基础设施加大投资，增强了农业发展后劲，换回农业生产的勃勃生机，更是求之不得。既指出有形有价的经济效益回报，又深挖换回干群亲情、民心、基层政权巩固等无形无价的回报，更展示了农业生产勃勃生机的美好未来。这逐层深入、有凭有据、清晰透彻地说理，不仅十分有力令人信服，也使作品具有相当的深度。

更重要的是，农民负担过重、农业负重前行、农村社会不稳，当时绝不仅限于安徽，而是一个带有全国普遍性质的问题。著名记者艾丰曾说过："当记者要想总理想的事。"解决这个带有全国普遍性质的严重社会问题，不正是总理在考虑的事吗？也正是为此，中央才支持安徽进行这项改革试点。作品于当年 12 月 3 日《安徽日报》头版报眼见报后，12 月 27 日《人民日报》13 版头条（"经济周刊"头版头条）又将此稿作为配合全国农村工作会议的重头稿件刊发，对全国及各省制定新的一年农村政策、实行税费改革，并最终提前二三年取消延续了数千年的"皇粮国税"，都起到了较好的促进作用，可见其意义重大，具有重大的新闻价值。

"26 亿元换来了什么？"用在全国率先试水改革中出现的争论问题做主标，不仅准确、新颖、独到，还让人感受到改革引起的激烈社会论争。省里财政不宽裕，实施"一免一减三补"省财政年少收 26 亿元，似乎不好理解，作为新闻由头，进一步印证了激烈论争的新闻背景。正文三个"换回"的小标题，与主标一问三答浑然一体，构思精巧，给人以结构美感。同时，虽然作品通篇都在说理，但却找不到作者半句说辞，而每个部分都用具体生动的典型例子、详实的数据和由富有个性、鲜活的典型人物来说话，较有说服力。且作品力求文笔精细活泼，还给人一种社会和谐、充满生机的美感，形式与内容有机融合，整体表达较富创意。作品最终获得安徽新闻奖一等奖和中国新闻奖。

《人民日报》稿，将通讯的新闻由头直接移作引题，省去副标——"我省农业税费'一免一减三补'的调查"，不仅先声夺人，且更加精练、突显主标。三个小标题，都增加了提要式副标，吸引读者效果更佳。

大局精神感动中国

——我省沿淮人民抗洪抢险纪实

2007 年 7 月，一场自 1954 年以来全流域性最大的洪水降临淮河，千里淮堤处处告急！

当一次次洪峰从上游扑来时，地处中游势如船底的安徽沿淮人民，顾上游、保下游，舍小家、保大家，坚决执行国家防总的命令，先后启用了 9 个行蓄洪区，淹没庄稼 40 万亩，大水冲毁了道路、水利设施……全省因灾直接经济损失已超过 100 亿元。沿淮人民的牺牲是如此巨大，如此悲壮。

大局精神感动了总理。7 月 13 日，亲临蒙洼蓄洪区指导抗洪、慰问抗洪军民的国务院总理温家宝，拉着蒙洼蓄洪区农民孟庆金的手动情地说：“为分洪，你们作出了贡献，党和政府感谢你们！”面对蒙洼蓄洪区的群众，温总理郑重承诺：“要按最高的标准给你们补偿！”

大局精神感动了中国。连日来，沿淮人民的大局精神成为互联网上最热门的话题，天南海北无数的网友给以盛赞。不少省、市、自治区和国家部委、大型企业，纷纷发来慰问电，这一切与其说是表达全国人民血浓于水的同胞深情，倒不如说是表达全国人民对沿淮人民无私奉献的敬意！

含着泪水开闸放水

7 月 10 日 12 时 28 分，按照国家防总的命令，王家坝 13 孔闸门同时打开，洪水如猛兽般扑进蒙洼蓄洪区。刚刚还是满眼葱翠、充满生机的田园，顿成泽国……望着汹涌的洪水冲毁自己的家园，多少站在大坝上、庄台边和保庄圩里的蒙洼百姓潸然泪下。这震撼人心的一幕，通过新闻媒体同时传向神州各地，又有多少同胞为之动容！

住在蒙洼庄台上 73 岁的老人刘克义的一段话，如今不少人已耳熟能详：“说句心里话，村里人谁都不希望蒙洼蓄洪。洪水一上来，不但地里庄稼淹了，生活也不方便，庄台被水围困着，人出不去进不来。不过，为了上下游的安全，这点苦咱愿意吃。蓄洪国家也是不愿意的，洪水是自然灾害，没有办法呀！关键时候就是要舍小顾大。”这就是蒙洼人的胸怀，这就是安徽沿淮儿女的胸怀！

刘克义祖辈就生活在这蒙洼，从20世纪50年代开始，这里才被正式确定为行蓄洪区。常言道：“好家架不住三搬。”尽管从2003年起，国家对行蓄洪实行补偿，作为当地“能人”的刘克义，至今仍未能脱贫。在他空荡荡的家里，除了必要的农具，家当少得可怜。自1954年以来，刘克义已经因洪水搬家14次，平均不到四年就一次，能富得起来吗？

7月21日，省长王金山在接受央视记者采访时这样介绍情况：“开闸时，王家坝洪峰水位已达29.48米，超保证水位0.18米。如果不分洪，王家坝以上堤防将全部超过保证水位，上游河南省就会淹没更多的耕地，我省淮南、蚌埠等城市就会面临严重威胁，下游的江苏因洪泽湖泄洪能力不足，也将承受巨大压力。”在淮河洪水面前，安徽考虑的始终是顾全大局！

当记者问及沿淮动用9个行蓄洪区作为一省之长的感受时，王金山显得心情沉重：“同是这些地方，同是这些群众，2003年就已承受了洪灾之痛，近几年经过休养生息，好不容易得到恢复，顷刻间又眼睁睁地看着付诸东流，换了谁心里都不好过。用我们省委书记郭金龙的话说，就是含着泪水、开闸放水。这泪水既充满了对受灾群众的深情，也饱含着对他们舍小家保大家、无私奉献精神的敬佩。”

人在堤在气壮山河

“誓与大堤共存亡！”7月12日，淮北大堤彭岗段千余米堤坝出现裂缝险情，危在旦夕，凤台县刘集乡的党员干部组织抢险时喊出了这铿锵的誓言。面对险情，刘集乡的党员干部们纷纷带头跳入洪水中打防浪桩、填土袋。在他们的模范带动下，300名志愿者组成的抗洪抢险突击队人人奋勇、个个争先，连续奋战18个小时，运土2000多立方米，在千米险堤上筑起一道高高的新堤，大堤终于保住了。

诚然，淮河防洪主要靠科学调度。但是，由于我省地处船底般的中游，洪水大量集聚，且长时间滞留浸泡大堤，新建成的一批治淮骨干工程首次使用，尚未经受大洪水的考验，还必须实施严防死守。

“淮河干堤一旦溃破，后果不堪设想。尤其是淮北大堤，它是淮河北岸洪水的唯一屏障。一旦溃破，一马平川的淮北平原再无阻挡，洪水将一泻千里，冲毁京九、京沪等国家的铁路大动脉，并将一直冲到江苏，迅速吞没 1081 万亩良田，并威胁 682.1 万城乡居民的生命安全。安徽人不仅是为自己，也是为下游省份、为国家守护着淮河大堤。这责任重如泰山又无上光荣。”近日，在省防指办公室，记者见到省防指顾问郝朝德，这位水利老专家、省水利厅原厅长说起这话神态凝重。

正是为了这份责任，20 多天来，我省沿淮儿女才舍生忘死护堤抢险。霍邱县周集镇迎水村老党员陈家海自告奋勇护堤抢险，一干就是十几天。感冒高烧，他硬是不下火线，一边在堤上吊水，一边坚守大堤；男人们都外出打工了，淮南市大通区刘郢村女支书宫雪梅，毅然组织起 67 人的娘子军，开赴淮河大堤护堤抢险。跳进河水里打桩、背沙包、运石料，轻伤不下火线，巾帼不让须眉，一干就是几天几夜；省武警总队直属支队四中队长侯全虎，爱人因患子宫肌瘤要动手术，家里还有个不满三岁的孩子无人照顾。侯全虎硬是打电话让湖南老家的母亲赶来照顾爱人，自己未离开大堤半步；由舅舅一手带大的四中队炊事班班长王培林，接到妈妈电话获悉舅舅去世泪如泉涌。支队领导批准他回家奔丧，他硬是坚决留下为护堤抢险尽力……

在过去的 20 来个日日夜夜里，沿淮 20 多万军民，多少人顾不上受灾的小家，顾不上年迈多病的父母，顾不上妻子儿女，带伤带病日夜守护着淮河大堤，为自己、也为下游、为国家勇敢地承担起那比山还重的责任！

自破守堤感天动地

在今年的淮河抗洪斗争中，还有另一种形式的牺牲。他们不惜流血流汗，誓与大堤共存亡，尽管大堤已筑得坚如磐石完全可以守住，但一旦上级下达行蓄洪命令，又不得不亲手破开自己刚刚加固的大堤，让肆虐的洪魔扑进家园，那心情又该如何呢？

“赶快去看看俺家鱼塘！”“哎！”7 月 8 日清晨，暴雨如注，淮河大堤邱家湖堤段出现险情。半岗镇党员突击队 60 名成员之一的吴郢村支书吴贯修，一边答应着妻子一边冲出家门。不想，出门后竟把妻子的嘱咐忘得一干二净，随着其他突击队员一口气冲上大堤除险。一干就是 3 个昼夜。

“别的主要行蓄洪区国家都给建了进、退洪闸，俺邱家湖没建，今年也许不行洪。”淮河遭遇洪水以来，邱家湖的群众一直这样猜测着、议论着，吴贯修和其他突击队员们也不例外。正由于胸中有这份希望，他们守堤抢险特别卖力。多少人手上磨出了泡，肩头磨出了血，眼里布满血丝，他们依旧斗志昂扬。在他们的带动下，守堤的上万名群众群情振奋，喊声震天。

然而，7 月 11 日，当淮河防汛抗洪进入紧急时刻，省防指兼顾全流域抗洪大局，不得已决定启用邱家湖行洪，他们多天的血汗、辛劳顷刻间付诸东流。吴贯修仅 35 亩精养鱼塘就损失近 10 万元，妻子心疼得哭成了个泪人儿。

当启用邱家湖行洪的命令传来，吴贯修们还要亲手扒开自己多天用血汗加固的淮河大堤，让凶猛的洪水冲进自己的家园，刚刚还人声鼎沸的大堤突然沉默了，万余名守堤的群众相对无言，泪如泉涌。此时，他们胸中冲撞着的感情大潮，绝不亚于那堤外翻滚着的洪水。以致那现场宣布命令的颍上县县长刘树生都声音颤抖，眼含热泪！然而，吴贯修们依然选择了舍小家保大家，坚决执行省防指的行洪命令，且无怨无悔！

其实，今年在我省淮河防汛抗洪斗争中，像这种感天动地的悲壮牺牲又何止一个邱家湖？！沿淮先后启用的 9 个行蓄洪区，哪一个没有催人泪下的舍弃？！哪一个没有感人至深的牺牲？！这种大局精神足以感动中国！

原载《安徽日报》2007 年 7 月 25 日头版头条；获第十八届中国新闻奖（2007 年度）通讯三等奖；安徽新闻奖（2007 年度）通讯一等奖；2007 年度宣传安徽优秀新闻作品奖特别奖（由时任中共中央委员、中共安徽省委书记王金山亲手为我颁奖）；入选“高等学校新闻传播学应用型系列教材”《新时期优秀新闻作品评析》（武汉大学出版社）

聊吧

“新”从求中来

新闻之“新”，不是明摆在哪儿等你去拿，而是往往需要你从新闻事件中花功夫去寻求。有时甚至要众里寻他千百度，蓦然回首才能发现。这就要求记者要有强烈的求新愿望，不辞辛劳扎扎实实地深入实际采访（脚底板下出新闻）。这篇中国新闻奖获奖作品之“新”，就是这样得来的。

长江、淮河横穿安徽，江淮大地水患频繁。在安徽，抗洪抢险是个不能再老旧的题材，想求个“新”字相当难。但是，困难并不等于不可能。因为，老旧题材也会有新变化，可以寻找新角度，寻搜新素材，寻取新主题，寻求新突破。为此，在 2007 年的淮河抗洪期间，我怀着强烈的求新愿望，先后 12 天深入沿淮 10 多个县、市、区抗洪一线采访。

“如果仅仅为自保，这次我们完全不必做出如此大的牺牲！”深入扎实地采访，我发现了不少新变化。包括新竣工的临淮岗大型洪水控制工程（抵御洪水标准达到百年一遇）在内，安徽 14 项治淮骨干工程相继建成并投入使用，极大地提高了安徽沿淮抗御洪水的能力。然而，当年安徽依然启用了全部 9 个行蓄洪区，淹没庄稼 40 万亩，直接经济损失超百亿元。采访途中，沿淮干群的议论声引起我的思考。是啊，启用如此多的行蓄洪区，更多地是为了顾上游、保下游，顾全全流域抗洪大局啊。“大局精神”——一个具有全国视野的新主题忽然闪过我的脑海。

“大局精神感动中国”——以老旧题材中求得的全新主题做主标，准确、简洁、新颖、独到，深刻揭示出新中国的时代精神，大气磅礴，抓人眼球。“横看成岭侧成峰”，主题、角度变了，整体都跟着变了：昔日抗洪稿件中的一方有难、八方支援、人人为我，变成了一方牺牲、保全八方、我为人人；昔日记者笔下可怜的“灾民”，变成新时期胸怀大局、舍己为人、为国的英雄……

求得新主题，采访中我还尽量搜寻新素材，如时任国务院总理温家宝动情地“补偿”承诺、全国网友的盛赞、男人外出打工去了“娘子军”上阵等。同时，作品还寻求新的表现手法。对行蓄洪舍小家，首先写到的是难舍、不舍，这是人的本性。省长、书记也是人，一个面对央视镜头心情沉重地倒苦水，一个“含着泪水开闸放水”。连续数日不惜流血流汗将大堤筑得坚如磐石的邱家湖护堤群众，接到行蓄洪命令，“刚刚还人声鼎沸的大堤突然沉默了，万余名守堤的群众相对无言，泪如泉涌。此时，他们胸中冲撞着的感情大潮，绝不亚于那堤外翻滚着的洪水。以致那现场宣布命令的颍上县县长刘树生都声音颤抖，眼含热泪！”正因为这种难舍、不舍，为了保大家、顾大局而最终又选择了舍，且无怨无悔，才更可贵，更感人，才能感动中国！给人一种震撼和净化灵魂的精神美感！

同时，正文的三大部分精选了“须放”“须守”“须由守转放”三种不同境况，层层拓展，精心提炼出“含着泪水开闸放水”“人在堤在气壮山河”“自破守堤感天动地”三个感人的小标题，不仅对仗工整，且是主标“大局精神感动中国”形象化的具体诠释、体现和深化，与主标浑然一体，构成精巧的结构美。读者也许注意到“人在堤在气壮山河”这个小标题，与以前抗天歌类的老作品有似曾相识的地方，但实际上她体现出的却是全新的内涵。作品形式与内容有机融合，整体表达较富创意。

《新时期优秀新闻作品评析》(“高等学校新闻传播学应用型系列教材”、武汉大学出版社 2011 年 5 月出版）一书，对选入的这篇作品“阅读提示”这样写道：“中国是一个拥有 960 万平方公里的领土和 13 亿人口的大国，也是一个自然灾害频仍的大国。国家大，就免不了要不断协调各方利益关系；灾难多，就必须动员和组织人民团结一心奋起抗灾，因此协作精神、奉献精神和牺牲精神就变得极为宝贵和必需。本报道就是对中华民族这种精神的一个很好的展示。作品一改以往只写本省干群为夺取本省抗洪斗争胜利团结拼搏——‘抗天歌’式的老路子，改而通篇反映安徽沿淮儿女顾上游、保下游，为夺取整个淮河流域抗洪斗争胜利的大局意识和勇于牺牲的高尚品格。记者笔下昔日可怜的灾民变成新时期胸怀全局舍己为国的英雄群体，体现了全流域和谐抗洪的新理念。通讯大量采用人物对话和现场描写，笔触巧妙进入人的内心世界，把人物写得有血有肉，可亲可近，给人以身临其境的感觉，整个作品真实感人。”

作品于当年 7 月 25 日《安徽日报》头版头条见报后，产生强烈反响。对安徽沿淮干群夺取抗洪斗争的最后胜利起到较好的鼓舞作用，也受到新闻界广泛好评。作品当年被评为“宣传安徽优秀新闻作品”(等同“安徽新闻奖”）两个特别奖之首。时任中共中央委员、安徽省委书记王金山亲自为我颁奖。作品获得安徽新闻奖（2007 年度）通讯一等奖，并获得中国新闻奖。

种给农民看　引导农民调　帮助农民销

天长36个农技站办起“示范园”

本报讯　近日，去天长市农村采访，在秦栏镇农技站科技和产业结构调整示范园里，记者看到一座座塑料大棚里一人高的西瓜架上，绿叶间挂满大大小小早熟西瓜，大瓜都用网盘托着，甚感新鲜。

西瓜由地面爬蔓改为架上长蔓，每亩由560株增至1200株，效益翻一番。市农业局长耿得先介绍说：“像这样的示范园，全市36个乡镇农技站通过租用农民责任田的使用权都办起来了。”

前一天晚上，在天长宾馆，市长刘超就乐呵呵地告诉我：“一年多来，没花国家一分钱，这个局的农技人员自筹资金250万元，共建示范园区4300亩，引进试验示范高效新品种六十多个，高效栽培模式三十多个，使我们这个昔日90万亩土地长年几乎全种粮食的市，迅速发展起高效经济作物45万亩，农民人均近一亩，科技对农业的贡献率因此由1997年的46%提高到去年的52%。”

采访中，分管副局长董金标对记者说：“以前，这里的农技推广沿袭计划经济下‘动口’不‘动手’的旧体制，农技人员没风险、没压力、没利益，因而追赶市场信息没劲头，农民种田总赶不上市场。前年秋，市里改革农技推广体制，制订优惠政策，鼓励在职农技人员以个人名义租地带薪独办、领办、合办示范园。农技人员办示范园自负盈亏，有风险、有压力也有利益，随之兴起学知识、跑市场、忙田头的热潮。”

在十八集乡毛庄，局机关3名大学生租地建起的120亩示范园一派生机，近处一块二茬西瓜长蔓已坐瓜。园主高勇告诉我们：“自从办起这示范园，便派人驻南京、扬州、上海等城市农贸市场，收集信息，推销产品，去年创造出马铃薯——西瓜——扬州白萝卜——五寸人参四种四收模式，亩产值6000元以上。采取订单等方式带动周边农民种植2000多亩，亩均增收4000多元。办园当年虽投资大，除买了电脑，装了电话，上了因特网，农技人员月增收约 290 元，仍结余万元。”据悉，毛庄农民就地打工学技术调整产业结构，加上亩租金 350 元及其他，人均收入 2560 元，同比增长 34.74%。正在园里打工的农民王振林笑着说：“有了这示范园，咱种地就有谱了。”

短评

农技推广方式的新变革

常听说一些农技人员要求改行，直到去年，国务院、省政府及省农业厅还相继下发关于在机构改革中稳定基层农技推广体系的文件，原因何在?

在市场经济条件下，农技人员掌握着农业科学技术，本来可以大有作为。然而，长期以来，农技推广依旧沿袭着计划经济下的旧体制，“动口”不“动手”，农技人员吃国家的“皇粮”，撑不死，饿不坏，多劳也不多得，不少乡镇农技站办公条件极其简陋，个人收入低，住房条件差，怎能让他们安心于“农门”？！更不可能奢望他们为调整产业结构而鼓足干劲去追赶市场信息。

农技人员吃国家的“皇粮”理所应当。但要全部靠财政来迅速大幅度提高收入，以调动他们的工作积极性在现阶段是不现实的。农技人员本可以凭一技之长创造财富增加收入，但旧体制束缚了他们的创造力。天长市大胆改革旧的农技推广体制，国家没花一分钱，仅仅给了个好政策，就极大地调动了广大农技人员的积极性。农技人员因此而多劳多得，更重要的是带动了全市农业产业结构调整优化，大幅度增加了农民收入，确实值得大力推广。

我省拥有二万多名农技人员和遍及每个乡镇的庞大的农技推广网络。如果这些农技人员的作用都能像天长市那样得到充分发挥，我省的农技推广何愁不火！农业产业结构调整何愁不顺！

原载《安徽日报》2000 年 5 月 24 日 B1（焦点新闻版）头条；获安徽新闻奖（2000 年度）一等奖；2000 年度安徽省报刊类参评中国新闻奖 4 篇入围作品之一

聊吧

贵在一个“抢”

这里用个“抢”字，似乎有点不雅。但新闻界还是喜欢用它。

新闻，顾名思义，首先是新，具有极强的时效姓。往往抢先一步是新闻，迟到一步只能是旧闻。因此，新闻工作者要有强烈的抢新闻意识。

2000年5月中旬，在全省的一个农技推广经验交流大会上，看到一份天长市大胆实施农技推广体制改革的材料。该市自1998年秋就制定优惠政策，鼓励在职农技人员以个人名义带薪租地，自负盈亏，独办、领办、合办科技示范园，用全新的利益、风险机制调动农技人员积极性，引导农民调整产业结构，并充当科技龙头带动农业产业化，大幅度增加了农民收入。当时，正值千家万户的小生产无法适应千变万化的大市场，各地大宗农产品卖难不绝于耳。在此大背景下，这条新闻使我顿时觉得眼前一亮，仿佛发现了一块瑰宝！

安徽乃至全国每个乡镇都有一个农技站。然而，长期以来，由于经费短缺，机制不活，农技人员积极性不高，这庞大的农技推广网络并没能真正发挥应有的作用。因此，2000年中央3号文件出台，要求全国各地支持乡镇农技站创办科技示范园，在农业产业结构调整中发挥带动作用。天长在安徽是首创，并卓有成效，走在了全国的前列。如果安徽乃至全国都能像天长市这样，实施农技推广体制改革，这庞大的农技推广网络，就能真正发挥应有的作用，安徽乃至全国的农技推广何愁不火！农业产业结构调整何愁不顺！这深刻的主题，无疑在全国都具有重大的新闻价值。

当然，这项改革也可能带来新的社会不平衡。这些农技人员拿着国家的工资，却以个人名义租地、自负盈亏办科技示范园，其收入和其他农技人员及其他行政干部个人收入将可能出现较大的差距。但在当时，这种不平衡能促进农技推广的红火、广大农村产业结构的调整优化及广大农民增收致富，能推动社会前进，应该加以利用。著名记者艾丰就说过：“改革要求人们不容忍那些不合理的而又可以解决的‘不等式’，又要容忍那些不合理而又不能马上解决的‘不等式’，还要利用那些推动社会前进的‘不等式’。”

既然这条好的新闻线索，是从每人一套材料的全省性大会上获得的，参会的多家新闻单位记者都可能“抢”走“她”。要想抓到“她”，不仅要求记者能最先深刻认识其新闻价值，还必须立足于“抢”。上午散会回到报社交了会议的新闻稿，我不顾毛囊炎复发背后刺心的痛痒，下午便急不可待地赶往天长。次日，冒着36℃高温，深入该市一个个乡镇科技示范园实地采访，获得大量真实的第一手材料，并连夜赶写出稿件。

“种给农民看、引导农民调、帮助农民销”，这是千家万户的小生产者农民，在缺乏技术信息、难于应对千变万化大市场的情况下，最强烈的期盼，也是前所未闻的新做法，我把“她”选作消息的眉题；“天长36个农技站办起‘示范园’”，是农技推广体制前所未有的新改革，我把“她”用作主标，既准确、独到、凝练，又很有新闻性，可谓“眉目传新”。

消息一改传统的新华体写作模式，借用电影蒙太奇的表现手法，上来就推给读者一个示范园的特写镜头：“记者看到一座座塑料大棚里一人高的西瓜架上，绿叶间挂满大大小小早熟西瓜，大瓜都用网盘托着，”让人感到新鲜。短短800字的消息，用了五个典型人物会话，外加两处典型场景特写，使读者如临其境、如闻其声，文笔活泼，给人以构思精巧的美感，且让人感到真实可信。

作品通过配短评，使主题深化；通过配图片，增强了对读者的视觉冲击力；形式与内容实现有机融合，整体表达较富创意。

作品于2000年5月24日《安徽日报》B1版头条“热点透视”栏目见报后，产生强烈反响。中共安徽省委分管副书记和副省长先后赶往天长调研，时任省长徐仲林亲自批准开现场会，向全省推广天长经验，促进了安徽两万名乡镇农技人员大转型。在不到一年的时间里，安徽乡镇农技人员就办起科技示范园500多个，直接带动各地农业产业结构调整达400万亩，带动了大批农民增收。

据悉，在当年的安徽新闻奖评选中，此稿在各地选送的同类参评稿件中，不仅因其重大的新闻价值和富有创意的表达，更因其抢先一步脱颖而出获得一等奖，并作为当年全省报刊类选送的4篇稿件之一参评中国新闻奖。

聊吧二

为群体农民鼓与呼成功探索的回顾与思考

农民群体是当今社会最弱势的群体，这不仅因为他们处在社会的最基层，还因为他们不像工、青、妇、残及其他社会团体那样、拥有能维护自身合法权益的群团组织系统。因此，对他们的合法权益，不仅需要各级党政予以特别关注和切实维护，还需要各级新闻工作者予以特别关注，并为之鼓与呼。

通过新闻稿件为群体农民鼓与呼，有广义和狭义之分。从广义上说，凡是维护广大农民正当权益的新闻作品都是。从狭义上说，是通过新闻稿件，具体就某件或某方面的事、为维护某一地或某一方面农民的正当权益鼓与呼。这里指的是后者。

为群体农民鼓与呼，最困难的情况是侵害和损害他们正当权益的往往是某些地方政府部门。这往往又牵涉到对党和政府相关政策的不同认识和执行，情况相当复杂。有时甚至出现新闻工作者和相关政府部门各说各理，长时间扯不清楚，以致影响群体农民的问题得不到及时解决。因此，对这类“鼓与呼”的稿件务必慎重对待。

由于牵涉到对党和政府相关政策的不同认识，某些政府部门在制定或执行具体政策时，也许并没有认识到不妥。然而，实践是检验真理的唯一标准。当实践证明某些政府部门、制定或执行某项具体政策脱离现实，确实损害了广大农民的正当权益时，新闻工作者要及时进行调查采访，果敢地为农民鼓与呼。但是，为了能达到预期的实效，必须注意策略。

一、立足点要正。不是为了批判谁、斗倒谁而写稿，而是为了讲清道理、帮助农民解决问题而鼓与呼，也是为了帮助相关政府部门矫正过失取信于民；二、调查采访要实。要通过深入细致充分地调查采访，切实摸清情况（两方面的意见都要听）。批评要有充分的证据，切不可道听途说自以为是；三、着力点要选准。要把握好分寸和策略，以最有利于帮助农民解决问题为原则选取最佳着力点，切忌意气用事、扣大帽子、乱批一通、着力点或打击面过宽；四、建议要可行。实践不仅能检验某政府部门的某项政策及执行的错误，也能提供解决问题的正确答案。新闻工作者要通过对新闻的敏感性和深入实际的调查，提出解决问题切实可行的建议。以下我想通过三篇作品具体聊聊自己的体会。

该怪谁呢？

——太和县薄荷油大战的反思

这是一座大“油库”，库里有安徽省出口总量77.8%的薄荷油。当8省1市1特区的118个单位的抢油大军突然涌来时，县府震惊，省府震惊，立即起而应战。虽然没有“专营”的尚方宝剑，但还是命令对客商征收50%调节金，并统一核发准运证，油随证走，无证油止，摆关设卡，堵截“肥水”。一场“大战”，就这样爆发了。

面对关卡，部分有心计的抢油者，马上避开锋芒到近邻省县边境设点，高价优惠叫买。油农们则说：“都是中国人，谁出价高就卖给谁。”职能部门则睁一眼闭一眼。对省、县命令，产油区干脆拒不执行。当太和县外贸局按省不抬价的限令，首次出台每市斤20.9元的价格，收购网点无人问津时，设在县内的一家南京收购点，以每市斤40元的高价，一夜间竟收购近4吨……

堵截失灵，想“专营”也不成。县府、外贸负责人不得不紧急赴省商讨对策。几经磋商，当他们带着放宽的价格表匆匆赶回太和时，不仅市价又涨到一个新的高度，薄荷油收购也接近尾声。终于，大量的创汇资源外流。总产量高达1400吨的太和县，仅完成省下达500吨出口任务的1/4。大战结束了，生长过薄荷油的土地上，留下一串长长的“？”号。

该怪谁呢？

僧多粥少，没有不争抢的，能怪谁呢？骂外地人一千句“强盗”，顶个屁用。开放搞活的气候下，拿钱买油绝不犯法。对于农民来说，谁出高价卖给谁，也不能说错，倒是他们很感谢外地人，以52元一斤的高价买油（比常价高出2.5倍），送来将近1个亿的人民币给油农。否则，仅凭外贸下拨，中转卡扣所余的1450万元的专项贷款，加上县农行贷给县社系统的500万元，何以吃得下1400吨的薄荷油？太和薄荷油史上两次“卖油难”，逼着农民由面向计划转为面向市场。这些外来“参战”者，大都和油农“联了姻”，是“大红请柬”请来的。

怪省府、县府摆关设卡，违反经济规律，导致资源外流吗？这不公平。国家分层次开发政策规定，特区外汇留成100%，沿海30%，安徽只有25%。安徽与沿海出口薄荷油利率相差一大截，江苏财政拿出3个亿作为专项补贴，安徽也拿不出，太和更拿不出。既然没有优惠政策，没有经济实力参与竞争，又必须保证国家的出口任务和本地生产计划的完成，不得已就只好堵截。既然堵截不成，就更值得反思了，用价值规律同农民打交道，势在必行。

那么，怪油农太落后，只求一己，不顾省县出口任务的大局吗？显然这更不公平。太和油农两次“卖油难”，油价分别暴跌1/3和2/5，政府没能帮助他们消除损失。而薄荷油走俏的今天，政府既未扶种（油农用的是“三高”）也未签合同保收。要求他们牺牲何理之有？我们倒是要为当地没有抓住这个最能与油农建立感情和同盟的竞争优势而深表遗憾。

路在哪里？

这是“战后”人们普遍关注的问题。

采访中笔者获悉，吴昌期副省长曾说过：考虑明年将薄荷油直接出口权放给太和。这对于太和未来的薄荷油产销无疑是一个福音。然而，可能出现的第三次“卖油难”，又为之蒙上阴影。回顾太和的两次“卖油难”，无不与上年的涨价有关。有一起必有一落，这是大自然的规律。但是，面对自然规律，人们并非完全无能为力。

路在哪里呢？笔者特意采访了两位老外贸。获悉：1979年种油时，县外贸根据省拨计划，与油农签订产销合同取得了圆满成功。1985年种油时，又根据“计划”和自我联系的合同与油农签订了400吨产销合同，也获得成功。当年产油量过大，一位副省长视察时答应增给400吨计划，可惜省业务部门不认账，导致这400吨合同，不仅失信于油农，县外贸还因此亏损90多万元。

尽管两次合同没能全部取得成功，显然，这种用合同引导生产，培植资源，用经济手段管理经济的途径是正确的。不过，还有待政府部门逐步完善。诸如预测行情、广开渠道、充分宣传、公平合理等。笔者最近对大新、双浮两个区的63户油农做过一次调查，愿意与外贸签订产销合同的有33户，不愿签的有30户。愿签的要求写明最低限价，“也要写明最高限价和违约罚款数，这才符合风险共担的互利原则。”我插了一句，油农们点头笑了。可见，他们也在思考。

发展中的问题总是难免的，农村改革 10 年来，太和县这项创汇资源由 1978 年的 73.9 吨，发展到今年的 1400 吨，成为全国最大的薄荷油产区，占世界总需量的 28%，毕竟取得了辉煌的成就。我们完全相信，经过政府部门和油农的共同努力，一定能找到属于自己的路。

原载《农民日报》1988 年 11 月 30 日头版

聊吧

敢唱“反调”善唱“反调”

这是一篇事关政策问题的事后反思稿，如果不将政策问题讲清楚，此类事件将可能重演。

安徽省太和县薄荷油大战的结果，是本地政府及相关部门的一场失败。堵截不灵，既跑了油又丢了税。省里怪县里堵截不力，甚至要给以处分；县里怪油农不顾大局，暗中高价卖油给客商……1988 年，在全国像太和县这样的农副产品收购战是此起彼伏。政府相关部门和舆论界，仍普遍沿用计划经济的老章程一味反对，当时我认为是不当的。因为，尽管当时国家仍然实行的是计划经济，但实际上已经在向社会主义市场经济过渡（应该说从农业大包干就开始了），相关政策也应适应新形势作出适当调整。太和油农两次“卖油难”，油价分别暴跌 1/3 和 2/5，政府没能帮助他们消除损失。而薄荷油走俏的今天，尽管政府部门有难处，但在事前没有签产销合同，也没有扶种（农民用的是“三高”）的情况下，却要事实上逼着油农做出牺牲，将产品平价卖给政府相关部门，这对油农很不公平，它严重损害油农的合法权益。同时，事实证明，在开放搞活的新形势下，“堵”是行不通的。

我决定唱个反调，为油农利益振臂一呼。这里特别重要的是：作为一名新闻工作者，不仅要敢于为弱势群体的农民鼓与呼，还要善于为农民鼓与呼，关键要选准鼓与呼的着力点，集中用力，最大限度地保障成功。切忌意气用事，用力分散，事倍功半。我写《该怪谁呢？》目的，不是要批判谁、斗倒谁、图一时之快，而是透过现象层层展开，客观地分析各方的理由、“大战”形成的原因和必然结果，着力点在于引导人们反思——国家计划经济下延续下来的相关政策已经过时，不适应开放搞活的新形势，必须改变，“用价值规律同农民打交道，势在必行。”这才是制止农副产品收购战的治本之策。从而促使政府部门和油农共同努力，找到一条属于自己的路。

正是由于这篇深入实际采访的作品，立足点正确，着力点选得准，观点和建议对正确处理当时全国各地的农副产品收购战有借鉴意义，当时我这个小县城通讯员的稿件，才受到国家级大报《农民日报》的青睐，于当年 11 月 30 日头版、并制作配花纹的醒目标题刊载。

稿子见报后，产生很好的效果。省里不再追究县里，并计划次年将薄荷油直接出口权放给太和县；县里也不再抱怨油农，生产薄荷油的大地上回响起一片欢呼声。在此后的薄荷油生产中，太和县政府及相关部门采纳了作品的合理化建议，还根据上年涨价次年便出现“卖油难”的起伏规律，除了省里给的指标，相关部门未雨绸缪，提前派员去全国各地收集相关信息、跑销售合同，然后与油农签订产销合同，积极开展产前、产中、产后服务，并扶持民营企业，建起一家相当规模的薄荷油加工厂，将太和县的薄荷油生产推向了一个新的高峰。

让瓜农到哪去卖瓜？

“让我们到哪儿去卖瓜？”6月7日早上7点多钟，在淮河路省邮政大楼北门前的马路旁，面对记者，几位瓜农情绪颇为激动。

近日，听说合肥市新增西瓜销售点337个，总销售点是原来的5倍，市民下楼即可买到瓜，心里暗暗高兴。不想，7日一大早，从报社宿舍大院门外买菜回来的退休杨老编辑却忿忿地说：“我找了老远买不到西瓜，市容人员却不让瓜农在以前的街头销售点卖瓜！”

记者随即来到淮河路邮政大楼北门前往年的西瓜街头销售点，在几辆小手扶拖拉机拉来的西瓜车前，十几位愤怒的瓜农立刻将记者围了起来。

“每年俺都是在这儿卖瓜。昨晚，俺和儿子拉了一车西瓜赶到这里，铺着麻袋皮在路旁睡了一夜。不想天刚亮市容的人就来赶俺们，把秤也给夺去了。气得俺心疼病又犯了，捂着心口叫疼，他们才把秤又还给了俺。”55岁的淮南市田家庵区曹庵镇范圩村老农妇杨修英说起这话时眼含热泪。

“市容部门的人说，让我们进宿舍大院、小区去卖瓜，小区的门卫全不让进，逼得我们像做贼似地到处跑啊！”十几位瓜农七嘴八舌。

“还进小区呢？俺村的史国九大叔，昨天在琥珀小区卖西瓜，被市容人员打昏，现在还在市一院躺着呢！”长丰县水湖镇兴隆村的青年瓜农史志锁突然挤到记者身边。

记者随即赶到市一院，在急诊室一号观察室的2号病床上，见到了身材矮小、50多岁的老农史国九。他强忍着腰疼翻身向外，但见他右眼角上有一个铜钱大小的黑紫淤血块，鼻梁右侧的血迹已干在那里，头顶上一个鼓起的大血包血迹也已凝固。

据史志锁、史国九介绍：6日下午5时左右，他们4位瓜农正在琥珀小区派出所附近街道卖西瓜，突然来了四位市容人员，当场将他们的秤没收。一位瓜农企图驾小手扶逃走，被一位市容人员抓住衣领拽下，两人随即发生撕扯。

市容人员首先报案，琥珀派出所将3位年轻的瓜农叫进派出所问话，让年纪大的史国九留下看瓜。不想，不久四位市容人员又赶了来，对史国九拳打脚踢。史国九当场昏迷，直到被送进医院才苏醒过来。

“俺一家5口，老婆残疾，大儿子外出打工去了，家里农活全靠俺。如今7亩西瓜全熟了，俺被打得腰疼得翻不了身，要是来场大雨，西瓜可就全完了！”史国九一边说一边流泪。

“太不像话！”邻床的病人和护理、卫生人员忿忿不平。

据悉，史国九6日晚住进市一院急诊室，头部做CT、吊水、拿药，全是琥珀派出所临时付的钱。记者来看史国九，碰上一位护士小姐来催缴床位费，史国九显得一脸无奈。

记者从市一院出来，在淮河路邮政大楼北门路旁，碰见由县桥街道办事处牵头的市容、文明、执法队参加的小分队，正在驱赶卖瓜的小手扶，便上前询问。一位姓王的女士告诉记者，市里新增了几百个西瓜销售点，有关部门规定，卖西瓜一律进小区、小街巷。可记者一连走了四个单位的宿舍小区，没有一家肯让小手扶开进卖西瓜。

“进大院卖瓜？是谁出的这主意？平时车辆、人员出入都要通行证，怎可能让外人进来卖西瓜。再者，大院通道窄狭，小手扶占道卖瓜，也影响正常通行。”在淮河路336号合肥市委宿舍大院，两位姓胡的门卫这样说。其他3个大院的门卫观点也大致相同。

“西瓜个头大、份量重，远距离买瓜不方便。本地西瓜上市时间毕竟不长。避开主要交通干道，在一些次要街道两旁设一些固定摊点，只要注意搞好卫生，应该允许。”这是市民们的普遍观点。

“农民种西瓜不容易，一定要替他们呼喊一下，解决卖瓜难呀！”当记者离开市委宿舍大院时，热心的老门卫胡先生还一再嘱咐着。

原载《安徽日报》2006年6月8日B1（焦点新闻版）“监督哨”栏目；获安徽新闻奖（2006年度）二等奖

聊吧

解民燃眉　力避扯皮

写这类舆论监督稿，帮助农民化解燃眉之急，应力避扯皮。

2006 年中央一号文件要求各级政府以工补农、以城带乡，搞好产前、产中、产后服务，千方百计增加农民收入，建设社会主义新农村。安徽合肥市政府有关部门，却以城市文明建设为由，下令取缔次要街道两旁的当地传统季节西瓜销售点，让瓜农去距离较远、又根本容纳不下集中大量上市西瓜的菜市场和实际大都进不去的宿舍小区卖瓜。加之西瓜比一般瓜果重得多，携带不便，市民习惯就近买西瓜，而不大去菜市场。这项土政策既不符合中央的大政策，又严重脱离当地瓜农季节性集中大量卖瓜的客观实际，且导致瓜农与市容人员的激烈冲突，市民强烈反对，甚至导致打伤瓜农的事件。推倒这项土政策，无疑应为这篇稿件的着力方向。

然而，合肥市毕竟是副省级单位，安徽的“宛平县”。在省报公开批评合肥市政府有关部门正式出台的政策，记者不仅要有胆量，稿件要想通得过，达到解决问题目的，还要靠智慧。更重要的是，当时尽快帮助瓜农解决卖瓜问题是燃眉之急。倘若久拖不决，遇上常见的连阴雨，大量成熟的西瓜很可能会烂在地里，瓜农半年的辛劳将付之东流。这就不容许记者与相关政府部门发生可能拖延时日的扯皮。

因此，此稿没有提麻烦的大政策问题（其实，党和国家制定每项大政策事前总是要做大量调研，不仅符合实际，也总和人民群众的利益相一致。新闻稿证明某项土政策脱离实际，损害到群众的正当权益，也就说清了大政策问题），着力点集中在批评土政策脱离实际不可行上，并注重客观真实，以情感人。稿件从几位无处卖瓜农民的愤怒质问，到杨老编辑老远买不到西瓜的忿忿不平，再到为卖瓜露宿街头遭驱赶农妇杨修英的哭诉，特别是因进小区卖瓜被市容人员打伤住院、老农史国九惨状的写真及其哀叹与无奈、邻床病人和护理、卫生人员的忿忿不平以及热心老门卫要记者替瓜农呼喊的一再请求……时间、地点、人物（包括身份、单位）、事情的因果等不仅都真实具体可查，而且让人动情！以致审签把关的报社领导都被打动了。

稿件还采用以子之矛、攻子之盾的办法，特意引用合肥市委、市政府宿舍大院两位胡姓门卫的话："进大院卖瓜？是谁出的这主意？平时车辆、人员出入都要通行证，怎可能让外人进来卖西瓜。再者，大院通道窄狭，小手扶占道卖瓜，也影响正常通行。"自己做出的决定，在自己的宿舍大院都行不通。可见，这项土政策是多么脱离实际，而必须推倒。

在批评并着力推倒这项土政策的同时，稿件引用市民们的普遍观点："西瓜个头大、份量重，远距离买瓜不方便。本地西瓜上市时间毕竟不长。避开主要交通干道，在一些次要街道两旁设一些固定摊点，只要注意搞好卫生，应该允许。"为解决这一问题提出切实可行的建议。

稿子在《安徽日报》(焦点新闻版）见报后，产生强烈反响。省城各新闻单位，纷纷助阵。一时间成为合肥街头巷尾人们议论的热门话题。在强大的舆论压力下，合肥市政府终止了有关决定。此后，不仅恢复了以往次要街道两旁的西瓜街头季节销售点，还为瓜农制作大批精美的遮阳摊棚，统一编号、搞好卫生、强化管理。较好地解决了这一问题。

稿件也获得安徽新闻界的一致好评。本报一位领导说："这是《安徽日报》近些年来最成功的一次舆论监督！"故，作品获得安徽新闻奖（2006 年度）二等奖。

金安区 6.5 万灾民严重缺粮

“大水过后，俺家已从集上张老板的米店赊销大米 300 斤，目前快吃完了，眼看又没粮吃了！”11 月 9 日上午 10 点，记者去金安灾区最北端的马头镇采访，陈台村南塘村民组 63 岁的赵成友老汉说起这话显得一脸无奈。

赵老汉一家 7 口，承包耕地 3.7 亩，午季 1.3 亩小麦收获 700 斤麦子，水灾前已基本吃完；1.4 亩油菜收获油菜籽 200 斤，变卖给孙子、孙女上学；秋季种的花生和 1 亩桑园全淹死了。损失更惨重的是，由于洪水来得突然，赵家的两头均已 300 多斤价值 2400 多元的肥猪全淹死了。“要不是水灾，俺秋后卖了花生和蚕茧，再卖两头肥猪，把一年赊销的口粮款就全还上了。这下完了，拿什么还款吃饭？”听着赵老汉充满忧伤的倾叙，记者的眼睛不禁湿润了。

尽管洪水已经退去，但在赵成友家门头上洪水长时间浸泡留下的痕迹告诉人们，当时这里的洪水足有近 2 米深。在这个 7 口人的农民家中，里里外外竟找不到一袋粮食，着实让记者吃了一惊！

“台风‘泰利’的中心并没有经过这里，9 月 2 日、3 日，当上游的金寨、霍山以及相邻的裕安等县区洪水成灾时，这里仍旧安然无恙。因此，当地群众不相信马上会有灾害，说什么也不愿意转移。9 月 4 日清晨，由于上游佛子岭、响洪甸等水库紧急泄洪，本镇境内的老淠河大堤全线漫破，本镇群众真是措手不及呀！”中共马头镇党委书记李坤圣说起这些依旧掩饰不住内心的隐痛。

据悉，短短 4 个小时，马头镇湾区 5 个村、岗区 2 个半村全部被淹，平地一般积水 2.5 米，最深处达 4 米。“公路变航道，车站变码头，二楼变一楼，”这段流传当地的顺口溜真实记载了金安区当时受灾的惨状。当时，马头镇灾区是一片汪洋，只能看到树木的梢头、瓦房的房顶和一些二楼的房屋。由于洪水来得太急，当地党委和政府只能以救人保全群众生命为主，除紧急组织 5200 名群众转移到岗区安全地带以外，其余来不及的近 7000 人只好紧急就近转移到当地的一些二楼楼房。由于广大党员干部奋力救人，好在没有一名群众因灾死亡。

损失可想而知。山区闹洪灾，往往上游被冲是一条线，下游被淹是一大片。由于下游淮河高水位顶撞，老淠河泄洪不畅，金安全区有20.15万亩农田在洪水中淹没达10到11天造成绝收，全区减收粮食达12万吨；水产畜禽被淹，房屋倒塌损坏，工矿企业停产，公路、桥涵、输电线路、通讯线路、水利设施、中小学校被冲坏等，全区直接经济损失达4.7483亿元，全区83万人有53%的人口受灾。

严重的灾情牵动了中央、省、市各级领导的心，民政部、国家防总办、淮委办、省委省政府、省直有关部门以及六安市委市政府领导，先后深入金安灾区查灾、慰问、指导救灾，给金安灾民以极大地鼓舞和支持。金安区广大灾民在当地党委、政府的领导下奋力抗灾，生产自救，可歌可泣。

“现在最大、最急迫的问题是缺粮！”李坤圣的话语也显得有些急迫。

洪灾发生后，上级民政部门已下拨马头镇救灾大米10万斤，市直捐赠方便面530箱、矿泉水680桶、衣被250包，捐款6.7万元。洪水退后，马头镇党委、政府在组织检查灾情，帮助五保、军烈属、特困户建房，指导消毒防疫、生产救灾，组织劳务输出，并在上级以低于市价每市斤0.20元的价格提供15万斤优质麦种、300多斤蔬菜良种的情况下，全面完成秋种任务的同时，采取岗湾互助、亲友互帮、党员干部结对帮扶等措施，加上上级下拨的救灾粮款，临时解决了3000多名特困灾民的吃饭问题，另有13000多名缺粮灾民，靠家人外出打工或打短工、赊销等临时维持生计。随着时间的推移，马头镇16300多名灾民的口粮短缺问题日益严峻！

“本乡有21000名灾民一直靠借粮度日，形势越来越严峻！”淠东乡党委书记赵成兵说起这话心情异常沉重。

马头镇上游毗邻的淠东乡，境内淠河大堤达21公里。9月3日18时，由于上游水库紧急泄洪，淠河流量陡然涨到5600立方米/秒，比1991年的淮河特大水灾还超出130立方米/秒。4日凌晨2时40分左右，淠东乡境内21公里淠河大堤全线漫堤，洪水漫堤最高处达40多公分，沙质土坝迅速被冲决一处几百米的大缺口。至4日下午5时，全乡总共12个村是一片汪洋，平地一般积水1.5米左右。总共有42332人的淠东乡，受灾人口达41581人。由于洪水来得太猛，无法阻堵，当地党委、政府当机立断，迅速撤下护堤劳力，紧急投入转移群众。由于时间太急，特重灾村的2.6万名群众，除4700人被紧急转移到邻近的木杨镇，和本乡仅有的5个未受灾的岗区村民组外，其余2.13万人只能就近转移到当地一些楼房的二楼。这 2.6 万人仅仅是保住了一条命，其余的一切均被洪水吞没。

灾害发生后，上级政府紧急下拨淠东乡救灾大米 17 万斤、方便面 1000 多箱、矿泉水 1 万瓶、帐篷 8 顶，捐赠款 15.5 万元，乡村帮助搭建临时庵棚 100 多个。洪水过后，淠东乡党委、政府在积极开展核查灾情、消毒防疫，组织群众开展生产自救，在上级下拨专门救灾款项的支持下，为 113 个无房、倒房、五保户盖起新房，并在上级以低于市价 0.20 元 / 斤的价格提供优质麦种 22 万斤，和无偿提供 361 公斤蔬菜种子的情况下，完成全部秋种任务。同时，组织乡村 365 名党员、干部、教师，结对承包了 524 个五保户的吃、穿、用、医等生活问题，中秋节还给每个五保老人捐赠了 30 元以上的过节费。17 万斤大米等救灾粮款主要用于五保、军、烈属、特困及计划生育照顾对象。淠东乡 41581 名灾民，近一半靠原有存款或家有劳力外出打工挣钱买粮度日，其余 21000 名灾民一直靠投亲傍友借粮过日子。

“俺家 3 口人，3 亩 7 分地，午季 2 亩稻茬麦，1 亩油菜，发水时人逃出去了，家里仅剩的 70 斤小麦全在洪水里沤烂了。秋季 2 亩稻子、1 亩花生、7 分春玉米全淹死了。1 头 100 多斤重的猪、40 多只鸡也全淹死了。感谢政府发给俺 54 斤大米，省委宣传部送给俺 500 元钱，这么大的水灾让俺还能吃上饭！”下午 3 点左右，在淠东乡黄圩村路新村民组，丈夫因严重关节炎不能干重活，欠债 1000 多元的特困户、现年 43 岁的中年妇女李正侠话语间充满着感激之情。

而在该乡的小圩村，因洪水冲倒了房屋在路边高地新盖了 3 间瓦房、58 岁的妇女李胜英却是另一种心情。李胜英丈夫早逝，一家 5 口，3 亩承包地，靠儿子媳妇外出打工养家，供养 12 岁的孙女上学。午季的稻茬麦产量较低，发水前就吃完了。秋季的稻子和经济作物全淹死了。她从一个蛇皮袋里掏出一把黑乎乎的霉烂稻子送到记者面前，“这稻子霉得鸡都不爱吃。盖了 3 间瓦房，欠了 1 万多元的债，发水后俺家口粮全赊，如今已经赊了 300 斤大米，政府一分钱一粒粮也没救济，全靠两个孩子打工，啥时候才能还清债？！”面对这位老年灾民的抱怨，记者不禁汗颜！

突发性、持后性、持久性、深重性，是这次金安区洪水灾害的四大特点。灾害发生后，金安区各级党委、政府紧急组织转移被洪水围困群众 4 万人，就近安置 8.6 万人，6 个巡回医疗队投放消毒药品价值 10 万元，向灾民发放应急救灾款 280 万元、帐篷 100 顶、救灾大米 131.5 吨。组织轻灾区、城镇、区直支援灾区，接收发放捐款115.66万元、大米30.5吨。但这些都是应急，未能彻底解决灾民生活问题。已经落实的188万元的灾民建房补助，解决了479个五保户和101个特困、烈军属户灾民建房，毕竟资金太少，尚有1400多个倒房户未能得到补助。水毁工程设施、尤其是水利设施修复资金缺口高达3000万元。好在政府设法提供低价优质种子的情况下，全区的秋种任务已全面完成，立足自力更生，开展生产自救，突出发展补灾损的势气很高。

“每当想到全区6.5万名无力自己解决口粮的灾民急切盼望着政府救济，我这个区长就如芒在背！”金安区区长薛建宏说起这话颇为激动。

据测算，今冬明春金安区将有11.3万人因灾缺粮，除去家中有人在外打工等能自己解决口粮的灾民，急需政府救济的有6.5万人，到明年午季前总计至少缺口粮1000万斤以上，购买这批粮食至少要1100万元。国家级扶贫工作重点县区的金安，年财政收入仅1.5亿元，每年省财政转移支付1.5亿元才能保证正常运转。1至10月，该区财政已支出2.5亿元，剩余5000万元尚有部分前10个月拖欠未支付的款项，仅能保证正常运转，实在拿不出1100万元的资金为灾民买口粮。这就难怪薛区长会睡不着觉了。

随着时间的推移，灾民投亲靠友借粮及各种互助帮扶将更加困难。上级政府如不能及时帮助该区解决急待救助灾民的口粮问题，记者估计，这里将会出现大批灾民外出乞讨，加之严冬将至，难保不出现因饥寒而死人的现象！

原载2005年11月17日安徽日报社总编办公室编《内部参考》（一类）获安徽日报社年终总评二等奖

时任中共安徽省委副书记、省长王金山批示：“请宏塔（省民政厅长）速派员调查并研究处理解决。” 11月22日

时任中共安徽省委常委、宣传部长臧世凯在王省长批示的复印件上批示：“很好！可继续关注，必要时跟踪反映。” 12月2日

聊吧

解民危难　不能添乱

这是一篇内参。反映强台风灾后安徽金安区 6.5 万灾民严重缺粮问题。

造成这种局面的客观原因是：台风的中心并没有经过这里。当上游区县洪水成灾时，这里仍旧安然无恙，群众不愿意转移。两天后清晨，由于上游水库紧急泄洪，该区境内的老淠河大堤漫破，群众措手不及，损失惨重。由于成灾晚，该区表象不属台风中心经过区，未被省主管部门列入重灾区等级进行救助。而实际上，山区闹洪灾，往往上游被冲是一条线，下游被淹是一大片。加之更下游的淮河高水位顶撞，老淠河泄洪不畅，洪水集聚滞留在金安区长达 10 至 11 天，该区有 20.15 万亩农田绝收，各种灾害损失并不比上游县、区轻。从主观上讲，省有关部门勘察评灾人员工作不深入、官僚主义作风显而易见。

但是，我在金安灾区采访时，陪同的区干部一再要求说："他们（指省有关部门）也为灾区做了不少事，不要批评他们了。"我理解区里干部的心情，毕竟问题的最终解决还要靠他们。同时，写此稿的目的并不是为了批判谁，而是要确保帮助灾民亟待解决的严重缺粮问题。解民危难绝不能添乱！因此，稿件没有直接提灾害评级不准和省相关部门的官僚主义作风问题（其实，内参稿通过摆客观事实，说明该区受灾的严重程度和救助实际存在较大缺口，也就说明了上述问题）。着力点放在，客观真实地反映这里灾害实际严重程度上，反映该区干群虽竭尽全力仍无法解决灾民严重缺粮问题，而引发记者的深深焦虑上。

稿件最后写道："随着时间的推移，灾民投亲靠友借粮、各种互助帮扶将更加困难。上级政府如不能及时帮助该区，解决急待救助灾民的口粮问题，记者估计，这里将会出现大批灾民外出乞讨，加之严冬将至，难保不出现因饥寒而死人的现象！！"进一步强调了问题的严重性！

稿子经安徽日报总编室用"一类"内参编发后，引起时任中共安徽省委副书记、省长王金山的高度重视，立即批示当时的省民政厅长李宏塔："请宏塔速派员调查并研究处理解决。"该厅随即派人到金安灾区深入调查，认为内参反映情况属实，在此后的冬令救助中，给予金安区很大倾斜。省直有关对口支援部门，也纷纷给重灾乡镇送来了救灾粮款。在此基础上，中共金安区委、区政府制定9条具体措施，较好地解决了该区冬令期间灾民缺粮问题。时任中共金安区委常委、宣传部长张利萍还专门发传真转告我。

时任中共安徽省委常委、宣传部长臧世凯，在王省长批示的复印件上批示："很好！可继续关注，必要时跟踪反映。"

接区委宣传部传真后，我再次深入灾区采访核实，续写了《金安区灾民缺粮问题基本解决》的内参报果！（舆论监督稿，必要时应跟踪报道，促进问题最终解决，并回答读者关心。内参亦如此，只是要回答关心的，往往是按内参级别能够阅读到的相关领导同志，尤其是引起关注、并作出批示的主要领导同志。）

附、中共金安区委宣传部的信：

呈：汝鸣主任收

金安区委宣传部　张利萍（区委常委、宣传部长）

2006年1月9日

金安区冬令期间灾民生活救助情况汇报

安徽日报社汝主任：

今年9月初的13号台风给我区造成了重大洪涝灾害。灾后，中央、省、市和社会各界对我区救灾和灾后重建工作给予了特别的关注和帮助，尤其是汝主任深入我区灾区采访，反映我区灾民缺粮问题，为此，省政府主要负责同志作了批示，省民政厅随即派人到我区灾区进一步进行了深入了解，在近期的冬令救助中给予我区很大倾斜，省直有关对口支援部门也都给重灾乡镇送来了救灾款粮。区委、区政府认真开展各项生产救灾工作，加快灾后恢复重建进度，对冬令期间灾民生活制定了救助方案和工作安排。现将我区冬令期间的灾民生活救助安排情况汇报如下：

针对灾区缺粮问题比较突出，我区主要采取以下措施：

1、开展生产自救，扩大副业生产，开展多种经营，有组织地开展劳务输出，以工补农，以城补乡，增强灾民自救能力。

2、开展结对帮扶，对口支援，乡村群众互助互济，发动机关干部职工捐款捐物帮助灾区群众克服困难。

3、通过政府救济，重点解决灾区五保户、特困户等保障对象冬令口粮问题，主要通过上级支持、区乡二级自筹安排等形式确保其冬令期间基本生活。

4、2005年11月，区财政安排资金购买救灾大米35万斤发放到7个重灾乡镇，解决灾民缺粮问题。同时各乡镇接受的各级捐赠大米8.9万斤也分别发放到户。

5、区委、区政府于2005年12月8日正式启动全区两节期间“送温暖，献爱心”捐助活动。目前已筹集捐款30万元，这笔捐款主要用于帮助解决冬令期间保障对象的口粮问题。

6、浉东、马头、木厂、城北、双河等5个重灾乡镇从接收的对口支援经费中安排购买了救灾大米16万斤，用于解决灾民缺粮问题。

7、省拨我区冬令救灾款70万元，经区政府研究决定，通过政府采购救灾大米60万斤，于元月15日前全部发放到受灾乡镇灾民家中。

8、灾后，我区共接收过冬棉被2593床，各种衣服36382件。已全部发放到灾民手中，基本解决灾区群众过冬御寒问题。

9、建立乡村领导干部包保责任制，发现问题及时解决，区财政准备应急救灾资金30万元，确保保障对象冬令期间基本生活不出问题。

通过上述措施，我区灾民冬令生活困难问题基本得到解决，绝对不会出现灾民大批外出乞讨、因饥寒而死人现象。

二○○六年元月六日

NEWS CHAT BAR

聊吧三

剖析几篇初学作品的得与失

初学写新闻时，出现过不少失误。这里选入的4篇，尽管都抓住了当时有很高价值的新闻，但都存在着这样那样的问题，也是初学写新闻者最常出现的几个问题。故对其逐一解剖，希望能对初学写新闻的朋友有所帮助。

“两笔账”算出一社明白人

近年来，安徽太和县胡总公社人口自然增长率一直稳定在千分之九左右。随着实行农业生产责任制，人均生产千斤粮，社员收入迅速增长，在计划生育问题上，有些同志产生了糊涂认识，说什么“囤里有粮食，多抱个娃娃没问题”。

针对这种情况，去年，公社党委首先召开了党员、干部会。会上，不提全国、全省，单让大家联系本社实际，一算社员人口帐，二算集体土地帐：全社17580口人，耕地38000亩，社员收入增长，除了靠政策、靠科学外，靠土地多的优势也是一个重要因素。但是，如不控制人口，后果就不堪设想。目前，全社3780户，户均4.65人，按五口之家计算，可承包10亩地。如每户生两个男孩一分家，一户只能有5亩；一个儿子又生两个，再一分家，一户只有2.5亩了。这样一来，不要40年，每户耕地下降三倍多，土地优势没了，吃饭都成问题。“两笔账”一算，计划生育的重要性和迫切性一清二楚。

党员、干部明白了，纷纷把“两笔帐”算给广大社员听。简单的事实一摆，几个指头一掐，全社群众都成了明白人，执行计划生育的自觉性大大提高。

到1982年底，全社1978对已婚育龄夫妇，结扎人数1305人，绝育率达66%；应领独生子女证的245对夫妇全部领了证。1982年，人口自然增长率从9‰下降到8.4‰，人均收入相应比上年增加6.25%。

原载《农民日报》（原《中国农民报》）1983年1月25日头版综合头条栏目

聊吧

消息写作为何常采用新华体?

此稿是我学写新闻的处女作，当时主题很新，反映计划生育工作指导思想上的深刻变化，有很高的新闻价值。

在此之前，不少地方农村计划生育工作方法简单粗暴，单纯靠行政命令。有的甚至错误地提出：“喝药不夺瓶、上吊不夺绳”。好事没办好，反造成干群关系紧张。此稿报道安徽太和县胡总公社算账对比，做通群众思想工作，变“要我计划生育”为“我要计划生育”，确实是条好新闻。在此之前，在国家和安徽的报刊、电台、电视台，我还没见过此类报道。也许正是为此，稿件报道的虽只是一个小公社，却被国家级报纸《农民日报》（原《中国农民报》）选用在头版头条综合栏目的重要位置。

当时，我大学刚毕业，初出茅庐，又并非新闻专业，还不懂新闻。但出生在邻县农村的我，对以往农村计划生育工作中简单粗暴的做法深有感触。对比之下，觉得这里的做法确实很好。但是，平生第一次学写新闻稿，比葫芦画瓢还是没画好，连消息最明显的标志——“本报讯（或xx讯）”都没加，也没提炼出能抓住读者的新闻导语，这是初学写新闻的通讯员常犯的错误。而犯这类错误的代价通常是稿件被淘汰。

这里，有必要和初学写新闻的朋友聊聊，我国新闻界消息类写作通常采用的新华体，即倒金字塔体。把一条消息最重要、最有价值的新闻事实，放在开头的导语部分告诉读者。所谓导语，顾名思义就是引导读者看下去的语言，文字虽短，但与接下来的新闻背景、经过、结果、展望等相比，分量却最重。故把这种模式比作倒过来的金字塔。

消息写作之所以通常采用新华体，窃以为，这不仅因为她能用最简洁的语言告诉读者一条新闻，同时这也是读者的阅读实际给“逼”出来的！由于人们的精力和时间有限，特别是在信息爆炸的今天，读者是不可能将每天报纸上所有稿件都看完的。对见报的消息，除了先看标题（见《擦亮新闻的眼睛》）之外，最先看的就是导语。导语新、抓人，才可能接着看全文。导语抓不住读者的消息，也像标题抓不住读者一样，即便见了报通常也是被读者淘汰。而报社编辑也是消息的第一读者，其精力和时间同样有限。以省级党报为例，每天每位编辑都能收到大量来稿，是无法将每篇来稿从头到尾都看完的。导语抓不住人的消息来稿，也像标题抓不住人一样，一般在编辑那里就被淘汰了。由此可见，消息写作的新华体也是适应读者的阅读实际而产生的。

此稿如不是标题新，估计也难免被编辑淘汰。

两县三社八队支持

七户农民承包荒废水面养鱼

太和讯　位于太和与利辛两县交界处的踩巴沟，南通老母猪港，北接西淝河，正常水面宽二十五米，深二米半，沟底龙沟宽二米，深一米，水质良好，含有多种藻类、浮游动物、底栖动物、有机碎屑、腐殖质等，水草鲜美，饵料丰富，适宜鱼类生长。但由于是两县三社八个生产队的公共水面，多少年来一直荒废，无人过问。今年元月，沟两岸八个生产队的一些群众酝酿联合承包这段水面养鱼，得到了相邻两县三个公社党委的支持。经过有关大队、生产队干部和一些群众的共同协商，依据踩巴沟两岸有关生产队区段的长短，分成六股半，按股集资三千元，由长春公社李老家大队一户农民、四庙公社袁堂大队一户农民和汝集公社袁寨大队的五户农民出面承包。目前，这七户农民在沟的两端架起栏网两道，修筑涵洞和堤坝共六处，买豆饼、麸皮饲料二千斤，投放鲤鱼、鲢子等鱼种五万尾。

原载《安徽日报》1983年8月24日2版

聊吧

心中要有读者

此稿当时主题很新，有一定深度。

安徽乃至全国人均水资源都比较短缺，但当时却仍有大量水面荒废着。而最荒、最不好开发的，就是跨行政区划的公共水面。此稿报道的这块跨行政区划的公共荒废水面，在安徽两县三社八队的支持下，由七户农民采取股份制形式承包开发养鱼，对其他地方各种类型的公共荒废水面的开发，具有较好的借鉴价值和促进作用。事情虽小，却很有新闻价值。

稿件原有眉题“两县三社八队支持”被编辑删去，我以为删得不妥。因为，这类跨行政区划的公共水面要想开发成功，相关区划行政机构的支持不可或缺。同时，删此眉题，标题也反映不出承包的是跨行政区划的公共荒废水面。这些都使标题的新闻性大打折扣。

这里我要特别指出的是本文的一处失误，文中介绍踩巴沟“南通老母猪港，北接西淝河”，却没有交待具体长度。这也是初学写新闻者容易犯的一个错误，即心中无读者。因为踩巴沟和老母猪港，都是鲜为人知的小沟汊。自己是当地人，知道“南通老母猪港，北接西淝河”的距离，却没有考虑外地读者怎会知道？

此消息的不足，还存在缺失导语和对开发前景的展望。

小陈庄人均收入一千元

太和讯　今年午季，太和县长春乡小陈庄 11 户农民售粮 10 万斤。

小陈庄村原有 230 多亩贫瘠地。开始实行农业生产责任制时，农民怕政策变，头二年靠买化肥增了产，结果成本加大了，土地板结了。去年中央 1 号文件下达后，小陈庄人吃了“定心丸”。全村 55 口人养猪 70 头，养牛、驴 12 头，其中有母畜各 12 头。农民在猪圈和牛铺里撒了 3 万斤麦秸，踩成乌油油的畜踏泥，秋种每亩上畜踏泥 5 大车，加上适量化肥，选用优良品种，采用重耧直播方法，今年，平均单产 600 斤，总产 12 万斤。发展畜牧业改变了小陈庄的面貌。去年，这个庄人均收入 1000 元，有 2 个万元户。今年全村养猪近百头，养牛、驴 14 头，还购置手扶拖拉机等各种机械 15 台，插上了机械化的翅膀。

（此文作者还有胡星雄）

原载《安徽日报》1984 年 8 月 24 日 4 版

聊吧

比较，不可或缺

此稿当时主题新，有一定深度。

1984 年中央一号文件提出延长土地承包期，规定“土地承包期一般应在十五年以上”，调动了农民养地的积极性。安徽太和县小陈庄农民，通过大力发展畜牧业，使秸秆过腹或牲畜踩踏成泥还田，增产、增收，就是很好的例证。在该县上年农村人均收入只有 300 元左右的情况下，该村当年人均收入达到 1000 元，很有典型意义。

此稿的不足之处是，小陈庄当年人均收入 1000 元，对本村来说是多、还是少？数据是没有绝对的多和少的。稿件并没有和本村上年做个纵向比较，即

“同比”。这些数据比较，恰恰是经济类稿件中必不可少的基本要素。因为，没有比较就没有鉴别，也就缺乏说服力。这是初学写新闻者常犯的一种错误。

小树开大花　一店带万家

太和县办好农业科技商店

本报讯　安徽省太和县有关部门创办的农村科技开发服务商店，以商业养科技，“借水浇花”，收到了社会、经济双重效益。

1985年7月，太和县科技部门组织农村一些农民技术员先后建立起一批科技商店。由于这些科技商店大多单纯搞科技服务，经济收入较低，经营者积极性不高。后来，有个别科技商店以科技服务为主，同时兼营部分商品，效益可观，科技服务也开展得活跃。县科委经过调查，认为这种“借水浇花”的办法值得推广。不久，科技商店在全县农村迅速发展起来。目前，经县科委批准，全县已经建起的区、乡科技商店有二十一个，服务人员达一百余人。还有二十二个区、乡科技商店正在筹建。

由于经营者积极性提高，科技服务非常活跃。大新区科技商店在各个乡的集镇上还设立了四个分店。办店一年来，共传递科技信息二百三十条，介绍新良种、新农药、新技术等二千四百多条。去年，这个区大豆虫害严重，科技人员组织十五名回乡知青搞灭虫服务。短短几天，灭虫四万七千多亩，灭虫效果达95%。这种现场科技服务，群众信得过，效果好。

原载《人民日报》1987年1月25日2版；此稿获安徽新闻奖（当时叫“全省好新闻”）三等奖

聊吧

此标题改得技高一筹

此稿当时主题很新，有深度，意义重大。

作品反映的是，安徽省太和县农村科技推广体制的深刻变革。当时，农技推广缺钱搞不了，农技人员又无利不起早，成为全国性农技推广的一大难题。该县通过推广农技人员办好农业科技商店办法，以商养技，借水浇花，使这一难题得到较好地解决，切实促进了农技在该县的推广。当时在安徽乃至全国都有很高的推广价值。因此，此稿先后被地、省级媒体采用后，还被《人民日报》1987年1月25日二版选用，并获得安徽新闻奖（当时叫“全省好新闻”奖）。

这里我想特别把消息原取标题——“以商养技 借水浇花——太和县积极开拓农村科技市场”（被地、省级媒体采用，也是获奖稿的标题），与《人民日报》改用的现标题做个比较。

原眉题“以商养技 借水浇花”，使用比喻告诉读者创办科技商店、进而带动农技推广的一个新方法（把新闻结果放在了文中交代）。《人民日报》改用眉题“小树开大花 一店带万家”，则结合主标，在用鲜明的形象生动地告诉了读者，一个用办科技商店带动了千家万户、推广了农业科技的新办法，同时不也告诉了一个新闻的结果吗？显然，后者的信息量更大，新闻本身的功能及受众最关心的也是后者。原主标“太和县积极开拓农村科技市场”虽较有气势，然略欠精准。“太和县办好农业科技商店”，当时则新闻性和准确性俱佳。可见《人民日报》修改后的标题确实技高一筹！做新闻标题，一味追求气势而不重精准或对标题提炼用力不够、功力不足，都是初学写新闻者常见的毛病。

NEWS CHAT BAR

聊吧四

新闻，莫以事件大小论短长

这句话在新闻理论上没什么争论，但在新闻实践中却没那么简单。

姑且不论业外人士由于不懂新闻误以为事件大新闻就大，就连业内人士采用这种标准的也为数不少。一些新闻媒体，由于种种原因，比如业者（包括业界领导）半路出家不懂新闻、对社会和相关政策缺乏了解拿不准及新闻以外的作用等等，把一些缺少新闻价值的会议、领导人活动、面上取得的些许成就的所谓大事（成就报道应因时制宜），过多过长地放在重要版面、节目、位置报道，而反映基层干部群众生动实践和新鲜经验的典型报道，即便新闻价值很大，由于事件小往往也排不上位，甚至难以被采用。

然而，新闻毕竟有自己内在的规律。缺乏反映基层干群生动实践、新鲜经验等富有新闻价值的小事件典型报道，太多太长的大而空（缺少新闻价值）的会议、领导活动、成就等大事件报道，媒体就会逐渐失去广大受众，甚至为广大受众所抛弃。最近两届中共中央政治局都作出相关规定，要求“根据工作需要、新闻价值、社会效果”决定、改进会议和领导同志活动的报道，纠正“会议和领导同志活动的新闻报道过多过长影响宣传效果”的问题，强调新闻报道“要贴近实际、贴近生活、贴近群众，多反映基层干部群众的生动实践和新鲜经验”。为在新闻实践中解决这一争论给出了答案。

以下就结合几篇作品，具体聊聊。

一家货真价实的饺面馆

太和县城关镇西大街南头，有一个小小的饺面馆。沿街一间门面，放着两张带抽屉的长条餐桌。抽屉里装着很多大蒜，餐桌旁常常坐满顾客。

开面馆的是一位五十多岁的妇女，名叫朱正英。她干净利索、待人热情。不久前的一个雨天，我正在这家小店吃水饺，门外走进一位高个子男青年。“来碗肉丝面”，他说话鼻音很重。

“同志，改碗素面吧？”

青年人愕然。

“你感冒了，面条里需放些醋，可肉丝面放醋又酸又涩不中吃。”

青年人信服地点点头：“能加两个鸡蛋吗？”

“可以。”朱正英一边回答一边熟练地称了四两轧面，接着又把三个鸡蛋打进锅里。少顷，一大碗香气扑鼻的素面端了上来。我发现，在那碗满满的素面碗里，除了油、盐、酱、醋各种佐料外，还铺上了香椿菜（可治感冒），真美！？

饭毕，满头大汗的青年人掏出一元钱送到朱正英手里，她马上回找了四角六分。青年不禁一怔，我也有些惊奇。一大碗素面，通价四角，三个鸡蛋少说也要四角五。可朱正英马上笑着解释说：“素面三角，三个鸡蛋有一个是破蛋，不能让你吃亏。鸡蛋一角一分一个买来的，外加一分钱加工费，合计五角四。”

真是百闻不如一见，难怪人们常常夸她。

朱正英原是街道弹花组的家属工，去年因腰疼离开了弹花组，八月开办这个饺面馆。每天，获纯利不超过二元钱。其实，朱正英并不靠这二元钱的收入生活。她的丈夫曹清光是城关镇清洁工人，月薪五十元左右，三个儿子、两个女儿都已经工作，常常接济父母。

当我问她为什么要开这个小饭馆时，她笑着说：“我是个党员，才五十多岁，哪能就躺下养老，我还要为社会做点贡献。再说，一个人老闲着有什么意思，有了这个饺面馆我算有个猴牵了，活得也充实点。”

当我即将离开这个小小的饺面馆时，突然发现墙上有一张城关镇西大办事处南大居委会治保委员会的名单，最上边写着治保主任朱正英。原来，她还是一位义务老调解员呢。

原载《安徽日报》1985年8月21日2版

聊吧

这碗面条有新闻

此稿是采用第三人称的手法写的。稿件中写道的那位“高个子男青年”顾客就是本人。当时，单位就有位老兄对我说：“你汝鸣就是能吹，去饭馆吃碗面条，也能编个稿子去报社‘混’稿费！”“嘿！”这虽然是句玩笑话，但说明在他眼里，能上报的都该是大事，像我去饭馆吃面条这类鸡毛蒜皮的小事，是根本不值得见报的。他不懂得，新闻是不能以事件大小论短长的。衡量新闻大小的唯一标准是新闻价值。

在计划经济大气候下，国营商店的脸难看、话难问的官商作风，常为人们所诟病。像这家小饺面馆的老板，如此设身处地为顾客着想，如此公平交易，如此薄利甚至微利销售，在各地确实都极少见。在当时社会的“两个文明”建设中，政府部门和新闻界，都在大力提倡优质服务。此事件虽小，但却提供了一个难得的正面典型，具有很高的新闻价值。这就难怪此稿能被省报选中了。

相反的，在一个县里，一年一度的“两会”是比较大的事件了，但单就报道会议来说，地市报都难上，更不用说上省报了。因为此类会议各县都开，不新鲜。西方新闻学家有句名言：“狗咬人不是新闻，人咬狗才是新闻。”讲的就是这个道理。

然而，新闻也有其地域属性（或叫特殊性）。如县级“两会”，虽然各县年年都开，但各县年年都有不同的新内容。它与各县人民新的一年生产、生活等诸方面的发展、变化息息相关，对该县人民来说，事件大新闻价值也大，必须充分报道，使之家喻户晓。同时，在这类县级“两会”中，也是可以找到其独有的新闻及其线索的。

该刹住敲竹杠的行为

编辑同志：

四月一日，我来到县城新华书店北侧一家店号叫“中原酒家”的小饭馆吃饭。

一个年轻顾客进店，向姓潘的老板（此人三十多岁）要碗肉丝面。潘老板答道：“给你来个炒面，外加鸡蛋汤。”

年轻顾客第四次申明要的是一碗肉丝面，潘老板回答却是：“好，给你来个肉丝汤，加两个馒头。”只见两个伙计将几根炒好了的肉丝加点水，煮沸，于是一碗肉丝汤烧好了，加两个小馒头端了上米。不吃吧，已端上来了。吃毕，实在不如意，一算账，收钱一元七角！比当地一碗肉丝面整整多出一元一角。年轻顾客怒道：“这简直是敲竹杠！”

（太和县读者）

原载《安徽日报》1987年4月18日2版

聊吧

并非小题大作

此稿也是采取第三人称的手法写的，年轻顾客也是本人。当时也有人说我是“小题大做”。

这种敲竹杠的行为，算不得大奸大恶，确实算不得什么大事。但它像人们的饭碗里掉进一只苍蝇，让人感到恶心。加之这种餐饮行业社会接触面广，影响不容小觑。

在社会的道德和精神文明建设中，自古就有“莫以善小而不为，莫以恶小而为之”的古训。更重要的是，此事件虽小，但在当时却透露出，一种不讲信用、欺骗敲诈、惟利是图等不良行为的新苗头。这是计划经济向市场经济过渡，民营经济逐步兴起中伴生的一种副产品，亟需加以喝止、教育引导。

稿子见报后，引起工商部门的关注。经批评教育，潘老板改过自新，本来门可罗雀濒临倒闭的小饭馆反而起死回生，变得逐步兴隆起来了。

可见，此稿在当时社会的职业道德及精神文明建设中，从正反两个方面看，都有较高的新闻价值。

这里的牛越宰越多

——太和县旧县区见闻

“到处宰牛，靠什么种地？”有人为宰牛业的发展担心。

“只有多宰，才能多养。”有人肯定地回答。

农业责任制为太和县旧县区带来了“养牛热”。牛养多了，这些昔日受政府法律保护的耕牛，如今每年有一大批要供人食用，变成了菜牛。于是，宰牛业发展起来。仅旧县镇的宰牛专业户就有十几个，镇上每年要宰黄牛 1500 多头，盈利四五万元。宰了 10 年，旧县区的黄牛增长了近 4 倍，由 1978 年的 3000 多头发展到 1988 年的 14680 头。

宰牛业发展起来后，旧县人在深加工上做起了文章。

八里店乡闪庄农民闪步华与上海市建材公司签订牛肉供货合同，引进资金 5 万元，于 1985 年元月在本村租房、招工，办起牛肉干厂，使牛肉加工深化了一层。当年旺季两个月就获利 2.5 万元。这一办，就是 4 年。

牛肉有人加工，牛皮呢？就那么廉价地卖给外地人？旧县人在思索。

1986 年 4 月，旧县镇新街居委会回族农民李海安，揣着 400 元的盘缠来到上海，从青浦皮革厂聘请了 2 名师傅，回来后联合 9 户农民，集资 2 万元于当年 8 月办起旧县区回族皮革厂，月创产值 8.4 万元，产品畅销上海、广东、江苏、河南、辽宁等 9 省市，已赢利 46 万元。

加工牛皮能赚大钱，西街居委会农民李兴义、东街居委会农民马金申也先后集资办起皮革厂。顺河居委会支书刘中启则带领大伙集资 9.5 万元，从武汉聘请 3 名师傅，筹建起一座年产值 50 万元的皮鞋厂，又深化了皮革加工。率先干起来的李海安，利用皮革下脚料扩建的再生革、制胶两个车间也即将投产。

10 年改革，旧县人不但发展了养牛业，还作活了一篇配套的“牛文章”！

原载《安徽日报》1989 年 1 月 27 日头版头条

聊吧

这小事代表着一个新方向

一个农村科级单位的区，养牛多少，算不得大事。但在当时传统农区的经济发展和农民增收致富中，却代表着一个主要产业发展的新方向。故此稿上了省级党报的头版头条（此稿至少在安徽省是最早报道此类问题的作品）。这也让人不能不佩服编辑、相关领导，尤其是报社总编辑的新闻眼光。

“这里的牛越宰越多”——乍看有点荒唐，实则是一种颠覆人们传统观念的辩证思维。几十年的计划经济下，耕牛（受政府法规保护）很少，使人们对养牛形成一种固定思维——耕地。农业责任制以后，传统农区几乎家家养牛。牛养多了，其耕地的职能又逐步为农业机械化取代，能否为其找到一条新的出路？当时旧县人不仅为自己，也为全县、全地区、全省甚至全国传统农区，找到了一条养牛的新出路，即当菜牛出售，宰杀、加工增值、增收致富。此稿当时具有很高的新闻价值！

稿子见报后，产生很好的社会效果。安徽传统农区的各级领导，纷纷采取多种措施大力推进养牛产业的发展。短短几年，除了千家万户的养牛热之外，各种类型的规模养牛场、育肥场、牛产品加工厂，也如雨后春笋般在各地蓬勃兴起。尤其是在黄牛传统养殖地区的皖北，养牛迅速成为农民增收致富的一大主产业。皖北农民赶着黄牛奔小康，一时轰动全国！以致当时全国农区发展畜牧业座谈会（重点参观秸秆养牛现场），就选在该区所在的皖北阜阳市召开。

NEWS CHAT BAR

聊吧五

写新闻不是评劳模

“哼，还上报纸（电台、电视）呢，和我们差远啦！”获悉报纸（电台、电视台）报道了某个单位或个人某方面事迹的新闻，有时能听到一些不服气的声音。其实，这大都是因为对新闻的误解。因为写新闻不是评劳模，她依据的是新闻价值。新闻价值和评劳模的条件是不能划等号的。同时，评劳模是要对照规定的条件，全面的去衡量（甚至要经得起历史的检验）要评选的对象。而写新闻则是按照当时的新闻价值取向，去寻找报道对象，且只选取其最有新闻价值的方面作为新闻角度（或称新闻主题），与之无关、甚至关系不紧的内容统统要舍去，用安徽日报高级记者、安徽大学兼职教授汪言海的话说，叫做“独取一侧，勿及其余。”下面 3 篇报道，或许有助于说明这个问题。

太和县酒厂承包及其引发的思考

昨天还在复习外语，准备迎接晋“师”考试的技术员刘孝慈，突然承包了太和县酒厂。承包见效益。职工们月人均收入迅速增长了一倍，半年完成利税208万元，比上年同期增长了2倍多，增长率跃居全地区之首。

承包，使人们进行优胜劣汰的无情选择

1987年7月，酷热难熬，太和酒厂职工们的心里更难熬。原料涨价，四邻酒厂的包围，县政府主管部门核定的年利税250万元的承包指标，销酒旺季的上半年仅完成税收108万，根据上半年产量、成本和市场价格计算，企业本身还亏损54万元，眼见下半年的工资也没了保证。半年过去了，承包人签字栏还空在那里。生存，迫使人们进行优胜劣汰的无情选择。“谁能胜任承包，带领酒厂走出困境？”当一个考察组将这道问答题交给职工时，回答是迅速的、一致的——“刘孝慈！”

是的，是1979年底入厂任生产组技术员的刘孝慈，亲手设计并负责建造起全省第二家年产3000吨的酒精浮阀塔，使这座本来不起眼的小厂一举夺得全省白酒生产的领先地位。1984年，又是刘孝慈亲手技改设计酒精蒸煮糖化设备，由原来的间歇蒸煮水冷却改为先进的降压连续蒸煮真空冷却，使太和县酒厂又前进了一大步。1985年2月，刘孝慈当上了副厂长，分管全员设备管理，技改扩建。他上任2个月便动手兴建一座服务楼，回收废汽，建池营业，年节煤600多吨。同年，他将锅炉的给煤长距离皮带输送设备，改造为框架斗式提升输送，迁走了多年来紧靠厂区干道的露天大煤堆。接着，他又在迁煤堆、挪配电房腾出的空地上，用同行业建造同等设备三分之一的投资，设计建造起千吨大曲机械化酿酒车间及其配套设备，使太和酒厂曲酒生产能力提高了2倍。他设计并组建的锅炉水膜塔消烟除尘器及酒精粉尘回收器，除尘效率达95%以上，荣获省科研成果奖，年回收原料、燃料价值达10万余元。从1984年到

1987年，太和酒厂又连续被评为省轻工厅、省经委、国家轻工部设备管理先进单位，这都与刘孝慈付出的汗水和智慧有关。

思考之一：选择刘孝慈做企业的承包人是必然的。倘若酒厂继续吃大锅饭，就未必。因为企业干好干坏与职工利益无关。由此，与其说是职工选择了刘孝慈，不如说是“承包”选择了刘孝慈。优胜劣汰的自然规律，直到承包竞争时才在我们干部制度中真正得到体现。

承包，引发了人的潜在经营才干

刘孝慈没有毛遂自荐，这位19岁从酿酒学校毕业，有着26年酿酒生涯的生产技术型干部，更爱他的技术工作。是承包和群众的信赖引发了他的经营热情和潜在的才干。

1987年，当刘孝慈在酒厂承包合同上签字的时候，时间留给他的还不足6个月。7月的照例大修还要占去20多天。刘孝慈在这酒产业淡季的5个多月里完成的利税，竟是上半年旺季的近4倍，这不能不让人吃惊。他下了三步妙棋：

头着棋，制订一套能推动酒厂满负荷运转的承包方案。他利用20多天大修时间，充分调查每个车间、科室，考察每一台机器、每条发酵池，然后把自己关进办公室，整整两天两夜，像往日描绘图纸一样，层层分解指标，精心绘制了一幅详尽的“经营承包图”。每个人头上都有指标，每一项工作都有奖惩标准，每多产、多销一斤酒，每节约一斤粮、一斤煤、一度电甚至一只包装纸盒、一个空酒瓶，每减少一次事故都能按一定的比例提取奖金，反之则罚。工资拉开档次，不封顶、不保底。为便于实施他的承包方案，他还大刀阔斧、有针对性地调整科室，并不拘一格选贤任能。

二着棋，压大曲，上“秘酿”，求效益，改变不合理的产品结构。太和酒厂20世纪70年代生产的“种子酒”，以及近几年在“种子酒”的基础上生产的“太乙秘酿”，都可与省内的一些名酒相媲美，但是，至今都没能拿到一个“省优”。原因是这种优质曲酒的生产周期长、产量低，厂里迟迟不愿扩大生产，直到1986年，年产量还不足20吨，连参加省里评优的最低限量都达不到。牌子没打响，销售怎会景气？“压大曲上秘酿”，刘孝慈上任后马上将曲酒车间十分之二的发酵池转产“太乙秘酿”，并大幅度提高生产这种酒的奖金率。年底，“秘酿”终于闯过了省评限量关，产量达到86吨，约为上年的4.45倍以上。曲酒的总产量是降低了，太和酒厂却因此增收了32万多元。

三着棋，攀亲“古井”，连袂名门，加强横向联合。毗邻的古井酒厂生产的古井酒为全国八大名酒之一，刘孝慈一心想着去拜佛求经。终于和古井酒厂攀上了“亲戚”。仅仅半年，两厂间的技术交往就达50多人次，相当于上年的5倍。在古井酒厂的协助下，刘孝慈不仅大大提高了普通大曲的质量，还开发出深受消费者欢迎、价廉物美的曲酒新产品“太和老窖”，产品畅销上海、天津、河北、山东等20多个省市。

思考之二：是承包引发了刘孝慈潜在的经营才干。按刘孝慈的说法，自己没什么背景，又醉心于技术，根本没想到要当一把手。因而，他没有毛遂自荐。是承包，把他推上厂长的位置。试想，如果不是这样，他的经营才干，何以能得到发挥？

承包，新机制挑选出真正优秀的经营人才

三着妙棋使一向在全地区同行业垫底的太和酒厂，当年底在全区业内一举夺得了5个“最”：产量最大，成本最低，吨酒单耗最小，销售、利税增长率最高，仅全厂节支就达78.8万元，一跃进入先进行列。不仅填补了企业上半年的亏损，还全面超额完成合同规定的各项承包经营指标。职工的生产积极性空前高涨，半年前还死气沉沉的太和县酒厂突然焕发出勃勃生机。

承包的经营实践检验了刘孝慈的经营才干，也为政府挑选出真正优秀的经营人才。新春，县政府主管部门又和他续签了三年的承包合同。

思考之三：长期以来，国有企业的领导干部，干好干坏没什么具体经营指标，是否合格、优秀全由决定任命他的上级领导说了算，容易产生人为因素的偏差。这制度上的漏洞，给任人唯亲、甚至腐败分子以可乘之机。而承包经营的新机制则不同，各项经营指标是硬任务，也是对承包者经营才干最好地检验。行则上，不行则下。这样才能保证选拔出真正优秀的经营人才。

原载《安徽日报》1988年5月16日2版

聊吧

“差”企业也出好新闻

诚然，当时连一个“省优”产品都没有的安徽太和县酒厂，在建厂历史、企业规模、年利税总额和产品名气等方面，都无法和省内一些知名酒厂甚至本地区内的几家酒厂相比。但是，它当时却在省级党报上了个2000多字的大块头通讯。乍看确实让人不服气。

但是，当你用新闻价值的标准去衡量这篇通讯，你就会觉得报社用稿得当，且颇有胆识。

当时，正是由于该酒厂的“差”、濒临险境，才逼着它率先改革，实行厂长经营承包制。而厂长经营承包制则刨除了企业的“病根”大锅饭，逼着全体职工按自然规律办事，进行优胜劣汰地无情选择，使经营人才脱颖而出，并检验、锻炼、培养了人才，优化了经营，获得显著效益。该酒厂职工们月人均收入迅速增长了一倍，半年完成利税同比增长了2倍多，年底在全地区还夺得了5个“最”，由后进变成先进。其“承包”引发作者对我们国企干部制度的思考，发人深省，价值更高。

此稿在国企改革刚刚起步的当时，具有很高的新闻价值！这就不难理解，这么个“差”企业，还属于政策限制报道的行业，作为省级党报还是给了那么大的篇幅。

对个体、集体客车实行定点定线统一管理

太和县为“野马”套上笼头

太和讯　一向任性往来的“野马”，在太和县汽车站被套上了笼头。去年底以来，县公安、交通、车站 3 家通力合作，对全县 97 部个体、集体客车实行定点、定线不定时的统一管理，使混乱不堪的个体、集体客运业变得秩序井然，收到了良好的社会、经济双重效益。

近些年来，太和县个体、集体客运业迅速兴起，对运力不足的国营客运业起到了补充作用。然而由于管理工作没有跟上，个体、集体客运业又带来种种弊端。其一，在城内主要街道随意停靠、往复盘旋，造成交通混乱、阻塞，危及行人，迟误旅客，高消耗，低效益；其二，严重违章超载、带货，客货混装，争抢旅客，途中超速追逐，车祸事故时有发生；其三，随意要价，侵犯旅客利益。经过整顿，这 97 部个体、集体车辆定点停车，定线编队，统一票价，循环排号，鱼贯接客，消除了种种弊端。据车站统计，48 天时间，这些个体、集体客车，共节约柴油、汽油 24984.7 升。日平均营运额与统管前大致相同，效益提高 20% 左右，出车率由原来的日均 64 班上升到 75 班。

原载《安徽日报》1990 年 2 月 6 日头版

聊吧

先发生不等于先报道

当时，这确实是条很有价值的新闻（至少在省内是最早报道这类问题的作品）。它较好地解决了公路客运行业改革之初，对个、集体客车“放”与

“管”的关系。保证改革的顺利进行和公路客运业的健康发展。对其他行业的改革也有一定的借鉴价值。但稿子见报后获悉，这并非该县首创。

其实，这种后发生的新闻却被先报道，并不少见。对于新闻，先发生不等于先报道，原因有三：一是由于客观原因，先发生的新闻未必能为新闻工作者先发现；二是认识水平问题，先发现的新闻未必能为新闻工作者先认识；三是新闻工作者工作作风及外因问题，先认识的新闻未必能为新闻工作者抢先报道。因此，对新闻无法要求是最先发生（媒体追求新闻时效性，不可能将每一篇新闻稿都“立案侦查”，看看是否最先发生），而强调最先报道。同时，广大受众主要关注的也往往是最早获悉某类新闻本身，而非发生早晚。

当然，作为新闻工作者应该克服主客观方面的原因，努力争取将先发生的新闻先报道。

多聊一句

这条当时很有新闻价值且贴近实际、贴近生活、贴近群众的鲜活新闻，能被我抓到，是因为当时在该县工作的我，经常去地区公干或下乡采访从不凑领导的小车，而是搭乘普通客车。因此，对个、集体客车缺乏管理，随意停靠、往复盘旋、迟误旅客，甚至为争抢下一站旅客途中超速追逐，车祸时有发生，旅客心惊肉跳等种种弊端深有感触。当我那天上午出差去车站乘车，意外发现这种变化，顿觉眼前一亮、心头一喜。当即决定改变行程就地采访，顾不上吃午饭匆匆赶稿，当日下午便用传真将稿件发到安徽日报编辑部，次日便上了头版。可见，要使新闻稿件“三贴近”，新闻工作者首先必须“三深入”，这绝不是泛泛的政治口号。

分灶不分家

1988 年初的一天，安徽太和县赵庙乡一座普通农舍里，一位年过半百的老汉正按当地风俗召集 3 个已婚的儿子研究分家。一向热闹的家庭会一时陷入沉默。

三个兄弟中，老大叫张彦，高中毕业后参军，文化最高，且在部队搞过多年后勤，走南闯北，见多识广，颇有经济头脑。退伍 7 年间，他带领两个弟弟经销薄荷油积累资金 156 万元。按理说分家对于他是求之不得的。张彦却有自己的想法：由于缺乏深加工能力，被称为“薄荷王国”的太和县却无法掌握这种油的命运，薄荷生产时有波动。当张彦第一次到淮南日化厂出售薄荷油时，他就想到要积累资金，将来建一座薄荷脑厂，开发家乡的薄荷资源。如今，手头有了 156 万元，基本具备了建厂的条件；一旦分家，人力、资金分散，建厂开发的大业势必成为泡影。

“家里人多了，吃饭不方便，我建议分灶不分家，联合建一座薄荷脑厂。”当张彦一席话打破家庭会上的沉默时，父亲和两个弟弟都会心地笑了。

当年 11 月，薄荷脑厂办起来了。三个兄弟按自己的能耐在厂里任职，按月领取工资和奖金。每月一次家庭主要成员会，通报厂里的经营情况，听取家庭成员的意见和建议。张彦事事出以公心，两个弟弟打心眼里佩服。6 年来，三个兄弟拧成一股绳，三副肩膀同挑一副重担。小小的薄荷脑厂发展成了固定资产 1600 万元、年创利税 800 多万元的太岛集团公司。张彦由此琢磨出一点办企业的门道：分灶，有点像大包干，落实了责任制，大家才好各司其职；不分家，即集中力量，人力、物力、财力都集中起来才好办大事。

1990 年夏，在太岛集团的住宅区，又建起一座 120 平方米的漂亮住宅。这住宅与张彦两个弟弟的住宅一模一样。不久，当时担任厂生产科长的张其昌接到通知：“这座房子归你了。”张其昌不禁心头一热。

来自河南信阳的转业军人张其昌，1988 年应聘来厂工作后，先后担任生产科长、制药分厂厂长，工作十分出色。指挥生产的薄荷脑素油质量一直领先国内，在“七五”全国星火计划成果博览会上还荣获金奖。他带领一个公关组7个月研制出新产品“中华薄荷王”醒脑神，已获国家专利，刚投产一次就出口100万支。

张彦深知，承担这项前途无量的开发大业，绝非他三个兄弟的力量所能胜任的。6年来，他就是这样用一颗赤诚的心量才录用八方贤才。他规定，每年企业从纯利中提取22%奖励有功人员。凡有中级职称的科技人员与厂长享受同等待遇，高级职称的则超过厂长工资的50%。短短6年间，太岛集团召集了中级以上职称的科技人员86名，创建起我国第一家卓有成效的薄荷研究所。

6年来，张彦带领太岛集团积极和大专院校、科研单位“攀亲联姻”，采取“太岛”出题目，科研单位负责研制，成功后由“太岛”购买专利；或者由“太岛”出题目和科研经费，与科研部门共同研制，成功后由“太岛”再适当支付报酬等办法，进行合作，先后联合开发出医药、食品、保健、日化、香料等5大系列的几十个产品。不久前，他们生产的“中华薄荷王”浴液、空气清新剂，又被选定为联合国第四次世界妇女大会唯一指定专用浴液和空气清新剂。

“联合就是力量。”张彦就是靠着“联合”这两个字一步步推进着他的开发大业。他和兄弟不分家、他和同事不分家、他和朋友也不分家，公司上下一个心眼忙开发。低潮时只卖到不足20元1公斤的薄荷油，近年来已提高到较为稳定的每公斤50元左右。原来只有十几万亩薄荷种植面积的太和县，近年来已扩大到20多万亩。加上系列开发后的数倍增值，太和县这个全国最大的薄荷油出口基地的资源优势，已迅速转化为商品优势。

原载《人民日报》1994年7月28日2版

聊吧

写新闻不管定终身

改革开放后，我国农村民营经济兴起之初，以血缘、地缘型的经济体为主。规模普遍较小，不仅难以抗御市场风浪，也难以形成比较高的效益。

然而，由于受小农经济传统观念的影响，一些血缘、地缘型的经济体干不了几年，企业刚刚上一点规模，效益刚刚有所提升，往往就由于种种原因而“分家”单干，导致资本、设备分散，难有大的作为，令人惋惜。

此稿中有知识、有胆识的新型农民张彦，当时带领两个弟弟，分灶不分家，利用当地薄荷资源和开发需求，集中人力、物力、财力，联合建起一座薄荷脑厂。他还用一颗赤诚的心量才录用八方贤才，创建起我国第一家卓有成效的薄荷研究所，并与大专院校、科研单位“攀亲联姻”，先后联合开发出 5 大系列的几十个产品。短短 6 年间，其企业迅速发展成该县的骨干企业，固定资产增长到 1600 万元，年创利税 800 多万元。其产品有的在“七五”全国星火计划成果博览会上荣获金奖，有的获国家专利出口创汇，有的被选定为联合国第四次世界妇女大会唯一指定专用产品。“联合就是力量”，张彦和兄弟不分家、和同事不分家、和朋友也不分家，靠着“联合”这两个字一步步推进他的开发大业，还带动了该县薄荷种植面积的快速发展，使这个全国最大的薄荷油出口基地的资源优势，迅速转化为商品优势，这在全国都有很高的新闻价值。以致当时寸纸寸金的《人民日报》在二版竟给了该稿 1500 字的篇幅。

但是，办企业总难免有风险。面对国际、国内两个市场变幻莫测的风云，一步失算，满盘皆输。由于多种原因，张彦的企业后来倒掉了，令人扼腕兴叹！然而，这丝毫不影响此稿当时的新闻价值。从理论上来说，事物本来就是在不断发展变化着的，这种发展变化既有必然性也有偶然性，写新闻是无法定终身的（这不应成为造假新闻者的借口）。当然，事物发展变化的偶然性又寓于必然性之中。张彦的薄荷脑厂后来倒掉，也有其内在的必然原因。不过，这也许可以写成另一篇新闻稿（反思）。

NEWS CHAT BAR

聊吧六

抬杠、求新

“写新闻是‘骂人’的！”1986年秋，我应邀去人民日报改一篇新闻稿，经济部的高级编辑黄彩忠老师教我写新闻时这样说。

“啊！”见我惊愕，黄老师解释说：“‘骂人’就是别人已用过的主题，你再写同类新闻时，选主题要抬杠、求新。”原来，这里“骂人”只是求新的一种通俗的比喻！

“比如报道养猪，开始讲猪养好了能赚钱，这包括使用糖化饲料科学养猪节约成本等，来稿我们采用了。接着来稿再讲猪养好了能赚钱，那不是废话吗？！半年后，一位通讯员来稿讲猪卖好了能赚钱，我们就采用了。”黄老师接着说：“比如，张家和李家同时各买了一头30斤重的猪娃，养了4个月，平均每月都长30斤。当时生猪市价正高，毛猪价1.5元钱一斤。张家抓住商机及时出手，一头猪卖了225元。而李家看猪价正高反而惜售，又养一个月，猪长到180斤，但是毛猪价每斤却下跌了0.3元。李家不甘心，又养了两个月，猪长到240斤，毛猪价每斤竟又下跌了0.3元。李家实在撑不下去了，多用了三个月的饲料、人力和设施，结果反而比张家少卖了9元。你看，这不说明猪卖好了能赚钱吗？！”显然，这是在和昨天旧的新闻价值取向抬杠，是以今天新的新闻价值取向求新，“骂人”（即抬杠、求新，下同）的目的是给社会传播有价值的新启示，“骂人”比“唱和”（即重复、守旧）更有价值。当时还在计划经济末期，黄老师却已经在用市场经济的观念选稿和引导舆论了，这就是古人所说的“领异标新二月花”吧，见报的稿件主题怎能不新？！其新闻价值怎能不高？！尤其是主流媒体，唯有如此才能承担起正确引导社会舆论的重任。

毛泽东同志在《实践论》中这样说：“客观现实世界的变化运动永远没有完结，人们在实践中对于真理的认识也就永远没有完结……实践、认识、再实践、再认识，这种形式，循环往复以至无穷，而实践和认识之每一循环的内容，都比较地进到了高一级的程度。”社会实践总是在不断发展向前的，尤其是在日新月异的改革年代。新闻工作者对社会实践的新闻认识，也应该始终随之发展、求新，而绝不能停滞不前。由此可见，“写新闻是‘骂人’的”，是马克思主义哲学在新闻观念上的一种形象化、通俗化地表述。

其实，写新闻就要求新，这也是因为新闻姓“新”的根本属性所决定的。但是，现实中有些新闻工作者并没有真正搞明白。看看有些地方的报纸，往往几年都过去了，报上的标题却依然是“似曾相识燕归来”，有的甚至“涛声依旧”，怎可能对读者有吸引力？！怎可能收到好的传播效果？！当然，这里并非要求为“骂人”而“骂人”，为“标新立异”而抬杠、求新，而是指在国家法规许可的范围内，不断及时更新观念，按照随着社会实践发展而不断发展的新闻价值取向，探求新闻事物内在的新的主题和角度。

这次谈话，对我的影响太大了！让我领悟到了新闻求新的真谛——观念求新，并一直指导着我此后的新闻实践，我从一个小县城的通讯员，一直“骂”成省级党报的高级记者！回顾在新闻战线走过的近三十年历程，我认为要做到新闻求新应该做到以下四点：

1. 要有强烈的“骂人”愿望。比如，2007 年 7 月本人采写沿淮人民的抗洪斗争（本书前面已专门聊到），在水患频繁的安徽，这是个不能再老的题材。如果没有强烈的“骂人”愿望，按照以往的老路子，写上一篇可歌可泣的抗天歌，同样能见报，同样会很感人，同样是正能量，但从新闻的角度看却不够新，不能给社会传播有价值的新启示。正是强烈的“骂人”愿望，促使我花更大的精力，扎扎实实深入一线采访，坚持寻找新变化，寻觅新主题，寻搜新素材，寻用新手法，寻求新突破，才采写出《大局精神感动中国》一稿，并最终获得了中国新闻奖。

2. 要有足够的“骂人”勇气（有时还要有相关媒体领导甚至党政分管和其他主要领导的开明和勇气）。比如，我调进安徽日报记者部后获悉，1979 年 7 月，安徽日报记者汪言海，深入安徽省肥西县山南区农村采访包产到户。他在稿件中写道："半年的实践证明，这个办法深受绝大多数农民的欢迎，是现阶段高速度发展农业生产的一个好办法。"（《关于肥西县山南区包产到户的调查》）在那个谈"包"色变的年代里，如果没有足够的"骂人"勇气，当时怎敢发表这样旗帜鲜明支持包产到户的稿件！况且，当此稿由于种种原因在本报内参都无法刊登的情况下，他和记者部的同志又毅然决定向《人民日报》投稿，经人民日报当时几位主要负责同志的审定，刊登在1979年9月6日《人民日报》的《情况汇编》上，供中央领导参阅。他也因此成为我国新闻界为支持农村包产到户开第一腔的记者。本书前面专门聊到的《该怪谁呢？》《26亿元换来了什么？》也应属于这一类。

3. 要有过硬的"骂人"本领。比如，在我国改革开放之初的人们，面对生活中的各种"不等式"一时感到迷惑不解，以致一时形成"孔雀东南飞"的暗潮。著名记者艾丰及时采写出《面对生活"不等式"——记大连造船厂船研所副所长张在勇》（《人民日报》1985年11月7日）。他在文中赞赏有着"牧马人"般经历的张在勇，"饱经沧桑之后并没有染上'一切看透'的'流行病'。葆有着更为可贵的成年人的纯真。"当其被委任为保证工程师，随着刚交付的万吨外轮周游世界途经香港时，面对更富足的生活和父母的苦苦挽留，却没有"飞"，完成任务后提前半年归来了。"张在勇用来解这个不等式的'定理'是两条：一、'自己的祖国总是自己的'；二、'过去那种情况不正常，我相信有一天总会正常，如今果然正常了。'"这不也是作者传播给当时社会的有价值新启示吗？！艾丰说："改革要求人们不容忍那些不 合理的而又可以解决的'不等式'，又要容忍那些不合理而又不能马上解决的'不等式'，还要利用那些推动社会前进的'不等式'。"如果作者没有过硬的"骂人"本领，当时怎能提出如此深刻精辟的新观念，又怎能采写出这样正确引导社会舆论的新闻名作？！有位专家说得好："一位好的记者，应该同时成为一位好的学者。"艾丰能为社会及时采写出那么多观念新、主题深、表达精的新闻佳作，并成为中国名牌战略最早倡导者之一，正因为他是一位公认的学者型的好记者。

4. 要有恰当的"骂人"策略。这里主要是指舆论监督类的稿件。比如，面对某些政府部门，因对党和政府相关政策的失当理解和执行，损害到一些群众的正当权益，并由此引发尖锐矛盾，批评稿一定要有恰当的策略。稿件不仅立足点要正，不是为了批判谁、斗倒谁，而是为了说清道理帮群众解决问题，帮相关政府部门矫正过失；调查采访要实，两方面的意见都要听，切忌道听途说、自以为是；更要把握好时机、分寸和策略，尤其要选准最佳着力点，切忌意气用事、扣大帽子、乱批一通、着力点或打击面过宽；还要通过深入实际的调查，理性地提出解决问题切实可行的建议。如本书前面专门聊到的《该怪谁呢？》《让瓜农 到哪去卖瓜？》《金安区 6.5 万灾民严重缺粮》都属于这一类。其实，采写所有批评类的新闻稿，要想达到预期的目的，都必须要有恰当的“骂人”策略！

当然，上述四点并不是单独存在的，而是相互联系、相辅相成的有机整体。以下对选入本人“骂人”的一批新闻作品做专门分析。

“马流通”与新药乡

本来默默无闻的安徽省太和县李兴乡，近年来成了远近驰名的新药乡。不久前我们来到这里，看到大片大片的大青、桔梗、白术等中药材喜获丰收，来自全国各地的药厂采购员和药商，几乎住满了李兴镇上的旅社、客店。这里的中药材生产何以能够得到较快发展？这要从乡供销经理部经理马从顺搞流通说起。

“能给化验一下大青棵吗？”1983年3月的一天中午，广州白云山制药厂来了一位“异想天开”的“乡巴佬”。他东起山东、南至广州，已经走遍了小半个中国的大药厂。

他就是马从顺，这位昔日曾受过冲击的经商能人，一年前当上了乡企业办公室副主任、供销经理部经理，挑起了搞活流通、促进商品生产的重任。年初，他敏锐地感到，在中药材大青根、大青叶奇缺的情况下，如果用麦收前就能收割的大青棵（繁育大青根种子的秸秆）代替大青根、大青叶作制药原料，既可缓解药材紧缺状况，又能为群众谋得一笔可观的收入。

白云山制药厂的负责人，深为这位北方农民的精神所感动，答应帮助化验大青棵。化验结果证明，大青棵含药量确实可观，正缺原料的厂方既兴奋又感激，答应有多少要多少。马从顺终于将全乡农民四万二千多公斤准备当柴烧的大青棵变成了宝，群众增收二万元，他的供销经理部也获得了二万多元的利润。

市场瞬息万变。1983年秋，不久前还属紧俏中药材的大青根、大青叶，突然出现全国性的滞销。就在这一年，李兴一带的大青根种植面积由上一年的一千多亩，猛增到一万多亩，产量高达几百万公斤。人们不禁为李兴一带的数千户药农暗暗担忧。然而，到当年底，药农们却一个个眉开眼笑。原因是马从顺的供销经理部仍按国家牌价收购大青根、大青叶。原来，马从顺在6月份收购大青棵准备销往广州时，就替药农盘算开了。为了给药农排忧解难，他未雨绸缪，早在销售大青棵的同时，便和白云山制药厂等厂家签订了一百万公斤大青根、大青叶的供货合同，使李兴一带的数千户药农，不怕风浪起，稳坐钓鱼船，不仅没有受到损失，反而卖了好价。

（此文的作者还有王振军）

原载《人民日报》1986 年 11 月 21 日 2 版

聊吧

为“二道贩子”一辩

当时还在计划经济末期，安徽省太和县李兴乡却采取市场化运作，迅速发展起大面积高效中药材生产，促进农民增收致富，成为远近驰名的新药乡。以前，舆论界大都只将这类成就归功于当地党委和政府。1986 年，此稿将其具体归功于一个昔日被称为“投机倒把分子”和“二道贩子”的流通能人，确实是在“骂人”（抬杠、观念求新），主题很新！当地党委和政府，为流通能人搭建了好的舞台、包括提供好政策，并为之提供各种必要的服务，对经济发展功不可没。但具体“唱戏”的却是流通能人。写新闻不是写工作总结，只是选一个新的角度研究问题。从政策方面讲，此稿能起到从计划经济向市场经济过渡的舆论引导作用，当时在全国都具有很高的新闻价值，难怪会被《人民日报》采用了。

卖光了“公”字车的经理

——与太和县旧县区搬运公司经理彭钊对话录

一位搬运公司的经理，为了把企业发展起来，竟然把集体的汽车全部卖给了职工！我采访他，除了好奇，还想探求一下其中的奥秘。

跨进太和县旧县区搬运公司的办公室，就见一位粗壮的中年汉子正在擦拭着长条桌。

“见到彭经理了吗？”

“您找我？”呵，想不到他就是彭钊。

“听说，你把集体的汽车全卖给私人啦？”我开门见山地问。“你能说说为什么吗？”

彭钊笑了笑，说：“我是拉板车出身，讲不出啥道道。我只觉得，一个企业采取什么经营形式，要看它能否促进生产的发展，把经济搞上去。”

“我们单位原有 22 名板车工，捆在一起过了 30 多年的苦日子。到了 1980 年前后，才有了 2 部集体名号下的私人汽车。1983 年底，我当选为站长，按县交通局的指示，消灭‘私’字号汽车，来了场小小的‘合作化运动’。私汽车作价入公，局里又帮助赊了 2 部大‘东风’。‘公’字号汽车队壮大起来了，站里却因此欠债 6.6 万元。承包了一年，重大车祸出了 3 起，老债未还，新债又添了个 1.4 万元。撑不下去了，我才想到了卖车。”

“怎么个卖法？”

“汽车按平价售给职工，户口归站，由站包修。大‘东风’每部月交公积金 300 元，包修费 120 元；小‘江淮’每部月交公积金 100 元，包修费同样。包括修车材料的一切费税全部由买车人承担。3 年后车子产权有站里一半。”

“卖车能促进生产力发展？”我疑惑地问。

“4 部汽车卖了 9 万元，还清了老账新债，尚余万元。这个头一开，先后又有 10 名职工集资买车 13 部，19 名农民兄弟带车入伙，短短 3 年，我们的搬运站变成了拥有32部汽车，104名工人的搬运公司。总共上缴各种税费近38万元，收取公共积累20多万元。卖车前的富余职工如今有了修车的活儿干。原先拿不到生活费的退休老职工全部拿到了生活费。30多年来仅有12间破草房的小小搬运站，今天建起了48间新瓦房。去年，全公司人均收入2673元，比3年前的540元增长了近4倍。”

一串准确的数字使你不由不信服。不是说把发展生产力作为一切工作的出发点和落脚点么？彭钊卖车实践表明：此路走对了！

“据说，您卖车时，全县还没有一部私人汽车，您不怕丢了乌纱帽？”

“当时，县交通局里不让卖车，我倒是请求辞过职。不过，毕竟是改革的年代了。”他很自信。话语间流露出对改革必胜的坚强信念。“当年凤阳县农民敢于领头把土地分到户，搞起了大包干，我今天领头卖几部公家汽车算得了什么！”

原载《安徽日报》1988年8月9日4版头条

聊吧

离“经”叛“道”

1983年底，集体所有制企业安徽省太和县旧县区搬运站，消灭“私”字号汽车的“合作化运动”，是符合传统观念的。而当债台高筑“撑不下去了”，不得不实施改革，卖光了“公”字车，这与传统观念背道而驰。作品予以赞赏，是因为这种改革促进了生产力发展，符合实践是检验真理的唯一标准的原则。据我所知，这种做法当时不仅在阜阳地区是首创，至少在此稿前，在安徽省级和以上媒体还未见过此类报道。记得稿子见报后，还引起一场风波。当晚，县交通局长带着位大盖帽的路政人员，气呼呼地闯进我的宿舍，指责我给他捅了娄子。因为，阜阳地区交通局，为此要取消该公司所有车辆的“公”字车补贴。可见，此稿是“骂人”（抬杠、观念求新）的，当时主题很新！

不进“圣殿”大门的张老家人

——太和县苗集乡张老家人“不信耶稣信支部”的调查

近几年来，在辽阔的安徽淮北农村，兴起了一股“耶稣热”。上至百岁老人，下至十三四岁的少男少女，父子、母女、兄弟、夫妻、全家信徒比比皆是，甚至出现了一些“信教村”。每逢礼拜日，通往“土教堂”（信徒头头家里）的路上，成群结队，信徒入流。然而，距耶稣教堂仅半里之遥的太和县苗集乡张老家行政村村民，却没有一个人跨进那“圣殿”的大门。张老家人不信耶稣，对村党支部却一往情深，这则本不该成为新闻的新闻，引起了我的思考。不久前，我专程来到张老家采访。

贫穷的张老家人迅速脱贫致富，人均年收入达到了1100多元，户户盖瓦房，是依靠党支部实现的

“老窑湾，坝子滩，十年倒有九年淹”的张老家村，十年前年人均收入才仅仅70元。农业责任制以后，村党支部积极带领群众发展商品生产，先后采取办培训班等方式组织起4个建筑队，4个木工组和1支到附近砖瓦窑厂干活的短工队，加上1支进附近集镇办第三产业的队伍，2个打面机组，完成了全村剩余劳力的转移。村党支部还积极引进优良兔种，使家家养兔，户户生财，同时推进两熟改三熟的耕作制度改革。

短短几年，张老家人均年收入上升到700元，成为全乡首富。然而，党支部清醒地认识到：人均收入的提高并不等于共同富裕。1986年，党支部又发动群众，打响了共同富裕的攻坚战。整整三冬两春，不足400名男、女劳力的张老家人出工达85250多个劳动日，将村里10口浅坡废塘加深、拓宽，完成土工近15万方，不仅填平了村前村后的所有坑洼，造地70亩，并且获得了100多亩有用水面，集体放养鱼苗10万尾，成鱼后年收入可达20多万元。6里长荒废河坝改造成的集体果林全部挂果，后年收入可达30多万元。1988年，张老

家村年人均收入达1100多元，集体经济占重要比重。

孤、寡、病、残、拙，是横在张老家人共同富裕道路上的又一道难题，村党支部用党员包贫致富联系户的办法把它解决了。丈夫早逝，拖着四个孩子的特贫户寡妇刘秀英，是村支书张其应的联系户，如今已盖起三间带走廊的大瓦房。一家5口，夫妻常年有病的特贫户张廷龙，是民兵营长张传喜的联系户，如今也盖起6间大瓦房，长子已婚，次子订亲……

如今的张老家行政村已基本实现了瓦房化，初步实现了共同富裕。

一项项能使张老家全村人受益的“义务”，都成了村里党员、干部们的“专利”

走进张老家村，一座新建的校园吸引不少参观者注目，二十来间校舍红砖青瓦，美观幽雅，地面平整，松柏常青。

看到这所校园，张老家人便自然联想起村党支部的无私奉献。原校址上6间破草房的拆除，校园内外坑坑洼洼的平垫，常青树苗的栽植，全是党支部发动党员、干部们义务完成的。45岁的村支书张其应和村民组长张其全、张其秀拉起板车不换班。63岁的原村支书张其成和村民组长张廷富，抬起大土筐一抬就两天。连69岁的老党员张廷才、62岁的老党员张廷员也挥锹上阵……应该说，张老家村这所育人的小学，是从村里党员、干部们的肩膀上建起来的。

1986年夏天，几场连阴大雨，寡妇刘秀英家失修的猪圈、厕所同时倒塌。村妇女主任、共产党员梁俊英冒雨拿来自家的塑料布为刘秀英搭起猪圈棚。天刚放晴，村支书张其应、村委会主任窦连军扒来自家的麦草，带领张传喜、张其全、张其秀、张其环几名党员、干部，马上和泥为刘秀英搭起新猪圈，建起新厕所。几年来，村党支部组织党员、干部仅为村里缺劳力户义务修整破猪圈、脏厕所出工就达500多人次。

多年来，张老家村几乎没开支过杂工钱。每年冬季，修整路面，是村里党员、干部们义务承担的（有时，村里群众过意不去，就自动加入“义务”的行列）。夏季防汛保鱼，又是党员、干部夜间义务执勤……年复一年，从冬到夏，从春到秋，张老家的党员、干部为张老家人尽了多少“义务”，实在数不清！

张老家人记得：在村里最苦、最难、最脏、最险的地方，为他们战斗着的总是党员、干部

今年夏天，张老家村淝河坝子的集体桃林首次挂果。品着那又大、又甜、又香的“仙桃”，人们又唠开了栽桃树的往事：

“其应的耳朵就是那年冻坏的，至今还带着疤痕。”

“俊英的脸每到冬季就烂，也是那年留下的。”

“连军的手每至冬季就肿成个癞蛤蟆，不也是为了这桃。”

1986 年冬末，张老家村东的淝河坝上北风呼啸，气温低达摄氏零下 10 度。村里的 39 名党员、干部冒着刺骨的严寒，掘开坚硬的冻土，更新、移走 6000 棵杨树，然后挖出一个个小坑，敲开淝河里的冰块提水，植下 23000 棵桃、梨。整整义务干了 20 天，多少人冻坏了耳朵、手、脸。然而，他们却心甘情愿。

为了村里那几口鱼塘，张老家的党员、干部们又何尝没吃尽苦头。三九严寒，白天和群众一起挥汗如雨，晚上轮流执勤抽水，疏通垄沟。就是这没日没夜地辛劳，使身强力壮的村支书张其应 3 次昏倒在挖塘工地上……

今年 2 月的一个晚上，一场大雨刚过，村民张其彪家不慎失火。主人外出看电视，家中无人。

“救火啊！”查夜的村支书张其应一声呐喊，党员、干部们纷纷冲出家门。村调解主任张廷先首先钻进配电房，切断电源。民兵营长张传喜带头登上房顶灭火。张其应第一个冲进大火，抢运东西。一趟、二趟……衣服烧着了，手背、肩膀燎起水泡，他顾不上。当他最后一次抱起烧着的棉被从屋里冲出的时候，门上的过木烧断，土坯、房笆擦着他的脊梁“哗”的一声砸了下来，“好险！”离他只差半尺！

耶稣的信徒劝他们信耶稣，张老家人回答说：“不，俺信党支部！”

几年来，张老家村党支部带领全体党员在为人民服务的征途上，无私地奉献着。

1986 年冬，村里购买果树苗资金不足，党员、干部们纷纷拿钱借给村里排忧解难，村支书张其应一把拿出 80 元，二十几名党员、干部很快筹起 1100 元

人民币。

1987年，秋种缺化肥，村党支部设法外出购进平价碳铵35吨，原价销给群众，从中不图一分一文。

张老家的村、组干部去区、乡开会，一律按标准补助，从来不用公款集体下饭馆。上级党政机关来人，一律便饭招待，从1985年到1989年7月底，张老家村总共开支招待费仅650元。

村党支部实行民主理财。村里专门成立了由干部、群众代表参加的民主理财小组，一月一清账，三月一小结。清结账目及时张榜公布。清廉之风，在全体村民的心海里，不时吹起层层的涟漪。

张老家人信得过党支部，心向党支部。仅1988年，就有7名村民向村党支部递交了入党申请书。他们有困难爱找党支部商量，连儿子定亲、女儿出嫁也爱找党员、干部当参谋。不论遇到什么困难，想起党支部，他们总觉得心里踏实。村里人都记得这么一回事：村民张丙才4子1女，一家7口，农业责任制以后，在村党支部的带领下迅速脱贫装富，先后盖起9间大瓦房，女儿出嫁，长子、次子结婚，三子定了亲，四子进了中学读书，生活甜甜美美。张丙才的岳母是个五保户，因气管炎信上了耶稣。一次，她来女婿家探亲传道，劝女儿信耶稣。女儿说："你信耶稣，干吗还找共产党要粮吃？我信共产党，没有共产党我上哪弄钱盖这9间瓦房，讨这几房儿媳妇。"说得母亲哑口无言。后来，女儿干脆将母亲接过来居住，在女儿的精心服侍下，母亲的病越来越轻，从此，她再也不去教堂了。（附：张老家村党支部书记张其应为省、地、县模范村支书，全国劳模。）

短评

答案在哪里？

读了"不进'圣殿'大门的张老家人"，对信教的农民为什么近年增多的问题，就会不言自明。

可以说，农民信教"热"的兴起是和农村党组织缺乏吸引力、凝聚力成正比的。农村改革的进一步深化，农村基层党组织建设出现了一些新情况：党支部"行政约束力"的减弱，使部分群众误认为"分田到了户，用不着党支部”；部分党员存有“无为”思想，把自己降至一般群众水平。一些村集体经济薄弱，服务功能不强，群众认为村干部只会“要粮、要钱、‘要命’（超生户刮宫、引产）”，干群关系紧张。还有少数乡村干部拿权力同金钱做交易，出现一些腐败现象，加深了群众对支部的不信任感。作为一种精神寄托，人们自然而然地把追求和希望转向了冥冥中“行善”的基督，以求得心理上的平衡。这也是忽视农村基层党组织建设，削弱思想政治工作的一种必然反映。

扭转这种情况，关键是要振奋精神，从自身做起，像张老家村党支部那样：积极发展集体经济，壮大集体实力。正反两方面经验证明，没有一定的集体事业和集体经济，“无米唤鸡”，不可能长期调动农民的积极性。农村党支部应将主要精力用来奠定村级集体经济的基础，带动全村群众脱贫致富，群众能从集体经济中得到实惠，党支部就会有号召力。

特别是在农村商品生产迅速发展的新形势下，党支部能及时适应形势发展需要，变指令型为服务型，开展多层次多形式的系列化服务，帮助农民解决产前、产中、产后的多种实际问题，其凝聚力就会大大增强。

群众需要带领自己实现共同富裕的支部，同样需要清正廉洁、具有奉献精神的支部。党员干部必须坚持全心全意为人民服务的宗旨，决不能拿权力同金钱做交易。要做到政务公开，把招工、化肥供应、宅基地划分、准生证发放、干部报酬开支等这些群众最关心，反映最强烈的问题向群众交底，接受群众监督，就会消除大家的猜疑，提高党支部班子的威信；群众就会相信《国际歌》里所说的，从来就没有什么救世主，也不靠神仙皇帝，全靠我们自己救自己。

（注：“短评”由编辑部配）

原载《农民日报》1989 年 9 月 5 日 3 版头条

聊吧

想“骂”得他们振作起来

农村改革近十年后，在辽阔的安徽省淮北农村反而兴起一股“耶稣热”，确实令人惊愕！而同在这股热流中的太和县苗集乡张老家行政村村民，距耶稣教堂仅半里之遥，却没有一个人跨进那“圣殿”的大门。

张老家人“不信耶稣信支部”，是因为村党支部用自己的实际行动赢得了群众的心。这则本不该成为新闻的新闻，确实发人深省！当时，信教农民增多又何止淮北。也许正是为此，国家级报刊《农民日报》，不仅给了此稿三版头条重要位置，还给了3000多字的超长篇幅，并配发800多字的短评。由此也足见，当时此稿在全国都具有的重大意义和很高的新闻价值。可见，此稿也是“骂人”（抬杠、观念求新）的。

机械化施工在黑茨河

初冬的一个晴天，在黑茨河这块“七五”期间全国三大重点治水工程之一的太和段工地上，没有昔日千军万马齐上阵的壮阔场景，听不到此起彼伏震耳欲聋的民工号子，也看不见铺向云天的临时工棚……

1988年11月26日，经国务院同意，正式拨款1.5709亿元治理黑茨河，2994平方公里黑茨河流域的人民是多么喜悦啊。这条发源于河南太康县、跨越豫皖两省8县汇入颍河的河流，历史上因“黄害”淤积河道，洪不畅泄，旱不能蓄灌，几乎年年为患。解放初期，限于条件，治理标准较低，两岸仍旧灾害不断。太和县从1951年至1985年35年间，洪涝灾害就有15年，受灾面积年平均达31万亩。

1989年4月3日，当安徽省水利厅将8031.8万元的巨款正式拨给太和县治理这条害河的时候，县治理黑茨河总指挥廉怀秀、政委张西德却怎么也高兴不起来。他们又想起了两年前的西淝河工程。冰雪中，十万多民工、千余名干部，整整苦干了一个冬春，国家的拨款全部开销了，农民又集资600余万元买工具，全县117万农民人均拿出5元钱以上。西淝河仅仅是200万土方的工程啊，眼下的黑茨河，需完成土方1650万立方米。照此推算，至少要20多万民工，1300多名干部，苦干4个冬春，增加农民负担5000余万元，那还不把个太和治穷。

“包出去。”太和县治水史上的第一次对外承包，就在这种情况下招标了。怀远县水利局机械化施工队在今年7月25日的招标会上中标了，承包了太和段从谷河口到红莲沟口6.315公里的第二段治理工程。

在怀远队指挥部，总指挥、原怀远县水利局长孙文国告诉我们：他们现在已拥有铲运、推土机械70台，其中自有22台，怀远县社队企业局17台，阜南县5台，个体机械26台。孙文国是位精明务实的承包者。为方便施工，他将70台机械分成10个班组、施工点，匀布在6公里长的工段上。每个班组、施工点配1名炊事员、1名会计、1名班组长，每台机械连同3名驾驶员平均不超3.5人。施工队实行单机承包。国营机械，承包者每月按固定比例从完成土方款中提取报酬。个体机械，施工队每月除按3%的比例从承包者完成的土方款中提取管理费外，其余全归个人。单机承包极大地调动了全队的积极性，70台机械全部实行三班制、每天工作22小时。

孙文国陪我们走上河坝，整个工地尽收眼底。远远望去，铲运机、推土机像红点点在河坝上下滚动着。近处的4台铲运机正在铲削黑茨河的上口，那巨大的铲斗一下就是2.5立方米，眨眼功夫就爬上了高高的坝顶。一台铲运机一天可完成三四百立方米，相当于350名民工一天的工作量。孙文国愉快地告诉我们：按照目前本队的工程进度推算，工程比合同规定时间可缩短三分之一。我们再仔细查看河床、内坡和河堤的工程质量，昔日民工施工时的界墙、界沟不见了，那宽阔的坝顶被铲运机宽大的履带轧得坚实平坦，再也用不着民工们挥汗如雨抬木夯了。

据县指挥部的同志介绍，由于实行招标承包，赢得了时间。1991年底将全段竣工，比20万民工上阵，工期将缩短一年。工程承包出去后，除国家拨款外，基本不要群众集资，总的资金也少用了。诚然，按照目前的国力，内河治理还不可能完全实现机械化，但它毕竟是一个方向。

原载《人民日报》1989年12月18日2版右头条

聊吧

挑战固定思维模式

此稿是对水利兴修传统固定思维模式的挑战，是“骂人”（抬杠、观念求新）的，主题很新！

多少年来，人们对兴修水利几乎形成了固定的思维模式，即一直沿用解放初期的做法，千军万马齐上阵。那场面和精神确实感人。但工程带给农民排灌之利的同时，也带来苦累和重负。每一项大的水利工程，国家专项拨款之外，当地农民除了承受长时间的辛苦和劳累，还要奉献大量的财物。

时代变了，随着改革开放、国民经济的发展，国家对水利兴修拨款逐步增多，社会生产力水平逐步提高，兴修水利的思维也必须随之改变。“七五”期间全国三大重点治水工程之一黑茨河太和段，首次采取市场化运作，通过招投标的方式，将工程承包给机械化施工队，不仅当地农民免受辛苦和劳累，还基本不要农民再出钱出物，解脱大批干部，农民们省下很多时间发展生产、外出打工增收致富，机械化施工队也靠挣取国家的工程款而获得发展……真是一举多得，何乐而不为？！

当然，按照当时的科技水平，内河治理还不可能完全实现机械化，但它毕竟是水利兴修思路带有根本性转变的一个新方向！当时，此稿在全国都具有很高的新闻价值和重要意义。也许就是这个原因，《人民日报》将其用到了二版右头条的重要位置。

发挥本地先进典型的模范作用

太和县轮训村支书

本报讯　今年4月以来，中共安徽省太和县委在苗集乡张老家村创办村党校，目前，已利用农闲间隙培训村支书3期，共100名。

张老家村党支部，在村支书张其应的带领下，团结一心，带领群众因地制宜，苦干实干，全村年人均收入已连续两年超过1100元，比十年前增长15倍，初步实现了共同富裕。太和县委在这里办起村党校，目的在于理论联系实际，以张老家村的典型经验做主教材，并加以推广。目前，村党校前两期培训的村支书，回村后都使工作有不同程度的改进。第一期培训的赵庙区胡集村支书范兆军，回村后立即开展两查一比的党员教育，提高党员觉悟。他们带领群众将晴通雨阻的胡集街道全部修好，加速了本地的商品流通，壮大了集体经济，增加了农民收入。该村一跃成为新的先进典型。

原载《人民日报》1990年9月11日3版

聊吧

想“骂”得他们求真务实

农村学先进，组织村干部去发达地区农村先进典型看一看，以开阔他们的眼界，更新他们的观念，本来无可厚非。但是，当时一些地方学先进，总是一味组织农村干部往外跑，不少是图形式、摆花架子，而不问学习效果。因为，一般地区尤其是落后地区农村与发达地区农村差距太大。这些地区的干部看后往往是望“洋”兴叹！

中共太和县委在引导农村干部学先进时，不图形式重实效。1990年4月，在本地先进典型张老家村创办“土党校”。理论联系实际，以该村的典型经验做主教材，轮训全县村支书。由于本地各村条件相差不大，易于学习，收到很好的效果。此稿既是对这种好的典型的肯定和推介，也是对当时那种学先进不求实效，甚至是图形式、摆花架子不良作风的间接批评。稿件是“骂人”（抬杠、观念求新）的，真想能“骂”得他们求真务实。

《人民日报》能采用此稿，说明当时稿件在全国都具有很高的新闻价值和重要意义。

编席打篓　养活两口

——安徽太和县农民生产自救掠影

“编席打篓，养活两口”。这是流传在安徽太和县民间的一句老话。今年特大涝灾之后，在各级党政领导下，广大农民一边抢种、补种晚秋作物，一边发挥技术专长，开展了各具特色的生产自救活动。

摇起绳车

以皮条孙镇为中心的撕膜绳加工专业片，几乎家家有人会打绳。灾后，镇里原有的一些加工户迅速摇起绳机。还有一些户因缺乏资金干不起来。一天上午，镇委书记李文化来到农民王孝富家。王孝富正犯愁哩。他一家 5 口，妻子有病，夏粮只收了 200 多公斤，生活十分困难。“你为啥不打绳赚几个钱？”李文化直言直语。“我想打绳，可没钱买料。”王孝富无可奈何。3 天以后，李文化动员几个专业大户向全镇 152 个困难户赊销了近 18 万元的撕膜料子。全镇的绳加工户由 500 个迅速增加到 600 多个。目前绳专业市场上的日成交额已达 16 万元。

加工镜框

郝庄乡近 10 万株速生泡桐被大水淹死了，乡里决定“就地转化”，把泡桐刨出来，加工成各式花边的镜框，销往全国。郝庄人加工镜框已有 10 年历史，这也是一种优势。

随着灾后镜框加工的发展，专业片内的配套服务一时跟不上了。在带锯、圆盘锯和刨光机前，人们一次次排起了长队。乡领导出面动员专业大户筹资添置配套的粗加工机械，并帮助他们解决具体困难。全乡先后添置了 5 台锯、3 台刨光机，基本满足了加工的需要。乡领导还四处奔走，积极筹建一座刨花板厂，以充分利用镜框加工剩下的锯末、刨花等废料。

编席打篓

坟台区阮桥乡有2100多个苇编加工户，每年产茓子14万多挂、芦席6万多领，获利90万元。

今年大水成灾，苇编加工户上半年生产的7万挂茓子中还有4万多挂没销出去，加工户资金周转不过来。坟台区委书记张保启专门到推销专业户闵献法家，与他商量如何推销茓子的事。望着张书记信任的目光，闵献法心里热乎乎的，提出了一个个法子。在此后的两个月里，他里外奔走，一个人就推销出去1.5万挂。

积压的茓子卖出去了，苇编业又红火起来。村民牛国印一家四口，共编茓子70挂，获利近300元。为了搞活流通，阮桥乡在继续发挥推销专业户作用的同时，正在筹建苇编公司，计划统一购买芦苇，统一收购推销苇编产品，以减少分户外购原料和推销产品的开支。

原载《人民日报》1991年9月15日2版

聊吧

另辟蹊径

1991年夏，淮河流域发生历史罕见的特大洪涝灾害之后，各级媒体在报道救灾的过程中，注意力大都集中在国家救灾款物的拨发，各级、各地为灾区捐款捐物，为灾区批准上马一些工业项目及灾区抢种、套种、补种，以秋补夏、以丰补歉……等。

安徽太和县各级党政，在领导灾区生产救灾中却另辟蹊径，在引导广大灾民抢种、补种晚秋作物的同时，花大力气帮助灾民发挥本地传统技术专长，大力发展各具特色、不起眼的家庭手工业。这些家庭手工业虽然利润微薄，但在当时正常年景仍有少部分农民未达温饱的情况下，却可保障一个家庭渡过灾荒。“编席打篓，养活两口。”作为该县的一名通讯员，对太和县民间的这句老话深有感触。我便深入全县各家庭手工业（又称户办工业）区，及时采写出这篇通讯。可见，稿件也是“骂人”（抬杠、观念求新）的。

此稿的新闻价值，绝不仅在于为灾区提供了一种生产救灾的新门路，更重要的是为各地提供一种新观念，即发挥本地专长，因地制宜开展各具特色的生产自救活动。这也许就是《人民日报》能选用此稿的原因。

“农”字号的成品衣在哪里？

——太和县农村服装市场见闻与思考

143 万元从日本引进一条先进的西服流水线，4 年多共亏损 160 多万元的太和县服装厂，被太和县织布厂兼并已整整 20 个月了。这 20 个月里，利用布厂廉价原料的服装厂由于产品销路不畅又亏损 4 万多元。如此先进的设备，如此流行的服装，如此廉价的原料，服装厂何以扭转不了亏损的局面？服装生产真的没了出路？不久前，我到该县一些农村服装市场采访，结论却是相反的。

李兴镇的服装市场足足有 0.5 公里长，街道两旁的门面里及门前高高的架子上，摆、挂满了上海、香港、深圳、常熟等地生产的各式流行服装，选购衣服的农村青年摩肩接踵，热闹非常。

“花大把时间做件衣裳能省几个钱？出去跑趟生意，一天说不准能赚它三五十块。”服装摊前，李兴乡赵庄 68 岁的老汉赵钦伦高声大语。120 多口人的赵庄，95% 的男、女青年，除农忙务农外，其余时间外出贩卖尼龙绳、塑料制品和收购废旧塑料，一般每人一年可获利上千元。如今的女青年很少会做衣服的，男、女青年多买成品衣穿。

太阳快要落山了，赵庙集北街服装市场上的货摊还没有收。货摊前选购衣服的顾客三五成群、熙来攘往。61 岁的服装个体户范臣备老汉，上身穿着灰的良笼袯暗扣式便衣褂，十分协调耐看。

“您这件便衣是买的吗？”我上前询问。

“不，想买买不到，是她做的。”他说着看了看身后的老伴孔淑琴。

李台乡尹寨村 43 岁的妇女陈艳龄说，“俺想给孩子爹买件加胖的笼袯便衣褂或中山装，转了两天都没买到。尽是些‘洋’玩艺。”在太和，无论是李兴镇还是赵庙集，服装市场上几乎全是赶时髦的青年和儿童服装。其中女青年服装又占 60%，8 至 14 岁少年和 40 岁以上中、老年服装却几乎见不到。我不禁又想起拥有“洋”设备却又连年亏损的县服装厂来。相距不过几十公里，一边农民愁着买不到，一边工厂愁着卖不掉，原来是供、求商品不对号。

孔淑琴原是赵庙集有名的裁缝，近三年来关了门，和丈夫、儿子专做服装生意。由于她当了几十年的裁缝了解消费者心理，服装生意做得很红火。她不无自豪地告诉我："经常有人来问俺老头子这衣服从哪买的。"近些年来，农民的生活水平提高了，农村中、老年人也开始讲"体面"，也想买成品衣穿。但他们需要的是与当地农村协调的成品衣，而不是"洋"服。同时，由于当前农民的富裕程度还有限，又要求这种成品衣是较便宜的。

在原墙镇北大街居委会尤占峰的服装摊上，我偶然发现三件10来岁孩子的普通夹克式单上衣，上前一问价，嘿，每件15元！这哪里是为农村少年做的。"10来岁的孩子长得快，今年的衣服明年扔。这么贵的价钱，目前乡下人谁肯买？"区委刘秘书在一旁评论着。尤占峰去年中秋节前进了6件至今还有3件没卖掉，难怪农村服装市场上少年服装会断档。

其实，农村服装市场上的青年、儿童服装，也完全是城市青年、儿童服装过剩后的一种自然流淌。服装厂家们心里还没想到"为农民"。太和县服装厂没想到，太和的成品衣贩子先后到过上海、常熟、蚌埠、开封、郑州、武汉、阜阳等十几个大、中、小城市进货也买不到"农"字号的成品衣。

随着农村改革的进一步深入，农民生活水平的进一步提高，广大农民对成品衣的需求量势必越来越大。据笔者调查，太和县李兴、赵庙、原墙三个区的近30万农民，近两年平均每人每年买成品衣仅花了10元钱左右，基本上还算是块未得到开发的处女地，急待开发和引导。服装厂家若迅速迈进"为农民"这个门槛，将会发现面前是一个璀璨的宝库。

原载《安徽日报》1992年1月28日2版头条、"华东九报'经济新闻竞赛'"栏目

注："华东九报"，即《解放日报》《文汇报》《新民晚报》《大众日报》《新华日报》《浙江日报》《福建日报》《安徽日报》《江西日报》，下同。

聊吧

想“骂”得他们茅塞顿开

“1月28日汝鸣所写的《‘农’字号的成品衣在哪里——太和县农村服装市场见闻与思考》，一边是服装厂以143万元从日本引进了先进的西服流水线，但4年却亏损了160多万元；以后为县织布厂所兼并，20个月又亏损4万多。而另一方则是‘农’字号的成品衣无处可买。一些服装市场挂满的都是上海、香港、深圳、常熟等外地‘洋’衣服。为此作者提出‘服装厂家们还没有想到为农民’‘这里基本上还算是块未得开发的处女地，急待开发和引导。服装厂家若迅速迈进为农民这个门槛，将会发现面前是一个璀璨的宝库’，这样的问题是提得何等的深度。”

“一定要沉到群众生活中去，和群众同呼吸共命运。汝鸣的那篇反映农民成品衣未被重视，是调查了多少衣服市场和听取了多少农民的意见？他对这些情况熟悉直至提出的建议和做出的预见，简直就像经济学家的论断一样令人信服不已。”

上述是安徽日报编辑柏芸在《更切近改革　更贴近生活》(《安徽日报通讯》1992年3月30日头版头条）中的两段评论。评论高屋建瓴，由此不难看出，通讯稿是“骂人”（抬杠、观念求新）的，而且“骂”得有理、有据、有深度、令人信服，也许能“骂”得那些服装厂家茅塞顿开。当时，此稿具有很高的新闻价值，故被《安徽日报》“华东九报‘经济新闻竞赛’”栏目采用。

敢争主角占高枝

创办仅仅两年的乡镇企业安徽太和凯喜高技术公司，居然“五子登科”——五项产品在美国第十届世界发明博览会上同获银奖，并且跻身安徽全省12家高科技企业之列，这使人们不能不佩服这家公司的经理谢廷德的见识和胆略。这位曾当过汽车兵的青年农民，突破乡镇企业“因地制宜”“就地取材”“产配件、办配厂、当配角”的旧格局，敢于争当主角，抢占高科技的制高点。

1992年初，正当中科院合肥分院组合数学研究和计算机开发中心的五项高科技研究项目——“中英文非键盘高速输入系统”“英汉计算机互译系统”“中英文非键盘高速统计系统”“中英文非键盘高速激光照排系统”“KC微机系列”等因经费不足、濒临困境的时候，一位来自淮北农村的汉子背着钱袋跨进了分院的大门。此人就是谢廷德。

当年春节刚过，太和县旧县镇酝酿新办一个厂，选中了致富能人、复员军人谢廷德具体操办。黄牛之乡的旧县镇有得是牛皮资源，有人劝他办个皮革厂，为大城市皮鞋、皮件厂家生产半成品的蓝板皮；有人劝他利用当地丰富的桐木资源办个家具厂；也有人劝他去大中城市的大工厂联系，办个配件厂等。谢廷德颇为不服气，乡镇企业难道只能围着资源转？如果办这些科技含量低、污染环境的“配”字号工厂，求保险、怕风险，怎么可能有大的作为、获取高效益？他决心当个主角，寻找高科技、高附加值项目，创造一个高效益。不久，中科院合肥分院“5个高科技研究项目”急待资金的消息传进他的耳朵，他不禁觉得眼前一亮。

高科技相伴的是高风险，那集组合数字、计算机科学、语言学、人工智能于一体、薄如纸片的高科技软件价值数千美元，简直让人不敢相信。一旦失败，那大把的金钱岂不等于扔进水里去了。他确信那薄薄的高科技软件胜过那大张的蓝板皮、整桶的麻油甚至成套的组合家具。

当然，谢廷德并非“傻大胆”，而是经过两轮洽谈后，于1992年5月4日正式签订合同。合同规定：由“太和”方支付研究经费，研究成果由双方联合开发；分院以技术入股，并承担技术风险，“太和”方以资金、厂地、设备入股，承担经营风险；谢廷德扬己之长，克己之短，把科研机构与自己的乡镇企业紧紧地捆在一起，互惠互利，共同经营，在高风险中求得保险。

不久，一个以“凯喜”牌系列产品的名字命名、总投资达300多万元的安徽太和凯喜高技术公司，终于在太和县的一个小镇——旧县镇诞生了。16万元研究经费的投入，保证了中科院合肥分院组合数学研究和计算机开发中心五个高科技研究课题的顺利进行。1992年11月，“中英文印刷体非键盘高速输入系统”研究成功，转交凯喜公司开发生产。1993年4月中旬，当凯喜公司的首批产品出现在德国汉诺威93国际工业博览会上时，便立刻引起轰动。至1994年初，五个项目全部研究成功，陆续转交太和凯喜高技术公司开发生产。5月初，新产品参加在美国举办的第十届世界发明博览会。美国一家大学的副校长当场拍板订购下价值200万美元的500套软件。

不用键盘进行文字输入，在国内也曾有过。但那些产品只有一种功能。“凯喜”的产品却有着中英文印刷、手写体、硬笔板手写、球式输入及中文语音输入等十几种功能，这才是地地道道领先于世界的高科技。如果不是亲眼目睹，连笔者也不敢相信，这种高科技产品竟产于一个乡村小镇。今年上半年，安徽省委书记卢荣景来到凯喜公司，送给公司经理谢廷德四个大字——“方向对头”！

目前，凯喜公司已和中科院合肥分院签下了长期合作的协定，以使这家科研机构的研究成果源源不断地流入“凯喜”。

（此文的作者还有马坤）

原载《人民日报》1994年11月7日2版

聊吧

为社会提供有价值的新启示

当时，社会较为普遍的观点是，乡镇企业只能“因地制宜”“就地取材”，围绕国有大企业“产配件、办配厂、当配角”。此稿却用安徽太和凯喜高技术公司的成功范例，令人信服地提出，乡镇企业要“敢争主角占高枝”——抢占高科技的制高点。实际上，乡镇企业只有敢于抢占高科技的制高点，敢于争当“主角”，才能实现高科技、上档次、上规模，提高效益、迅速做大做强，比肩国有大企业，才得以避免产品科技含量低，低档低效、粗制滥造、自相残杀，甚至自生自灭的结局。此稿典型的是在“骂人”（抬杠、观念求新），无疑给社会发展乡镇企业提供了一种有价值的新启示。这对当时全国乡镇企业的发展，都具有重要意义和很高的新闻价值。以致《人民日报》在二版给了1600字的篇幅。

“天鹅”招标

“哼，看戏去。”招标一开始，很多“天鹅”人并不相信这会是真的。

1993年3月8日上午8点30分，当小型超宁静全功能微电脑控制的“KC—20A”天鹅牌空调器科研新项目，作为合肥天鹅空调器总公司首次招标项目，举行答辩会的时候，公司二楼会议室爆满的人群，大都是抱着试试看的心态走进会场的。

参加答辩的是一老一少。老者是公司高级工程师，技术纯熟，且熟悉对外协调工作，曾多次担任过科研课题组长。年少的叫马自群，是浙江大学制冷专业刚毕业的大学生，助理工程师。然而，人们万万想不到，这匹“小马”居然以设计大胆合理、制冷理论分析透彻而一举中标。当负责招标的专家委员会当场宣布这一结果时，会场上立时响起雷鸣般的掌声。

马自群中标了。他带领优化组合的3人课题组，提前一个月高质量地完成了这项科研课题。生产出来的样机，噪音比标底、国家最先进的A级标准降低了一个分贝，能效比则比国家标准提高了0.35（W/W），当年实现利税120万元。次年8月，小马又被破格提拔为公司空调器研究所第一设计室主任。这件事叫那些原以为招标只不过是“赶时髦、走过场”的同志信服了。

昔日，计划经济的体制、军工企业的特殊性质，使人才济济的“天鹅”公司的科研课题一向戴着神秘的面纱。实行招标前，科研课题组长一直由公司直接任命，像马自群这样的小字辈根本无缘问津。如今，当这层面纱被改革的东风轻轻揭去的时候，展现在人们眼前的是公平竞争、施展才华的机遇和希望。

李耘，这个1988年由南京航空航天大学自动控制系毕业的高才生，来到“天鹅”公司后，“一时伸不开手脚”，一直不安心。他一面联系外调，一面报考研究生。是科研项目的招标承包留住了他的心。他放弃了已经到手的合工大硕士研究生的录取通知书。从参与公司首次招标的课题组起，两年多来他先后担任了5个课题组的电气负责人（每个课题组有制冷、电气2个负责人），除一项正在研究之中外，其余4项全部获得成功。其中，他和马自群承包的“KC—20A”天鹅牌空调器已成为公司的拳头产品，适用于油田的“天然空调器”为国内首创。李耘也因而成为了“天鹅”人心目中的电器权威。

科研项目的招标承包像一块磁石，打算走的，不走了。已经飞走的孔雀又飞回来了。仅1994年就有4名外流的科研人员又回到了“天鹅”。连车间里的青年技工也兴起了科技热。试制工段27岁的技工徐春江自学成才，已被组合进了科研课题组，并已正式调进了马自群的第一设计室。

1993年夏季的一天，“天鹅”公司一纸终止“KFR—50GW”壁挂式空调器科研项目招标承包合同的通知，发到了承包此项任务的课题组。忙碌了半年有余的3名同志，由于超期两个月仍未能使样机达到招标书中的各项指标，被扣发了该科研课题原设定的全部奖金。这件事在“天鹅”产生了不小的震动。它告诉人们，中标，获得了科研权，并不等于科研项目的最后成功。公司规定：凡因课题组主观原因未能按期达标通过验收，每延误15天扣课题奖5%；延误60天，则终止合同，由公司另行组织招标。反之，凡按时通过课题验收，公司按原定奖金额给予奖励；凡提前通过验收，公司则给予增加20%至30%的奖励。

招标的新机制逼着科研人员抢时间钻业务，上水平。两年来，该公司23项科研新产品，100%达到国家标准，80%超过国家标准，部分产品还达到了国际同类产品先进水平。科研项目招标承包的新机制，使“天鹅”展开了腾飞的翅膀。

（此文作者还有何忠春、杜科）

原载《人民日报》1995年4月2日2版

聊吧

为“人才举”一辩

当时，社会较为流行的观点是“人才众、企业兴”。此稿的实际观点则是“人才举、企业兴”。一字之差，天壤之别。稿件是在“骂人”（抬杠、观念求新）。

人们不会忘记“徐庶进曹营，一言不发”的典故吧。“人才众”只是企业兴盛的基础，但要真正实现企业兴，还必须充分调动人才的积极性，让人才心甘情愿且能够竭尽所能地为企业贡献自己的聪明才智。而且，要做到这些，仅靠某一任领导贤明、能任人唯贤是不够的，而是要靠改革旧的选人用人制度，引进一套科学的人才竞争机制。人才济济但缺乏活力的合肥天鹅空调器总公司，大胆改革计划经济下军工企业长期形成的旧制度——科研项目负责人由公司直接任命制，引入竞争机制，建立科研项目在企业内公开招投标的新制度，使一批真正的人才脱颖而出，不仅留住和吸引回流不少人才，还充分调动了全体科技人员的积极性，给企业带来勃勃生机。这一成功实践就是最好的证明。

一个企业选人用人是如此，一个地区乃至一个国家的人才制度也理应如此。这就是此稿当时的新闻价值之所在。这也许就是《人民日报》能选用此稿的原因。

引进市场机制　实行扶优扶强

我省扶农资金首次招标

本报讯　6月23日上午，我省农业产业化项目扶持资金首次实行公开招标。招标会在合肥黄山大厦举行，经过激烈竞争，黄山食用菌集团公司的“绿色食品深度加工项目”、凤阳县日月食品有限公司的“凤阳县山芋粉丝产业化续建项目”、芜湖金田集团公司的“色拉油厂续建配套项目”、黄山市金竹人造板厂的“竹胶板、竹地板、竹刨花板系列产品开发项目”和安徽省富恒面粉有限责任公司的“小麦种植及系列加工项目”脱颖中标。

我省这次农业产业化项目1000万元扶持资金的安排，一改过去由上级领导机关分配的贯例，大胆引进市场机制，本着公开、公平、公正的原则，采用招标的方式，择优扶强，把有限的扶持资金用到最具市场潜力、效益最好、对财政和农民增收贡献最大的项目上，使项目管理公开化、规范化和科学化。这次招标，由省农经办会同省财政厅从今年各地申报的农业产业化项目中初选出11个投标项目，制订出《安徽省农业产业化项目招标评分标准》；再由省农经办、财政厅和有关单位的专家组成项目招标专家组，审阅投标项目材料，听取投标单位发言，并当场提出质疑，然后对照评分标准逐项计分。最后根据11个项目的得分高低，择优确定中标项目，并于当天下午公布中标结果。

（此文的作者还有张国社）

原载《安徽日报》1998年6月26日头版；获全省好新闻二等奖

聊吧

为"锦上添花"一辩

一向由上级领导机关分配、主要用于"雪中送炭"的扶农财政资金，在安徽省首次要搞"锦上添花"，大胆引进市场机制，本着公开、公平、公正的原则，通过招投标扶优扶强。是这里的政府本质变了——开始"嫌贫爱富"？不！是政府扶农的思路变了——追求扶农资金的效益最大化。稿件是"骂人"（抬杠、观念求新）的，当时很新，故获安徽省党报总编辑联谊会评全省好新闻二等奖。

稳定承包权　放活经营权

安徽数十万农户“转业”

非农业户已达六十五点八万户，共流转土地十七点三万公顷

本报讯　安徽省农村土地二轮承包以来，深化土地承包制度改革，部分农民从长期的土地束缚中解放出来，开始“转业”，其中非农业户已达65.8万户，兼业户达367.7万户，分别占农村住户总数的5.6%和31.6%，全省已有17.3万公顷土地通过流转与其他生产要素配置，实现了进一步优化，1997年全省农民人均收入比上年增长12.5%，比全国平均增速高出5.6个百分点。

安徽省农民人均耕地仅1.2亩，大批农村剩余劳力被束缚在土地上，成为人均收入得不到大幅提高的主要原因之一。1993年底，从阜阳市试点起，该省各地相继展开了期限为30年以上的土地二轮承包，强化所有权、明确发包权、稳定承包权、放活经营权，并逐步完善配套措施，积极培育农村土地市场，促进土地向种田能手流转，把农村剩余劳力转向二、三产业。巢湖市槐林镇大汪村348个农户，95%转以织、售渔网为业，将土地转给种田能手经营，全村农户一般年收入万元以上，有的突破10万元，半数以上农户已盖起楼房。界首市光武镇流转土地133.3公顷，几百个农户进镇经商，使该镇成为全国最大的小百货批发市场之一。土地流转较早的临泉县，已流转土地1万公顷，其中单桥乡反租倒包的1333公顷多土地，1997年亩均创产值5000元，是该县平均水平的5倍；租出承包地的农民，有的就地打农工，有的转入国际畅销的脱水菜加工业，全县迅速建起脱水菜加工厂400多家，冷冻厂80多家，农产品加工业产值约占全县乡镇企业总产值的三分之一。

原载《人民日报》1998年7月30日9版头条；《安徽日报》1998年7月11日2版头条；获1998年度全省经济好新闻三等奖

聊吧

挑战传统观念

长期以来，“转业”堪称当代社会军人转入地方工作的专用词。此稿却将它用给农民——一个省的农民大规模地“转业”（当时在全国尚属首次），这绝不仅仅是图新鲜，而是要反映并引导新时期社会主流观念的根本性转变，是“骂人”（抬杠、观念求新）的！

豫剧《朝阳沟》代表了当时社会的主流观念，那就是有志青年应该扎根农村、建设农村、改变农村贫穷落后的面貌。随着农村改革的深入发展，中国农村发生着日新月异地变化，短短十几年，广大农民已踏上致富奔小康的新征程。面对农村人口快速增长带来的人多地少、农业机械化也基本普及的新现实，要致富农村必须减少农民，转移农村剩余劳力。安徽省在全国率先实施的农村土地二轮承包，稳定承包权、放活经营权，促进土地向种田能手流转，几年间就使数十万农户转向二三产业，大幅度增加了农民收入，加速了农民致富奔小康的步伐。稿件报道这一成功的实践，令人信服地说明：时代变了，人们的观念也必须随之向促使农民（剩余劳力）大规模“转业”上转变。

当时，稿件对全国农村深化改革，都具有重要意义和很高的新闻价值。《人民日报》将其用到了9版头条的重要位置，此稿还获全省经济好新闻奖。

我省“长防林”发挥巨大减灾效益

本报讯　今年出现的长江特大洪灾引起了举世关注。最近我们就水灾产生的原因访问了我省有关林业专家。专家们认为，长江流域出现如此严重的洪灾，除了气候异常原因之外，长江上游森林植被受到破坏是一个重要原因。就我省来说，主要是受上游来水和下游泄洪不畅的影响。我省长江流域虽然也先后多次遭受暴雨袭击，但是由于我省长江流域植被情况较好，控制了水土流失，没有一个地方发生泥石流和洪水冲击城镇这类严重灾害。

长江流经我省416公里，流域面积6.6万平方公里，占我省总面积的47.2%。从1990年起，我省在皖西南的岳西、太湖、潜山、宿松、望江、东至6县实施长江中上游防护林建设工程，1996年又在此基础上吸引外资，启动了中德合作安徽长防林工程。

9年来，工程区共营造长江防护林25.13万公顷，占规划任务的108.3%。工程实施中，立足于治理水土流失，结合兴林富民，因地制宜地营造水土保护林和经济用材、防护兼用林，实行封山育林、人工造林、飞播造林并举，大力保护天然植被，狠抓退垦还林，通过综合治理改善生态环境。“长防林”工程实施前，区内水土流失严重，轻度以上侵蚀面积达7195平方公里，占项目区总面积的55%，每年土壤流失总量达2000万吨，平均每年每平方公里土壤流失2780吨。“长防林”工程经过9年的实施，有效地改善了流域内的自然生态环境，森林覆盖率由治理前的30.1%上升到39.9%，水土流失面积由63万公顷降至42万公顷，降低33%，土壤侵蚀量由每年2000万吨降至1080万吨，减少46%，测量点土壤侵蚀由每年每平方公里2780吨降至2001吨，减少28%。昔日黄沙斑驳的山岭被葱郁的绿色覆盖，水土流失受到控制。输沙量下降，减少了水库、江河、湖泊的淤积。与此同时，6县项目区内森林植被增加蓄水量6000万立方米，有效地减少了洪水径流量对江河湖泊的冲击。

“长防林”的巨大生态效益在今年的特大洪灾中得到了充分体现。

（此文作者还有余遵本、傅军）

原载《安徽日报》1998 年 9 月 10 日 2 版头条；获第六届全国林业好新闻一等奖

聊吧

痛中思痛

1998 年，长江发生 1954 年以来全流域型特大洪水，嫩江、松花江也发生 150 年来最严重的全流域特大洪水。“挥师三江、众志成城、严防死守”，一时成为全国舆论的主旋律。

而此时，作品却另辟蹊径，访问有关林业专家，较早地把视角投向寻找洪灾形成的内在原因，通过报道安徽“长防林”发挥巨大减灾效益的成功实践，说明完善江河生态防护林植被体系建设，才是防、减洪灾的治本之策。可见，稿件也是“骂人”（抬杠、观念求新）的，当时具有很高的新闻价值。

此稿在《安徽日报》见报后，国家各大新闻媒体纷纷推出相关报道，一时形成一股呼吁强化江河生态防护林植被体系建设的强音。对国家灾后制定相关政策，大力加强江河防护林植被体系建设，起到了很好地促进作用。故，稿件获第六届“全国林业好新闻”一等奖。

“诚”字铸就“销梨王”

“经纪人一定要以诚信为本！”这是安徽省砀山县第一销梨大户董小鱼发自肺腑的感慨。正是一个“诚”字，铸就了这位“砀山销梨王”。

“想买好酥梨吗？我给您介绍，买不到好梨子，您扣我的自行车。”1979年，当砀山县玄庙镇董庄村农民董小鱼，第一次给来砀山买酥梨的大客户联系业务时这样说。生在砀山长在梨都的董小鱼，对当地哪片梨园产果子好了如指掌。经他联系购买的一车酥梨果然个个又酥又甜，拉到市场卖上了好价钱。“这人可靠。”客户信了，每次来砀山购梨必找董小鱼。董小鱼就这样打响了他在客户们心中的“诚信”品牌。

1990年，他正式挂起砀山县董小鱼水果销售总部的牌子，对找他联系购梨子的客商，实行吃住免费。他还自行设计订做了专用水果包装箱。年复一年，找他买梨子的客商排起的队伍越来越长。他年推销酥梨的数量也由起初的100万公斤猛增到8000万公斤，约占砀山全县酥梨年总产量的8%，并将酥梨销出国门，远销到了东南亚。

多年来，在董小鱼身后还有另一支越排越长的队伍——梨农。对梨农，董小鱼讲的同样是一个“诚”字。梨子优质就要优价，经他联系推销出去的优质梨，每公斤价格总要高出当地市价0.20元。他感谢乡亲们对他的信任，恨不能长出七手八脚把乡亲们的梨子全部推销出去。每当梨子销售季节，他总是亲自推着磅秤，从这片果园赶到那片果园不停地过磅，饿了啃块干粮，渴了吃个梨子，困极了趴在磅秤上打个盹。

今年6月，砀山县委书记沈强亲自为披红戴花的董小鱼颁发了红彤彤的荣誉证书和500元奖金。

（此文的作者还有项良新）

原载《人民日报》2002年8月12日11版

聊吧

想“骂”得他们幡然悔悟

市场经济大潮的蓬勃兴起，也带来泥沙俱下。在全国各类经济活动中，信用缺失、欺诈行为屡禁不止，已严重影响到市场秩序和国民经济的健康发展。据有关部门统计，当时中国企业在市场交易中，因信用缺失、经济秩序问题造成的无效成本，已占到我国 GDP 的 10%–20%，直接和间接经济损失每年高达 5855 亿元，相当于中国年财政收入的 37%，国民生产总值每年因此至少减少两个百分点。因此，2002 年 3 月，国务院开始启动企业和个人征信立法与实施方案起草工作。

要促使我国市场经济健康发展，不仅要靠国家及省市等各级政府，积极进行企业和个人征信立法，健全信用体系、黑名单制度等，严厉打击经济活动中的欺诈行为，还应大力传播靠诚信生财才能长期兴旺，才能最终做大做强的新观念，以筑牢整个社会诚信体系的思想基础。

“诚”字铸就“销梨王”，主要是说给那些有侥幸心理或靠欺诈一时生财者听的，是“骂人”（抬杠、观念求新）的。真想能“骂”得他们幡然悔悟。当年 8 月 12 日，《人民日报》能采用此稿，也足见当时其在全国都具有很高的新闻价值。

此稿见报 3 个月后，国家举办首届企业信用论坛，半年后安徽省省长《政府工作报告》首次提出打造“诚信安徽”。

财政厅57名处长全部“包”到县

本报讯　“以前到基层了解情况，是以旁观者的身份。这次作为联络员被派到基层，变成了一个参与者，角色变了，效果确实大不一样。”4月14日，刚刚从望江县调查财政经济情况返回省城的联络员——省财政厅教科文处处长罗建国颇有感慨地告诉记者。这是省财政厅切实转变工作作风、求真务实谋发展出现的新变化。

4月6日到7日，在短短两天的时间里，罗建国和处里的同志先后与望江县委、县政府以及县财政等十几个部门的负责同志座谈，并冒雨走访了雷阳镇，调查该镇乡财县管、工资发放以及财政、经济发展状况，还深入县广电、文化等单位就人事和财政改革的问题调研，可谓是马不停蹄。回到省城4天后，一份数千字的《关于省直管县（望江县）财政联络工作情况的报告》便摆到了厅领导的案头。报告对望江财政经济存在的3大突出问题及5个方面的原因、解决存在问题的4项措施等分别进行了详细分析。这种实实在在高效率的调查受到上上下下好评。

省委、省政府决定从今年起实施省直管县财政体制。为了保证这项重大的财政体制改革稳步推进，3月下旬，经省政府同意，省财政厅决定将57名正、副处长全部对口联络57个省直管县（市）。通过实施这项措施，达到摸清县（市）财政基本情况，加强对县财政管理及改革等工作的指导、管理、监督和服务，进一步密切与基层的联系，促进机关干部工作作风的转变，并力争用3年左右，在直管县（市）及有关方面的共同努力下，使直管县（市）财政经济较快发展，财政实力逐步增强，财政管理水平明显提高，县乡政府债务得到有效控制并逐步消化，债务负担明显减轻等目标。省财政厅要求，担任联络员的处长，要妥善处理处室日常工作与对口联络的关系，面向基层，工作重心下移，真正做到沉下身子；要经常深入对口联络县（市）及所属乡镇调查问题、研究对策，并严格廉洁自律，不给基层添麻烦，还规定每年都将组织对联络县

（市）目标任务完成情况、联络员工作进行考评奖惩。

这项措施实行半个月来，该厅57名处长已有一半以上挤时间深入联络县（市）进行调研，大部分已经或正在赶写调查报告，取得相当丰硕的成果。

（此文作者还有邓晓林）

原载《安徽日报》2004年4月19日头版头条；获“华东九报‘求真务实谋发展’”好新闻竞赛一等奖

聊吧

为这个“转变”点赞

手握实权的省直厅局中层干部，长期蹲在机关远离基层，偶尔下基层也是旁观者的身份、走马观花，难以摸清基层实情，定政策、造计划容易脱离实际。

安徽省财政厅，抓住省里决定从当年起实施省直管县财政体制改革的机会，经省政府同意，将57名正、副处长，全部对口联络57个省直管县（市）。给他们制定具体任务和目标，要求他们妥善处理处室日常工作与对口联络的关系，面向基层，工作重心下移，真正做到沉下身子，经常深入对口联络县（市）及所属乡镇，调查问题、研究对策。并要求他们廉洁自律、不给基层添麻烦。每年还将联络县（市）目标任务完成情况，与他们的考评奖惩挂钩。使这些联络员，下基层由以前的旁观者变成参与者，密切与基层的联系，促进机关干部工作作风转变，更好地搞好各项工作。这收到很好的效果，至少在安徽省是首创。

采写此稿也是“骂人”（抬杠、观念求新）的。当然，省直厅局的中层干部，未必需要全部“包”到县，但这种抢抓机遇，因时、因事制宜，采取切实措施转变机关干部工作作风，求真务实谋发展的精神，无疑具有很高的借鉴价值。稿件被《安徽日报》用在头版头条位置，并获“华东九报‘求真务实谋发展’”好新闻竞赛一等奖。

由财政投资的农业综合开发小型公有基础设施，如何才能得到较好的管护，在安徽省的一些项目区，农民参与建设、管理，责、权、利统一，建成三四年的水利设施完好如初——

公共农业设施谁来养护

负责制拴住业主心

阜南县地城镇郁寨村，连片的稻田满眼葱绿。

“咱配了钱，这机井的使用、经营权就是咱的了，不常来看看哪能放心。”一眼机井旁，机井业主郁勇夫这样说。自从2004年初农发项目财政投资11000元，吸纳郁勇夫个人投资1800元，打成这眼机井并购置起配套抽水机械后，郁勇夫隔三差五总要到机井旁来看看。目前，郁勇夫用这眼50米深的机井和配套机械，为周围农户已累计灌田300多亩，每亩低于市价收费12元，总共毛收入已3600多元。

阜南县实施2003年农发项目时做了一个调查，从20世纪80年代以来，全县利用国家投资共打机井7000多眼，到2003年底能正常发挥作用的仅存2800多眼；共建排灌站260座，尚能运行的仅44座。其主要原因是平时无人管，损坏无人修，甚至人为损坏；工程建时质量差，农民参与不够，质量好坏无人过问。

针对这种情况，该县研究决定对农发小型公有水利基础设施大胆实施产权制度改革，使产权与使用、经营权分离，从2003年项目开始试行业主负责制，即吸纳农民投入10%～15%的项目配套资金参与建设，从而使投资农户获得小型公有水利基础设施的使用权和经营权，并正式颁发《使用权证》，使之成为该设施的经营业主。

符合条件的农户纷纷参与竞争，经四级审核获准的农户，均提前筹足配套资金上交农发专户。业主全程参与和监督工程施工、建筑材料和配套机械购置，工程质量得到有效保障，对机井养护也个个精心。近两年来，该县实施业主负责制，累计共完成农发项目投资 7620 万元，建成旱涝保收标准化农田 28.8 万亩，项目区年亩均增产粮食 75 公斤，农民从中年人均增收 208 元。

用水协会有人管事

走进怀宁县石牌镇同福农业综合开发项目区，纵横交错的灌渠内流水淙淙，一望无际的稻田泛着绿波，到处是一派生机勃勃的景象。

“这是 1999 年建起的项目区，灌溉面积达 1800 亩，至今桥涵闸渠完好如初，主要得益于项目区成立的用水者协会。”怀宁县农发办的同志这样告诉记者。

同福项目区建成后，次年项目区 342 户农民成立起用水者协会。协会与镇政府达成协议，拥有项目区公有水利设施的使用、经营权，同时承担管护等责任，制订相关制度。本着谁受益、谁负担的原则，协会采取“三统、三专、一公开”的方式进行运作，即：项目区内水费和工程设施所需的正常维护费用，由协会按会员承包的土地面积和测算的合理标准统一收取，上交灌区水费、提水灌溉电费、工程维护费、管理人员补助费由协会严格按财务制度规定统一列支，辖区内农田灌水、排水均由协会按用水计划和管理办法统一安排；协会财务实行专户、专账、专人管理；财务收支账目每月张榜公布接受村民监督。协会把项目区骨干工程的维护任务落实到 3 个专职管护员，明确了权利和责任；把各家责任田的田间地头工程交由各家管护，人为损坏及时自费修复。

协会的成立和有效运转，不仅使项目区公有基础设施得到有效管护，还杜绝了乱挖滥放和抢、偷水现象，水利用系数明显提高，在增产增收的同时，每亩农田年平均节约用水成本 12.3 元，整个项目区年节约水费就达 2.21 万元。

土地流转形成规模载体

本着自愿的原则，借助土地经营权依法有偿流转，形成了农业综合开发项目规模经营的新载体，不仅提高了开发效益，也使项目基础设施得到较好的管护。

走进蚌埠市淮上区安徽绿雨农业有限责任公司承担的农发项目区，道路两侧，绿稻翻浪，桥、涵、闸、渠整整齐齐。“这些设施建成已三四年了，至今还全都像新的一样，可见主人管护的精心。”市农发办的负责人颇有感慨。

这里原是一片易涝易旱的低产田。2002 年至 2003 年，当地农民按照依法、自愿、有偿的原则先后将5000亩土地流转给安徽绿雨农业有限责任公司，由国家投入248万元资金，实施农发项目。项目区新建桥涵闸200座、电灌站6座、防渗渠2200米、地下暗管9000米、3米宽砂石路9条共1500米、开挖灌溉沟18.5公里，使项目区变成旱涝保收高产稳产田，年亩均收入由原来两季普通旱粮的640元，猛增到现在一麦一稻良种繁育的1330元。

“土地流转前，俺们常年被拴在土地上，年亩均纯收入仅200元。如今土地租给公司，每亩年租金就430元，加上俺就地打工，丈夫进城打工，俺家去年人均收入超过2700元。”一位姓吴的年轻妇女这样说。

承担项目规模开发的绿雨公司，还采取订单方式带动周边及邻省7000亩的杂交稻制种基地。公司本身也获得可观的效益，去年实现利润342万多元。

原载《人民日报》2005年9月25日6版头条

聊吧

想“骂”得他们亡羊补牢

2003年，安徽阜南县对20世纪80年代以来的农发项目区进行调查，小型公有基础设施的损坏程度真是令人惊心。其实，令人惊心的又何止一个阜南县，各地项目区大同小异。其主要原因是责权不明，平时无人管，损坏无人修，甚至人为损坏；工程施工时，作为将来使用此设施的主人——农民群众，缺失参与监督，质量把关不严。更为严重的是这个问题竟司空见惯，长期无人去解决！

此稿不仅发出了“公共农业设施谁来养护”的质问和呼喊，还通过典型报道，对小型农发公有基础设施产权制度改革，对一些项目区让农民参与建设、管理，责、权、利统一，从而使公共水利设施得到较好养护，给予热情赞扬，提出了必须进行产权制度改革的主张。

此稿是“骂人”（抬杠、观念求新）的，真想能“骂”得那些“司空见惯”的责任人感到汗颜，亡羊补牢尽快改革。2005年9月25日《人民日报》在6版头条重要位置刊发此稿，可见其当时对全国都具有很高的新闻价值，意义重大。

山定权　树定根　人定心

——三市区集体林权制度改革的启示

“忽如一夜春风来，千树万树梨花开。”借用这两句诗来比喻集体林权制度改革带来的勃勃生机和必将迅速推开的美好前景是再恰当不过了。

明晰半个世纪的山场承包权，使林农种树从如“放羊”变成如“种粮”

“自从前年9月拿到25亩毛竹的林权证，我就辞了镇上的农电工，专门侍候这片山场，比种粮还精心呢。”不久前，去宁国市梅林镇采访，红心村民组的刘光根老汉兴奋地告诉记者。

20世纪80年代初，这里也曾搞过林业“三定”，但很不规范。组里1200多亩山场，干部们围着火盆粗略地议一下哪片归谁，一个晚上就搞定了，既不丈量，也不标界。村民们心不踏实，种树如放羊，谁也不愿投入。这次改革，每组公推3至5名德高望重、公道正派、有能力、熟悉情况的人负责，现场勘界，确权发证，一定50年，受法律保护，群众普遍吃下“定心丸”。去年8月毛竹施肥季节，30多年来从未给毛竹施过肥的刘光根，给新承包的25亩毛竹仅施复合肥就达一吨，总投入达2000多元。刘光根所在的梅林行政村，去年种毛竹，购买鸡鸭粪、复合肥给原有毛竹施肥，总投入就达192万元，人均600元。

“值！今年新出茶杯粗的竹笋比往年不施肥几乎多一倍。我这25亩毛竹两年间伐一次，加上竹笋纯收入就能达4万元，全家年人均收入可达4000元！”

“本区近2万亩石质荒山，解放以来多次植树不见林，这次集体林权制度改革承包到户，确权发证，已成功造林8000亩，明年便可全部绿化。”南谯区林业局长郑田生话语间透出兴奋。

“虽然从小就没见这块石质山场长过树，前年我承包时一家人都反对，但我信科技人员的，有了林权证和几十年的承包经营权，我就不信种不出树来。”

在南谯区南谯办事处沈庄村民组，30亩麻栎林一派葱绿，46岁的村民孔凡奎说起话来满脸是笑。前年冬，孔凡奎在区林业科技人员指导下，请来大型挖掘机深挖山场，仅整地、施肥、请人栽树，亩均就投入560元，远远高过种粮。加上树种适宜，终于成功造林。由于山场挖得深，剔除石块后土质松，去年林下套种花生，二茬种菜养鹅，当年就收回成本，还多赚1.6万元。“麻栎林成材后5年轮伐一次，一二百年不需造林，每年可收入1.3万元。这片石质山场成了我的花果山、致富山、养老山！”孔凡奎越说越兴奋。

集体林权制度改革，为林业注入的生机和活力由此可见一斑。自2006年4月启动林改试点以来，南谯区已明晰林权面积41万亩、发林权证1.25万本，占应改革面积的98.6%；两年间新造林2.5万亩，年均比2006年增长近67%。宁国市明晰林权面积251万亩、发林权证12万本，占应改革面积的95.1%；两年间改造低产林40万亩，年均比2006年增长了9倍多。

林权证如房产证，
可抵押贷款，引来肥水浇绿山场

在黄山区林业要素市场、黄山区行政服务中心林业分中心，碰到一位前来办森林资源资产抵押登记证的农民，清溪乡外堤村民组造林大户陈建辉。他拿着刚到手的382亩林地的抵押登记证高兴地告诉记者：“有了这个，明天我就可以拿到50万元的贷款了。”

有着丰富营林经验的陈建辉，去年通过区林业要素市场，从林农那里流转来382亩林木产权和林地的使用权，年初到区信用联社申请贷款。经过联社审查、委托区林业勘察设计院评估，当日到区林业要素市场作抵押登记。经审查材料齐全符合要求，傍晚就拿到了抵押登记证。“有了这笔贷款，我准备进一步扩大1000亩山场植树造林，5年内就可以增加盈利100多万元。”陈建辉显得信心十足。

“目前，黄山区已办理林权抵押贷款25起，贷款额2350万元，贷款新造林7560亩。”区林业要素市场、区行政服务中心林业分中心主任李林生脸上带着笑。

其实，推行林权抵押贷款的又何止一个黄山区。作为被省委常委会列入工作要点，集体林权制度改革的一项重要配套措施，省委、省政府《关于全面推进集体林权制度改革的意见》（皖发[2007]11号）文件作出具体部署，“建立林

业要素市场。建立林权登记、林木资产评估、林权流转交易、林权抵押贷款等综合服务场所”和“开展森林资源资产抵押贷款业务，拓宽林业投融资渠道，盘活现有林地和林木资产，促进森林资源向资本的转变。”

目前，我省先期推进集体林权制度改革的试点县、市、区，已全部建立起林业要素市场，普遍开展了林权抵押贷款配套改革，分别出台了《林权抵押贷款管理办法》和《森林资源资产评估办法》，对林业和金融部门，从林农（经营单位）申请、管理、评估、登记、审批、合同签订、贷款发放等方面做出明确分工，各司其职。南谯区金融部门已累计发放森林资源资产抵押贷款2000多万元。宁国市筹集近千万元担保资金，组建林业融资担保中心，林权抵押贷款总额已逐步扩大到3000万元。集体林权制度改革引来源源不断的金融“肥水”，浇绿了大片大片的山场。

搭建林权流转平台，
分散林权向能人大户龙头企业集中，林业效益大提升

建立林业要素市场，搭建林权流转平台，通过林权流转，为林业增添活力，提升效益，是集体林权制度改革的又一重要举措。

“有了林权证和区林业要素市场，现在林权流转相当方便。这420亩荒山，是我去年以25万元购买本村40户林农的，林地使用期40年。”黄山区三口镇白果树村农民陈卫平，指着四周大片山场新造的优质泡桐林这样告诉记者。

集体林权制度改革带来的美好前景，使一向从事旅游服务业的陈卫平怦然心动。村里部分山场林改后户户有份，形成一块块狭窄的长条林地不便经营，有的农户希望流转出去。陈卫平经与铜陵市口岸服务公司协商，决定联合投资开发。

“小块林地连片开发，比分散经营成本小、效益高。这些泡桐林还要连续抚育4年，每年要投入15万元，加上购买林地使用权、苗木、请人栽种等，总投入将达120万元。8至10年泡桐成材，每亩可收入7000元左右，林场可获利170多万元。”陈卫平算起收入账眉开眼笑。

黄山区意新竹木有限公司是该区2006年5月从南京引进的一家企业，投资1900万元生产出口木制网片和木门。原计划采取公司＋农户的形式购买原料。下半年刚好碰上林权改革，公司当即决定追加投资，通过林权流转建立8600亩原料林生产基地。目前已购进2600亩林地使用权，为期40年左右。仅林地流

转和造林两项，公司就打算追加投资2360万元。“这样不仅公司有了稳固的原料来源，还可利用本身的科技力量增加造林收入。同时，计划兼并本区的一些小木材加工企业为粗加工分厂，利用总厂的林场资源，避免小加工企业带来的乱砍滥伐。公司则形成种树、初、精加工一条龙生产，使收益最大化，3年后便可实现年产值1亿元，利税600万元。”意新公司总经理疏意新话语间显得信心十足。

“截至目前，全区林权流转已达10.7万亩，仅此一项就吸纳社会资金1.9亿元。全区经营面积500亩以上非公有制林场已达116家，千亩以上10家，3000亩以上4家，5000亩以上2家。林业大户的规模化、集约化经营，极大地提高了林业生产水平。”黄山区林业局局长朱旭东颇有感触地说。

规范林权流转，提高了森林资源的价值。黄山区每亩杉木林价格由林改前的1000元左右，迅速提高到2500元—3000元；南谯区山场年租金由林改前的亩均5元猛升到50元；宁国市活立木流转价格则由林改前的亩均400元攀升至1200元。林业真正成了农民的绿色银行。

原载《安徽日报》2008年5月12日头版头条

聊吧

这杠竟抬了二十二年

“以前总说我老尹是他们林业部的记者，现在观点不同了又来‘骂’（指责）我！”1986年秋，还是一名小县城通讯员的我应邀到人民日报改一篇新闻稿，稿件是报道本县李兴区集体林承包到户，调动了林农植树护林积极性的。而当时国家林业部的同志认为，集体林（尤其是山林）一旦承包到户，会被很快砍光的。为此，人民日报负责林业报道的老记者尹韵秋与之争论得相当激烈。我那篇定了1700字、外加3张照片、尹记者（当时人民日报是编采合一）还配了短评、部主任已签发到二版上头条的通讯，也因此最终没能见报。

22年后，当我又一次碰触这个主题时，尽管社会上仍有争论，但采访对象已经是省级林业主管部门组织实施的三个试点市、区了，涉及范围更广，改革程度更深。经深入采访，我发现这三个市、区，由于实行了集体林权制度改革，明晰了半个世纪的山场承包权，使林农种树从如“放羊”变成如“种粮”；政府发放的林权证如房产证，可抵押贷款，引来肥水浇绿山场；政府还帮助搭建起林权流转平台，使分散的林权向能人大户龙头企业集中，林业效益大大提升。山定权、树定根、人定心，集体林权制度改革为三市、区的林业带来勃勃生机。因此，在文章的开头，我借用了古人“忽如一夜春风来，千树万树梨花开”的诗句来予以表述，并表达对集体林权制度改革必将迅速推开的预测，也表达我当时的喜悦心情。

想不到，这杠竟抬了二十二年。可见新闻求新和改革本身一样，该是多么不容易。此稿是安徽最早支持集体林权制度系统性改革的稿件之一，对在安徽全省推进集体林权制度改革起到了很好地促进作用，当时仍具有较高的新闻价值，故被《安徽日报》刊发在头版头条。

NEWS CHAT BAR

聊吧七

思考“出”新闻

思考“出”新闻，乍然看来，这似乎是个唯心主义的命题。其实不然，这恰恰是个辩证唯物主义的命题，它强调的是认识的能动反作用。

新闻是客观存在的，它不以人们发现和认识与否而改变。但是，有类新闻发生后，并不是所有人都能马上发现它、认识它。发现它、认识它，往往是具有相当认识水平和观念及时更新的新闻工作者，抓住偶然机遇深入思考的结果。否则，对这类新闻你会视而不见、充耳不闻。有位专家面对常常埋怨找不到新闻的年轻记者就说过，世上不是缺少新闻，而是缺少发现。要善于发现新闻，新闻工作者既要具备相当的认识水平和及时更新观念，又要善于思考。著名记者艾丰说：“记者要做一支思考的笔”。

当然，新闻工作者的认识水平和及时更新的观念，不是从天上掉下来的，而是通过不断地努力学习而得来的。除了学习新闻业务知识特别是学习新闻名家捕捉新闻的方法，夯实必备的新闻业务基础，还要努力学习党和国家最新出台的相关文件、法规政策，领悟其新精神；学习相关行业最新的理论研究探索成果，把握相关行业发展的新方向；读懂社会，经常真心实意地深入实际、深入生活、深入群众，亲身感受并认真思考社会存在的问题，特别是普遍存在的重大问题和人民群众普遍关心的热点、难点问题，及解决这些问题的答案；读懂国际，根据国家开放及国际变化的新形势，思考相关行业因应之策；读懂媒体，根据国家主流媒体报道的最新动态，进一步感知研判社会正在发生的新变化、新形势及反映体现的新精神等。在这些方面付出的努力越大，新闻工作者的认识水平就会越高，观念更新就越快，那“偶然机遇”就越容易被抓住，从而经过深入思考发现这类新闻。同时，在此基础上，经过进一步深入思考，还能进一步深化对已发现新闻的认识，这是思考“出”新闻的另一层含义。这种努力和思考的力度，与发现这类新闻的概率和对已发现新闻认识的深度成正比。再者，这种努力和思考力度越大，越能够更加清晰地把握新闻事物形成的内在规律，进而准确展望其未来的发展方向。这是思考“出”新闻的第三层含义。

一位专家说：“一位好的记者，应该同时成为一位好的学者。”这是说要当好记者，应该像好的学者那样不仅具备很高的理论水平，还善于从历史沿革、用全国乃至全球视野、理论高度思考研究社会问题，特别是思考研究社会普遍存在的重大问题及群众反映强烈的热点、难点问题，思考研究解决这些问题的办法，或者逆向思维，把要采访的新闻，放在全国乃至全球的大背景下，从历史的、理论的高度去审视、思考其新闻价值，这样才可能选到真正价值重大的好新闻。

当然，这里所聊的思考“出”新闻，与前面所聊的“写新闻是‘骂人’（抬杠、观念求新，下同）的”并不是截然分开的，而是相互联系的。往往“思考”为了“骂人”，而“骂人”也需要“思考”。二者相辅相成、相得益彰。只是为便于将单个问题聊清楚，才把二者分开聊罢了。以下就结合自己的一些作品，具体聊聊这个话题。

月季花传奇

爱花的读者，你知道 20 世纪 80 年代也有“花为媒”的故事吗？

一

说的是太和县税镇乡孙楼村养花人孙书业的事。一九八二年八月的一天上午，孙书业的小院里，忽然来了个陌生的姑娘。她用手轻扶着栅栏上的蔷薇，悄悄观望满园的月季花：怎么有这么多这么好的花！

姑娘是太和县高庙乡吴三村的人，叫高霞，二十一岁。三天前，她和两个女友进城路过这里，听说此地有个只养花不种粮的青年。有人说养花不是正业，天天侍弄花便是“二流子”。也有人反驳，说他曾把价值两千多元的名贵月季花苗无偿给了附近的学校、医院、机关，美化环境，世上哪有这样的“二流子”？

高霞听后有意，她本是爱花人，大着胆，偷个闲上门来看看。谁知一见这小伙，俊气，善良，勤劳，他正在侍弄花，豆大的汗珠从头上直滚落下来。姑娘不禁喊了声：“大哥！”

孙书业抬头一看，却见是位比花还美的姑娘。说：“人家喊我‘二流子’，你敢来，不怕坏了你名声？”高霞反问道：“养花就是‘二流子’？”她笑了，仿佛在讥笑愚昧的成见。这以后，一个送花，一个常来，终于互相倾吐了爱慕之情。

二

高霞的父亲，认定养花人是“二流子”，不许女儿去孙家。高霞无视父亲的约束，背地里赴约，与孙书业坐一辆自行车进界首城，手拉手进影剧院看电影，上书店买《大众花卉》。两人一回孙楼村，高霞的父亲在那里等候着：“跟我回去！”回家，一棒槌、两棒槌，打得高霞疼痛难忍，又把她软禁起来，要给她另择快婿。可是，高霞铁了心：“非孙书业，我不嫁！”

高霞在软禁之中，出不得屋，孙书业找位“信使”，悄悄给高霞送信，也说：“非你高霞，我不娶！”

一九八三年春，太和县召开多种经营先代会，孙书业成了先进代表，出席大会。从此，再没人叫他“二流子”，倒是称他“养花专业户”，尊他“养花状元”了。这事传到吴三村，高霞高兴得什么似的，她父亲摇摇头，笑了，终于答应了这门亲事。

三

新婚之后，高霞成了孙书业的得力助手。这两口子，一个打水，一个浇花。孙书业又教她学会花木的嫁接。新婚蜜月中，他俩嫁接了四千多棵月季。光阴荏苒，小院子里的月季，由四十多种增加到百余种。一九八四年春，小两口除送人的以外，出售的花价值六千多元。去年五月，孙书业每天嫁接三百多棵月季，高霞也能嫁接一百多棵。半个多月，他俩一共嫁接了六千多棵，再过十来天，就可达到一万棵了。没想到孙书业劳累过度，喉咙干疼，鼻孔出血，昏了过去。高霞把丈夫送进医院，一回家，也觉喉痛、头晕，一头栽倒在门坎里。直到傍晚才从卫生院的病床上醒来。

一连几天的南风，把病床上的孙书业吹得心急火燎，他想着这么多月季、茉莉、海棠、六月雪，缺水就会枯萎。十几天后，孙书业出了医院。他匆匆向家赶去，生怕看见花枯枝干的景象，哪知迎接他的是满园盛开的鲜花！一畦畦苗床还是湿漉漉的，地上留着她的脚印。

四

一晃又近一年，四月的一天早晨，孙书业和高霞拉了架车来到了界首县城，在花市上摆开了月季花。真名贵的品种，有粉色的“伊丽莎白皇后”，有黄里泛粉的“和平”，有深色的“状元红”，有淡朱红色的“明星”……品种多，招得爱花的人都围拢来。有一盆深绿色小叶片托着橙红色花瓣、淡黄色瓣背的“太液芙蓉”，让一个青年看中了，高霞喊价七元，一老人愿出十元。青年说：“我出十五”，老人还要出更高的价。高霞说：“老人家，你喜欢这种花，我明天送来，价格都是七元，决不多要一分钱。”

围观的顾客和这一老一少，都愣住了，然后又悟出了什么，冲着这卖花的少妇绽开了笑容。

原载《安徽日报》1985 年 5 月 14 日 4 版

聊吧

思考：由浅入深

1985 年春，一个偶然的机会，听说本县农村有个美丽的姑娘，爱上了一个被称作“二流子”的养花人，还不顾父母强烈反对，棒打不开，最终嫁给了他。当时觉得有些好奇。等我赶往这个农民家庭，和这对青年夫妇一同浇花、聊往事，经过深入地思考，竟发现这是条颇有深度的好新闻。

农业责任制以后，中国农村不断发生着可喜的变化。当时的新闻界报道这一变化，大都集中在农村“吃细粮、住瓦房”、添置“三转一响”等物质生活上的变化，人们的认识也普遍由“穷光荣”变成“富光荣”，昔日的一些穷光棍娶上了新娘等。甚至文艺界也塑造出一批“冒富大叔”的典型角色。而经过深入思考，我认为发生在本县农村的这个爱情故事更有深度，它反映的是中国社会人们精神生活领域更深层次的新变化。

鲁迅先生在评论《红楼梦》时说过：“饥区的灾民，大约总不去种兰花，像阔人的老太爷一样。贾府上的焦大，也不爱林妹妹的”（《“硬译”与“文学的阶级性”》）。故事从农村姑娘高霞，由爱花到爱上养花人，且棒打不开，发展到种花成为一种致富新门路，社会上更多的人开始爱花、买花、养花，无疑说明随着改革的不断推进，人们物质生活水平的逐步提高，这种由农村到城市人们精神生活领域悄然发生爱花、爱美的新变化，反映中国社会的变化更加深刻。这个“花为媒”的故事，正是这种深刻新变化的一个缩影。尽管这在当时的中国社会还不多见，但她毕竟代表了中国社会发生更为深刻变化和进步的一种新趋势。

从一个浅显的爱情故事，到揭示出中国社会内在的精神领域悄然发生的深刻新变化，发掘出这条当时很有新闻价值的好新闻，这得益于深入思考。

曹操回故乡

去安徽亳州，我吃惊地发现，罗贯中笔下的“奸相”曹操，穿过历史的风风雨雨，如今又回到了他阔别近两千年的故乡。

由于曹操“篡汉”和杀害了他的老乡华佗，一直为故乡人所不容。近二千年来，在亳州的戏台上也和全国一样，上演着诸如“击鼓骂曹”一类的三国戏。

斗转星移。当改革的春风吹到这座古城的时候，像临潼人“致富借光秦始皇”的兵马俑一样，亳州人也开始利用曹操致富，从传说中曹操进献给汉献帝因而得名“贡酒”的“古井”系列白酒，到亳州市酒厂的“魏王牌”系列白酒，再到乡镇企业的“曹操牌”系列白酒等，整个亳州市商标与曹操有关的白酒迅速发展到 67 种。这 67 种白酒每年为亳州市带来巨大的经济效益。渐渐地，亳州人开始对他们的老乡曹操产生了好感。当然，这并不是说“有奶便是娘”。亳州市“名人名城研究会”的几位学者，开始科学、公正地研究曹操，还他一个历史的本来面目。

从 1983 年由中共安徽省委宣传部在亳州举办的“首届建安文学研究会”，到 1993 年由安徽省社科院在亳州举办的“三曹学术研究会”，亳州市都有不少学者与会并发表论文。安徽文艺出版社出版了《曹操与孙子兵法》一书之后，又一本 15 万字的《论曹操》(附 10 集广播剧《曹操》) 即将出版。市文联主席梁太明的 20 集电视连续剧本《曹操》，也已出版。这些论文和剧本客观、公正地评价了曹操：曹操杀华佗，是他人生的污点，他毕竟只是一个地主阶级的政治家。至于篡汉，无可厚非。他统一北方，进而为统一全中国不懈努力的历史功绩是主要的。这就还了他一个三国时大军事家、政治家的历史地位。

随着对曹操评价的理论上的突破，从 1986 年开始，亳州市委、市政府先后拨款 30 万元，发掘修复位于亳州城内曹操当年的地下运兵道，并先后修整了曹氏宗族墓群、董园 2 号、薛家谷堆等曹操家的祖墓群，并对外开放供游人参观。除上述 4 个省级文物保护单位，亳州市委、市政府还修整保护了“魏武故里”“八角台”“东观稼台”“西观稼台”“义门寺”“南曹寺”等与曹操有关的遗址，并定为市级文物保护单位，陆续对外开放。近些年来，随着国内外游人的增多，亳州市委、市政府又投资700多万元，于城南曹氏墓群附近新建了一座气派恢宏的“三国揽胜宫”，于1993年8月开始接待游人。

“大京九”铁路的建设，为古城亳州带来了新的发展机遇。为了利用曹操这位历史名人，吸引外资，将市里新修的通往火车站约20米宽的水泥大道，赫然命名为“魏武大道”，并在火车站附近的黄金地段设立“魏武经济开发区”。

自从中央电视台在黄金时间播放了84集电视连续剧《三国演义》之后，曹操成了亳州人茶余饭后议论的热门话题。我仿佛觉得曹操已经回到了故乡人们的心中。

原载《人民日报》（海外版）1996年2月2日7版

香港《大公报》1996年1月15日A4版发

《安徽日报》1996年4月6日3版头条发

聊吧

思考：“无”中生有

这篇“无”中生有的新闻，更是深入思考的结果。

1996年初，去安徽省亳州市采访，意外的发现让我吃了一惊。市里新建的经济开发区、重要道路，甚至一大批新建单位及设施都冠以“魏武”。城内曹操的祖墓群、故里、地下运兵道等，一大批与曹操有关的遗址也得到修复，并对游人开放。仿佛整个亳州城就是一座曹操纪念馆。这引起我采访的兴趣和深深地思考。

由于曹操“篡汉”和杀害老乡华佗，特别是古典名著《三国演义》和大量的三国戏的影响，亳州人对曹操的看法和全国一样，一直是负面的。随着改革的春风吹进这座古城，像临潼人“致富借光秦始皇”的兵马俑一样，亳州人也开始利用曹操致富。全市各种以曹、魏做商标，或与曹操传说相关的系列白酒就发展到67种，每年为亳州带来巨大的经济效益。亳州人因此逐渐对老乡曹操产生好感就在情理之中。

该市的学者开始用历史唯物主义的观点研究曹操，产生出一批颇有价值的学术论文。作家们也开始创作出版一些关于曹操的电视文学剧本。这些论文和剧本，客观公正地评价了曹操，在承认他杀老乡华佗人生污点等历史局限性的同时，否定了他“篡汉”的传统观念，肯定了他统一北方、进而为统一全中国不懈努力的历史功绩，还了他一个三国时大军事家、政治家、英雄人物的历史地位。曹操自然就能回到他故乡人们的心目中了。

人们传统观念的根本转变，则能反映改革带来整个社会的深刻新变化、新进步。能挖出这条当时颇有价值的好新闻，并先后被香港《大公报》《人民日报》（海外版）《安徽日报》采用，是深入思考的结果。

巧用联合拓市场

——关于沪浙皖西瓜种子产销联合体的调查

自己手里攥着行情看好的西瓜种子，如何尽快抢占市场，获取最佳效益?为此，合肥市种子公司与沪、浙、皖 18 家省级种子公司和 130 多个经销处结成了产销联合体。10 年来，利用这个联合体，作为产方合肥市种子公司生产的“丰乐”牌西瓜种子，畅销 28 个省、市、自治区，年销售量由联合前的 0.75 万公斤发展到 40 万公斤，占全国用种量的三分之一，成为国内同行业的佼佼者。

产方让利换市场

1985 年，合肥市种子公司引进杂交西瓜“新澄”亲本制种获得成功，超常规的检测措施使种子纯度达到国际先进水平。然而，仅 7500 公斤的产量，包括公司老总在内全体职工出动叫卖销售仍感吃力。与此同时，在全国寻找优质可靠杂交西瓜种源的上海市和浙江省种子公司，通过两年的派员考察、购种试种选上了合肥。合肥市种子公司抓住这个机遇，通过保证对销方的良种供应和特别优惠价，与沪、浙、皖 3 个省级种子公司联合组建起中国种子行业第一个跨省、市的产销联合体，并使之迅速发展成 18 个省级种子公司、130 多个经销处的产销大联合。

产销联合，市场迅速被打开，“丰乐”牌杂交西瓜良种，在大部分联合体成员省普及率都超过 50%，在沪、浙、皖 3 省、市则达 70%~80% 以上。1995 年 9 月，合肥市种子公司作为农业方面的唯一代表出席了全国名牌大会。

产销联心稳市场

联合体实质上是一种利益共同体。作为联合体成员的各省级公司和各地、市级经销处，利用优惠的进价、充足的货源供应等优惠条件，运用自己的销售网络，采取统一供种、送货上门等措施，积极扩大销售，结果家家盈利，效益可观。有的经销处，一季西瓜种子，短短几个月时间，就收入几十万元。同时，高产高效优质的“丰乐”杂交西瓜良种在各地的大普及，还为各地的瓜农带来较高的收入。据有关部门测算，10年间，“丰乐”杂交西瓜良种为各地瓜农增加的收入达30多亿元。

合肥市种子公司，虽然对联合体成员大幅度让利，但迅速稳固扩大的市场份额，仍旧带来巨大的利润。10年间，该公司年利税由30万元猛增到3700万元，由一个固定资产仅14.7万元的小公司，迅速发展成净资产2.2亿元的丰乐种业集团，继而改制，4500万A股股票在深交所上市成功，成为中国种业第一股。

发展科技拓市场

联合体成立之初，合肥市种子公司便办起全国种子行业第一家科研所——丰乐种苗研究所，但条件较差。

随着联合的发展，合肥市种子公司的经济效益迅速提高，得以抽出大批资金投入科研。丰乐种苗研究所迅速发展成拥有45名科研人员、8个科研基地、固定资产330多万元的现代农业科研所。还先后与国内外十几个农业科研院所、大专院校建立起技术协作关系。全国西瓜制种著名专家，几乎都被他们聘为顾问。

10年来，该研究所共计引进新品种300多个，选育和协作选育的“丰乐一号”“西农八号”等西瓜新品种，先后获全国二等奖、“金瓜杯”奖和第二届全国农业博览会银牌奖、铜牌奖。国外引进、经联合攻关繁制的部分品种，综合性状已达到或超过进口西瓜良种的水平。这不仅为“丰乐”牌杂交西瓜良种拓展国内市场、取代进口奠定了坚实的基础，还使之冲出国门，已累计创汇350万美元。

原载《人民日报》1998年3月5日9版头条

聊吧

思考：环球视透

手里攥着行情看好、优质西瓜种子的合肥市种子公司，为何不建自己的销售网络（肥水不流外人田）？反要花大力气，牵头组建由18家省级种子公司、130多个经销处的产销联合体？又如何能组建且十年间不断巩固这个庞大的联合体？联合的意义及新闻价值何在？1997年秋，当这个联合体隆重庆祝建立十周年的时候，引起我采访的兴趣和对这些问题的深入思考。

经采访获悉，该公司也曾试着自产自销。然而，几乎全员出动，跑遍千山万水，吃尽千辛万苦，收效却不尽如人意。而如果自己建立一套庞大的销售网络，且不说大量的资金投入一时难以承受，新增大批人马仅经营自家单一产品也未必划算。新招聘人员的素质、新开拓市场的艰难、各地原有销售网络的竞争排斥等，对新产品迅速打开销路也都是不利的。

该公司有畅销的好种子，而各地销方靠既有的网络掌握着庞大市场。产销联合，产方让利换市场，双双扬长避短、互惠互利、结成利益共同体，该公司产品便可迅速扩大并稳固地占领各地市场，并因此而获取规模效益；各地销方大体使用原有网络人马，却增加大批量优质畅销让利的新商品，带来丰厚的利润，也实现快速发展，自然安于联合体内，不再另起炉灶投资此类新产品研发。这也使社会得以避免两个方面重复建设带来的无谓竞争，和人、财、物不必要的浪费。这是市场经济中社会化分工的必然趋势。

正是这些道理，地市级的合肥市种子公司，才去、才能牵头组建且十年间不断巩固壮大这个庞大的产销联合体，迅速造就顶天立地的“种业巨人”集团。巨大的规模效益，不仅使企业规模迅速发展壮大，还使该公司能以大量的资金支持抢占科技制高点，不断研发出能占据市场制高点的新产品，最终造就出“丰乐”名牌，也造就出中国种业第一股。

更重要的是，我国的科技发展水平、企业实力与发达国家普遍存在差距，在我国即将加入WTO、国内企业即将面临发达国家强势企业激烈竞争的时候，这种联合是尤其值得肯定的新方向。

能从国内国际两个市场的视角，透析这条新闻的重大价值，深刻揭示出应对“狼来了”中国企业发展的新方向，以致稿件最终被《人民日报》9版头条重要位置采用，是深入思考的结果。

鸟类的呼唤

“难道我们将来只能在动物园里才能看到鸟类吗？！”3月30日，在合肥大蜀山野生动物园，世纪之年“爱鸟护鸟南北行”安徽站启动仪式上，一位科大学子的发言使与会者的心灵深深地震撼了。听说这次活动要去环保“全球500佳”之一的颍上县八里河镇考察野生鸟类，我便随行去探望这些人类的朋友。

次日，在八里河偏远的西南角，我终于目睹到这个鸟儿王国的风采。在湖中不远处刚露出水面的一个浅滩上，白茫茫栖息着数百只鹭鸟。忽然，像一阵狂风吹落千万树梨花，群鹭掠着湖面飞起，然后又打着旋翩翩起舞，遮蔽了半个天空，人们情不自禁地欢呼起来。然而，不知怎的我的心头却突然涌起一股莫明的忧伤，一位专家的话在我耳畔响起：“地球上自1600年以来有近百种鸟类已经灭绝，还有一千多种正濒于灭绝的危险。”

八里河毕竟是环保“全球500佳”之一，今天，像他们这样严格保护鸟类的地方毕竟太少了。“这里的水鸟大多是要食鱼的。一只鸬鹚一天大约要捕食一斤鱼，八里河仅鸬鹚就有360多只，一年下来就是50000多公斤鱼，应该说这是个不小的牺牲。”考察团里曾6次来八里河调查过野鸟资源的安徽大学生命科学院胡小龙教授一旁插话。胡教授的话使我想起鲁迅先生笔下的一位高僧，砍下自己的一条胳臂救活一只饿虎的故事。人和野生动物本来就是生态环境中相互依存的朋友，尤其是鸟类。任何一种鸟的灭绝都是灾难，都是大自然和人类不可挽回的损失。比如，一只山雀每天可吸食1–2龄松毛虫1842条、蛾30只以上，一对成鸟可保证2至5亩松林不受虫害；一只猫头鹰一个夏季可灭田鼠1000只，减少约1吨粮食的损失；一对燕子整个夏季可捕食150至200多万只苍蝇、蚊子、蚜虫等；一对燕行鸟育雏4个月可捕食65000只蝗虫……倘若没有这些农林卫士，或虫害泛滥，森林被毁，导致洪水肆虐或鼠害、蚊虫成灾，且莫说使经济持续发展，人类的生存都将危矣！1998年，横溢中国南北的三江大洪水，去年黄淮海等地上千万亩的蝗虫灾害，近年来明显增多弥漫整个中国大西北数省的“沙尘暴”，无不是大自然为我们敲响的生态警钟。人们应该明白，毁坏森林破坏生态的罪魁不仅仅是利斧，还有瞄准鸟类的猎枪，任何对生态平衡的破坏，最终受到惩罚的都将是人类自己！

近些年来，随着人们生活水平的提高，有些人的口味也越来越高，寻求享受野味，尤其是野鸟。一些宾馆、饭店的老板利欲熏心，迎合这些人的贪婪胃口，置国家及省有关保护野生动物的法律法规于不顾，非法私下高价收购野鸟，这就使非法猎杀野鸟之风愈演愈烈。据胡教授介绍，去冬今春，我省对国家一级保护的大鸨进行越冬地调查，想不到这种70年代在我省还经常能够见到的鸟类，这次他走遍我省7个重点县，见到的唯一一只竟是作为野味出现在一位乡领导开办的酒店里。目前，70年代还能见到的国家一级保护的丹顶鹤，在我省已经绝迹。近几十年来，在我省绝迹的国家一级保护的鸟类还有朱鹮，国家二级保护的蛇雕、小隼、黄脚鱼鸮、乌雕鸮等十几种野鸟也几乎看不到了。听着这些介绍，我仿佛听到鸟类在哭诉，如果不坚决抵制非法猎杀野鸟的犯罪行为，任野生鸟类一个个灭绝，将来有一天，我们的子孙后代所要面对的就不仅仅是无法读懂鸟语花香那干瘪词语的后果了。

报载香港特首董建华先生拒绝吃野味的故事，被人们传为美谈。人们啊，当你拿起弹弓或端起猎枪瞄准野鸟的时候，当你面对餐桌上那香喷喷的野味的时候，请千万不要忘记“保护鸟类就是保护人类自己！吞食鸟类就是吞食人类自己！！”

原载《安徽日报》2000年4月13日2版

聊吧

思考：警言醒世

改革开放20多年后，随着人们生活水平的大幅提高，一些人开始寻求享受野味，尤其是野鸟。省内一些宾馆、饭店的老板利欲熏心，迎合这些人的贪婪胃口，置国家及省有关保护野生动物的法律法规于不顾，非法私下高价收购野鸟，这就使非法猎杀野鸟之风愈演愈烈。不断传来的这类消息，引起我的忧思。

2000年3月底，参加世纪之年“爱鸟护鸟南北行”安徽站启动仪式，随行去环保“全球500佳”之一的颍上县八里河镇考察野生鸟类，与随行的专家和爱鸟护鸟人士的交流，获悉省内不少鸟类相继灭绝，加深了我对这一问题的认识。人和野生动物本来是生态环境中相互依存的朋友，尤其是鸟类。倘若没有这些农林卫士，或虫害泛滥森林被毁，导致洪水肆虐或鼠害横行、蚊虫成灾，且莫说使经济持续发展，人类的生存都将危矣！联想到刚刚过去的1998年，横溢中国南北的三江大洪水，1999年黄淮海等地上千万亩的蝗虫灾害以及那几年明显增多弥漫整个中国大西北数省的“沙尘暴”，深深地认识到那无不是大自然为人类敲响的生态警钟。任何对生态平衡的破坏，最终受到惩罚的都将是人类自己！于是，我发出了：“保护鸟类就是保护人类自己！吞食鸟类就是吞食人类自己！！”的呐喊！

此稿是深入思考的结果。在省内是呼吁保护野生鸟类较早的深度报道之一，反映问题较深刻，当时具有较高的新闻价值。被《安徽日报》用在二版头条的重要位置。

绿染长廊分外娇

——我省万里绿色长廊工程建设巡礼

金秋九月，绿树生辉的江淮大地迎来了全国绿色通道工程建设现场会。会上，当全国绿化委宣布对我省万里绿色长廊工程给予表彰的决定时，来自全国各省（市、自治区）的二百余名播绿使者迅即爆发热烈的掌声。

短短两年，我省万里绿色长廊工程已完成线路绿化 3573 公里，新建林带 3403 公里，新建农田林网 241.3 万亩，加上原有的长廊绿化，一万多公里的宜林线路已实现绿化 9589 公里，完成三年规划任务的 93.71%，林带、农田林网分别完成三年规划任务的 82% 和 90%。昔日成为我省绿化难点的万里长廊，何以如此迅速地长起新绿？近日，记者随全国绿色通道工程建设现场会的代表，一边进行实地考察一边深入思考。

条条与块块结合形成强大合力

9 月 21 日上午，载着会议代表的专列从合肥驶向蚌埠。但见沿途昔日光秃秃的铁路两侧，如今每侧 4 行意杨泛绿吐翠，像一队队穿着军装的哨兵守护着千里铁道线。

专列在长丰县左店乡停了下来，在一段夹着紫荆充满生机的意杨林前，省林业厅副厅长刘永春介绍说，江淮分水岭地区铁路沿线由于条件差，过去长期植树不成林。这次蚌埠铁路分局与地方合作共建蚌芜铁路绿色长廊，他们拿出 150 万元资金，各县也分别拿出配套资金，共同解决树苗用款，由各县组织民工实施。协议规定，树木成材后，产权全归群众所有，铁路、政府得绿，农民得利，一举三得，调动了三方的积极性。经过两年奋战，这段铁路绿色长廊建设的硬骨头终于啃下来了。

在全省万里绿色长廊建设中，条条与块块就是这样形成合力的。交通、水利、城建、农垦以及共青团、妇联、人武部等纷纷上阵，有钱出钱，有力出力，携手共建，形成了推动万里绿色长廊建设的强大力量。

把“生态长廊”变成农民“致富长廊”

随代表们从蚌埠换乘凯斯鲍尔，沿省道307一路西行至怀远县境。公路两侧，一行行碗口粗笔直的意杨林和一行行错落有致的蜀桧、木槿、石榴、海桐、红叶李等乔灌花草，引起代表们的阵阵赞叹。

据县里的同志介绍，该县境内的主要公路基本实现了四季常青，三季有花。全县绿色长廊共栽意杨170万棵，10年内即可成材，年亩均比一般种粮可增收七十多元，农田林网带来的生态效益，可使林网内每亩农田年均增产6%。沿途获悉，亳州市谯城区推广十河镇绿色长廊林下间种的做法，全区间种中药材、小辣椒及其他农作物，每年为群众增收588万元。颍上县汤店镇实施绿色长廊果园进村工程，栽植优质果树，建设果木林带，仅经果林一项每年创收4000万元。寿县在102省道绿色长廊建设中，连片开发八公山酥梨800亩，安农水蜜桃2000亩，石榴、枣等280亩，农民经果林年增收650万元。

由于各地在绿色长廊建设中始终坚持与农村调整产业结构相结合，促进农民增产增收，唤起了农民的广泛参与。

长廊林木建“户口”成了农家一分子

不可否认，省、市、县、乡层层实行的领导责任制，是万里绿色长廊工程建设取得成功的保证。然而，没有富有活力的经营机制，没有党的林业政策的真正落实，万里绿色长廊工程依旧难取得最后的成功。

在大京九铁路阜南县段许堂乡尧后村，我们爬上与公路交叉的铁路桥，但见两侧莽莽苍苍的意杨林和这钢铁巨龙一起伸向天的尽头。路基被花草覆盖，路与林之间的取土沟被建成了鱼塘。这就是阜阳人所说的“一带林荫道，一带鱼儿跳，一带花果香，一带新气象”了。赵东村民组赵复波老汉拿出盖着县政府大印绿色封皮的《林权证》欣喜地告诉记者：“俺家在这路两边种的160棵树木都登上了证，树是俺自家的了，俺天天在这守着，谁毁坏一棵树俺都不答应。”难怪这里的树木管护得这样好！据介绍，相邻的蒙城县发放林权证21万本，林权可以转让、继承、拍卖、抵押，使该县的长廊建设迅速进展，现已基本完成。合阜公路旁的寿县八公山林场在绿色长廊建设中，走大户承包和股份合作开发的路子，林场职工入股开发经果林300亩，由技术专家承包山场，再转包给贫困户，使大片的经果林在公路两侧迅速崛起，也加快了林农脱贫致富的步伐。

“树随地走，谁栽谁有”，正是全省各地在绿色长廊建设中坚决贯彻党的林业政策，创新经营机制，才使广大农民焕发出造林护绿的极大热情，终于用他们的汗水染绿了这万里铁路、公路线。

（此文的作者还有薛胜平、余遵本）

原载《安徽日报》2000 年 10 月 10 日头版头条；获首届由全国政协人口资源环境委员会、全国绿化委员会、国家林业局、国家广播电影电视总局、中华新闻工作者协会、中国绿化基金会联合评定的“关注森林新闻奖”三等奖

聊吧

思考：由表及里

2000 年秋，全国绿化委在安徽召开全国绿色通道工程建设现场会，表彰并向全国推广安徽省万里绿色长廊工程建设的经验。安徽万里绿色长廊工程建设经验有何新闻价值？我一边随会议代表去工程现场实地考察采访，一边深入地思考着。

以前，一些铁路、公路沿线长期植树不成林，从表面上看，除了自然条件较差外，主要是因为条块分割形不成合力。这次，安徽的万里绿色长廊工程建设之所以能够成功，是因为各级、各部门采取条块结合、合资共建。这确有些新闻价值。但是，透过这些表面现象往里深究，我觉得更有新闻价值的是，各“块”里都采取了让树木成材后产权归群众的新做法，引进当地农民参与栽树与管理。部门、政府得绿，农民得利，一举三得，形成较强合力。特别是结合确权、给农民颁发《林权证》，让林木成为农民家庭一分子，给农民吃下“定心丸”，并把“生态长廊”变成农民的“致富长廊”，充分调动起农民栽树护绿的积极性，最终带来了绿染长廊满目生机。这些经实践检验切实有效的新举措，不正是未来集体林权制度改革（7 年后，经温家宝总理肯定，集体林权制度改革在全国范围内推开）的新方向吗？

深入思考使我的认识由表及里，深刻揭示出集体林权制度改革新方向的新闻内核，挖掘出这条具有重大价值的好新闻，当时对全国都有借鉴意义。故，此稿被《安徽日报》用到了头版头条位置，并获首届全国“关注森林新闻奖”三等奖。

既要“米袋子” 又要“钱袋子”

——界首市粮食生产的调查与思考

1995年便宣布实现“吨粮田”的界首市，近些年来不断调整产业结构，粮食生产总量下降，但农民人均收入却不断提高。今春粮食突然大幅涨价以后，有人对近些年来的农业产业结构调整提出异议，为此，记者专门到这里调查。

农业产业结构调整是永恒主题
追求效益最大化为必然的选择

5月20日，记者来到界首市采访。所到之处，沉甸甸的麦穗在微风中轻摇，整个大地金波荡漾，一派丰收景象。

据悉，在全省各县（市）中首次实现粮食年亩产达到1000公斤的界首市，由于粮食高产而不够优质，加上卖粮难，当年该市农民年人均收入仅1257元。粮食高产，农民受穷的现象，引起市委、市政府高度重视。面对刚刚从计划经济藩篱下解脱出来的千家万户的小生产，还不能适应千变万化大市场的现实，该市围绕省里农业产业化“8152”工程，积极引导农民面向市场调整优化农业产业结构，大力发展高效优质粮油和高效经济作物。到2002年，全市粮食播种面积、总产分别比1995年减少了15.35%和23.03%，然而由于高效粮油和经济作物的大幅增收，农民人均收入却达到了2305元，创历史最好水平，比1995年猛增了83.37%。即使遭受严重水灾的2003年，该市粮食总产比1995年减少50.94%，农民人均收入仍比1995年增长了72.71%。

“今年我市至少有3万亩原计划的马铃薯地改种了小麦，近4万亩农民的自留地也套种上了小麦，加上前几年的撂荒田也全种上了，全市小麦实际播种面积近45万亩，占全市耕地总面积的72.82%，同比增长14.54%，总产同比可增长50%以上，均接近本市小麦生产历史最好水平。”市农委的生产科长韩民，一见面便高兴地告诉记者。副市长谢树先马上插话说：“小麦播种面积的大幅增长，是在今年国务院关于抓好粮食生产紧急通知以前就实现了的，主要是粮食涨价和国家的减税政策发挥了作用。”

思考一：农民们以市场为导向，以效益为准绳做出的选择，和国家的决策不谋而合，这说明，经过多年来市场风雨的吹打，他们适应市场的能力已显著增强。就此而论，应该说，近些年来以市场为导向的农业产业结构调整的实践，功不可没！

“现在种粮划算了！”泉阳镇李桥东村49岁的村民李可山，提起种粮颇有感慨。他不仅把全家6亩承包地全种了小麦，还把租赁的3亩地也拿出1亩种小麦，连以前不太问的小麦治虫今年也认认真真地搞了三次。

注重国家的粮食安全
既要促粮食增产又要使农民增收

“没粮要挨饿，不多种粮咋行！”伍寨乡张凡村69岁的老汉陈玉彬这样告诉记者。看粮价猛涨，老两口有1.4亩承包地，又租别人1.2亩地，今年全种了优质高效小麦。下茬一半种“农大108”优质高效玉米，一半采用营养钵育苗种优质棉花，加上粮食直补，正常年景，每亩年平均收入1400元不成问题。老两口还养了两只大母羊，一年可繁育十只左右子羊，按他的话说：“钱也够花的。”

泉阳镇李桥西村42岁的李广，一边摆弄着他家2畦绿油油的“鲁棉15”营养钵优质种棉苗，一边喜滋滋地告诉记者：“俺家6亩承包地，今年亩均收入至少2500元。”李广家6亩地午季全种了“豫麦18”中筋小麦，预计亩产410公斤左右，全留作他办的文武学校500名学生住校吃饭用，亩收益应在560元以上。下茬全部安排种棉花，按照与县农技推广中心签订的种棉生产合同，每亩纯收入2000元以上。全市今年像这样的田块就有5000多亩。

据介绍，泉阳镇今年播种小麦3.7万亩，同比增长15.63%。其中有“郑麦9023”等替代进口的面包专用品种计2.1万亩，预测平均亩产420公斤，全部是订单小麦，合同商品粮和种子粮价分别高出普通市价的10%和15%。全镇农民还实施小麦套棉花、小麦套西瓜接白菜、萝卜2500亩，红芋套玉米、套南瓜5000亩。“按正常年景预测，今年全镇农民人均可增收130元，同比即可增长5.65%以上，再加上减税、直补等各种政策性增收，今年农民增收幅度相当可观。”副镇长陈勤说起这话面带微笑。

思考二：也许绝大部分农民并不懂得国家的粮食安全这样重大的话题，但他们对缺粮会挨饿这个切身的道理十分明白。同时，他们也不会忘记卖粮难、打白条、守着粮堆受穷的日子。因此，当他们增加粮食生产时，难免要拨打自己的小九九，摸摸自己的钱袋子。

据悉，界首在今年午季的近 45 万亩小麦中，就有 25 万亩可替代进口的优质高效强筋小麦，其中 15.2 万亩是高出市价 10% 的订单小麦，全市另有 1.1 万亩小麦良种繁育田，订单价高出市价 15%。同时，全市小麦各类高效间作套种达 10 万亩。经济作物面积虽比 2002 年减少了 14.5%，但因优质高效粮油大幅增收，今年上半年全市农民人均收入预计比 2002 年还可增长 10%。

拉长加工业的短腿推进粮食产业化
是兼顾两个“袋子”的重要保障

在邴集乡董寨村东头，一座二层楼高的面粉加工大厂房格外引人注目，这座拥有 50 多间房子的大院，是下岗职工崔凤杰于 1995 年筹资 16 万元创办的界首市颍雪面粉有限公司。2000 年，崔凤杰吸纳本公司两名职工参股 10 万元，共投资 80 万元又购进一套先进的中型面粉加工机械，使公司日产量扩大到 40 吨，年总产量超万吨，相当于该乡一年小麦总产量。几年来，该公司以提供替代进口的面包专用小麦良种，并以高出市价 8%~10% 订单收购的办法，带动周围三四个乡镇的农民发展优质小麦生产，仅此一项每年可为农民增收 100 万元 ~140 万元。由于合同收购的小麦质量能得到保证，该公司生产的“凤杰”牌面包专用粉受到青睐，产品畅销合肥、上海、南京、天津、江西等大中城市，年利税 30 多万元。

“本乡的小麦生产，近几年来，能一直保持在 2 万亩（约占全乡耕地总面积的 89%）以上的高水平，多亏颍雪公司的带动作用。”邴集乡党委书记胡天堂颇有感触地这样说。

“我计划 3 年内再投资 200 万元，添置一套日产百吨的优质面粉生产线，使公司的年生产能力提升到 5 万吨，到那时就可带动半个界首市的优质小麦生产。”崔凤杰说起这话一脸自信。

思考三：在市场经济的今天，要长期保持农民种粮的积极性，政府除了用政策手段外，还必须运用市场手段即靠粮食加工型龙头企业带动粮农增收。我省粮食加工型龙头企业规模相对较小、带动力不强的现状，已成为制约粮食生产持续发展的瓶颈，必须尽快做大做强。各级政府都应该明白，扶持粮食加工型龙头企业，就是扶持粮食生产。

（此文的作者还有王雨）

原载《安徽日报》2004年6月9日头版头条；并获“华东九报‘求真务实谋发展’”好新闻竞赛二等奖。

聊吧

思考：热点视透

2004年5月下旬，来到安徽省粮食生产的重点县级市界首采访。刚好碰上市里关于要“米袋子”还是要“钱袋子”的争论。起因是那几年，为增加农民收入，发展高效经济作物，该市粮食生产面积、总量有所下降，当年春天粮食却突然大幅涨价。这引起我深深地思考。因为产生这种争论的绝非只一个界首市，而是全省性的。我一边深入该市采访，一边认真梳理着思绪。

对于农民来说，当然是既要“米袋子”又要“钱袋子”。农业产业结构调整永远在路上。粮种多了，谷贱伤农，农民自然要压粮扩经，发展高效经济作物。而粮食少了，价格涨了，种粮划算了，农民又会压经扩粮，并不值得大惊小怪。国家的决策与农民不谋而合在界首不就做到了吗。追求效益最大化，既是农民必然的选择，也是他们多年在与市场风雨搏击中增长的本领。这不也是政府最希望看到的吗？！

“也许，绝大部分农民并不懂得国家的粮食安全这样重大的话题，但他们对缺粮会挨饿这个切身的道理十分明白。同时，他们也不会忘记卖粮难、打白条、守着粮堆受穷的日子。因此，当他们增加粮食生产时，难免要打自己的小九九，摸摸自己的钱袋子。”这是当时我在稿件中的一段思考。注重国家的粮食安全，既要促粮食增产，也要使农民增收，二者不可偏废。

在市场经济的时代，要长期保持农民种粮的积极性，政府除了用政策手段外，还必须运用市场手段，即推进粮食产业化，靠粮食加工型龙头企业带动粮农增收。安徽粮食加工型龙头企业规模相对较小、带动力不强的现状，已成为制约粮食生产持续发展的瓶颈，必须尽快做大做强。因此，我在稿件中吁请各级政府："扶持粮食加工型龙头企业，就是扶持粮食生产。"

作品能透彻解析此社会热点问题，给出解决"粮袋子"与"钱袋子"矛盾的正确答案，挖掘出这条当时颇有价值的好新闻，被《安徽日报》头版头条采用，并获"华东九报'求真务实谋发展'"好新闻竞赛二等奖，得益于辩证地思考。

一座老矿的“青春”秘方

——皖北百善煤矿建设节约型矿井纪实

6月刚过，皖北煤电集团百善煤矿便传出喜讯，上半年已生产原煤99.76万吨，实现利润1.65亿元，比历史最高水平的去年同比又分别增长了16.65%和163.01%。一个可采资源日渐枯竭的老矿，何以产量、利润连续多年继续稳步增长，经济效益始终居集团公司前列，依旧显示着“青春”的活力？近日，记者专程到这里调查。

向“循环”要资源

6月下旬的淮北干旱少雨，烈日烘烤，可百善矿区的一处处花坛草坪里的花草却是水灵灵的青翠欲滴。矿办公楼前的花园里36个喷头正在喷出蒙蒙水雾，把偌大的花园变成了一片雾的世界。

“这浇花的水全是井下废水的再利用。”矿党委书记朱亚北乐呵呵告诉我们。

去年上半年，全国煤炭系统中第一家水资源管理科在百善矿成立了。其实，早在1990年百善矿就建起了一座日净化1300吨井下废水的处理厂，井下废水净化后综合利用于选煤、井下防尘、浇灌花木、喷洒道路、职工浴池等。

“这仅是第一个循环。”矿选煤厂副厂长陈玉山这样说。净化后的井下水送入选煤流水线，选煤后经过压滤回收煤泥后再重新使用，一滴废水也不外排。

近15年来，百善矿累计净化井下废水750万立方米，这不仅对地表水资源严重短缺的淮北弥足珍贵，比用地表水还节约资金500多万元。

站在矿南百善村的机耕道上，环顾一望无际平整的耕地，豆苗儿泛绿吐翠；近处两口深6米、约百米见方的新塘内，鱼儿戏水，一派勃勃生机。谁能想到这里竟是昔日的煤矿塌陷区！百善矿不仅向水循环要资源，还在塌陷区里大做文章。

以前，百善矿对采煤形成的塌陷区总是采取支付费用征过来了事。从1998年开始，矿上对浅层塌陷区全部采取在凹处打深塘，高处复垦造地，再交还给农民耕种。7年多来，全矿已造地近3000亩，不仅使这些塌陷区的农民无一户失去土地，矿上每造一亩地比出资征用还节约13320元。仅此一项，全矿就节约资金近4000万元。

向科技要资源

来到百米井下的南区掘进面，我们惊奇地发现，煤巷内昔日的防水煤柱，后退了一大截。

“这是技术创新带来的新变化。”陪同的矿技术科长王从培不无自豪地这样说。

以前，盆形分布的百善矿煤炭资源的回采上限，一般设计为南区留下31.8米宽的防水边缘煤柱，北区防水边缘煤柱为38.6米宽。随着可采煤炭资源越来越少，百善矿把目光投向了这宽大的环形煤柱所占压的煤炭资源上，于2000年开始，投资14万元，与安徽理工大学、合肥煤研所及中国矿业大学等院校合作，进行降低回采上限可行性研究。经过2年多的攻关，百善矿终于突破“禁区”，在确保安全的情况下，采用先打探水孔，做到“有疑必探、先探后掘”的办法，使回采上限南、北区防水煤柱分别后退了20米和22米。仅此一项技术创新，全矿就从已经开采过的煤区内又回收煤炭资源340万吨，相当于新增了原设计7年半以上的开采量，创造经济效益十多亿元。

多年来，百善矿坚持向科技创新和技术改造要资源：原煤运输机空转能耗大，矿上组织进行技改，杜绝了空转，每月节电6万多度；在耗电大的风泵、跳汰机上采用变频供电新技术，使选煤厂吨煤电耗下降40%，月节电10万多度；煤巷锚喷支护新工艺的推广，节约钢铁锚杆4万多根，价值80万元；648煤柱炮采面采用对拉工作面布置，节省巷道300米，节资60万元……仅2000年以来，百善矿就投资6000多万元，实施“改、优、更”工程，研制、开发、推广了130多项新技术、新设备，其中用于节能降耗的达40多项，有5项节能项目获市级以上科技进步奖，其中选煤厂浮选机变频技术改造，还填补了全国煤炭行业的一项空白。全矿40多项节能降耗新技术、新工艺节约创造效益达十多亿元。

向机制要资源

百善矿还坚持向机制要资源。

“一次，一位报社记者来矿里采访，因来得匆忙忘带采访本，经过矿办公室打字室，想找几张白纸作采访笔录，想不到遭到了打字员的拒绝。”矿党委宣传部副部长徐先志说。我们找到了那位打字员郭芳。

“那是几年前的事了。从前，纸张没人管，有人甚至拿回家给孩子用，因此消耗大。承包后，拿纸、印材料全有账，超了真的要罚款，哪能不管严？”郭芳说得在情在理。自从6年前，矿打字室实行限额承包后，年用纸量由原来的80令降到65令，仅此一项每年就节约4.5万元。

在如今的百善矿，会“抠”的又岂止一个打字员！上至矿长、书记，下到井下每个采煤工、机修工，人人都会“抠”。这是矿上建立的一种激励新机制在发挥着作用。

“这是我们矿的‘宪法’。”矿长严洪泉指着桌上一本由A4纸打印的长达32页的《百善煤矿经济管理若干规定》，幽默地告诉我们。随手打开这个厚本本，记者吃惊地发现，这里可谓包罗万象，可以说整个煤矿大到大修工程、大型设备，小到一张纸、一度电、一斤煤、一升油……甚至每一个废品螺丝钉的回收，节约必奖，浪费必罚，都有一个具体的标准，且绝对奖惩兑现。

“矿上的这部‘宪法’，自从1999年经过全矿上上下下反复讨论制订，并经矿职工代表大会审查批准以后，每年还要结合实际，进行修订，补充完善。”矿市场办主任雷敬浩这样说。难怪节约资源在这里这样深入人心了。

如今的百善矿，昔日下班后办公室里的“长明”灯被随手关上了；生产、生活区四季“长流”的自来水龙头被管住了；机电修配场所随处乱扔的螺丝钉、旧零配件被人拣起来了……据统计，去年百善矿仅电耗就比原计划节约了400万度，同比下降了14.18%；总共生产煤炭164万吨，原煤成本比计划每吨下降了1.6元。这节约的是资源，体现的是效益，提高的是职工收入，带来的是矿区和谐。一个节约型的矿井正放射出迷人的光辉！

（此文的作者还有孟明、国文、继峰）

短评

向节约要资源

一个可采资源日渐枯竭的老煤矿，通过狠抓节约，使自己长时间延续着“青春”的活力，读来耐人寻味。

开源、增收能创造效益，节流、节支也能创造效益。然而不少企业在争取效益的道路上，往往更重视开源、增收，尤其是在经济效益好的时候，往往容易盲目“大方”。

我国是一个有13亿人口的大国，人均资源相对匮乏。资源是个硬东西，用一点就会少一点。改革开放以来，我国经济获得了迅速发展，但也消耗了大量的资源。甚至有人提问：“我们有限的资源对飞速发展的经济还能支撑多久？”这并非危言耸听。我们必须正视这个现实，切不可在成绩面前盲目“大方”。

我们在发展生产、开源增收的同时，一定要牢固树立节约意识，注意节约每一滴水、每一块煤、每一度电、每一两油……时时不忘可持续发展，循环利用，向节约要资源，以保证我们经济发展以最低的资源消耗取得最大的效益，让实现中华民族伟大复兴的脚步永远显示出青春的活力。

原载《安徽日报》2005年7月18日B1（焦点新闻版）头条

聊吧

思考：解剖麻雀

我国虽然地大物博，但由于人口众多，人均资源却相对不足。改革开放初期，不少地方靠大量粗放式开发资源发展经济，不仅效益低，造成资源浪费，难以持续发展，还对生态环境造成严重损害。去各地采访，亲眼目睹这类现象，作为一名记者，我一直寻找着解决问题的答案。

去皖北煤电集团公司采访获悉，其下属的百善煤矿，按原设计寿命已进入报废期，其产量利润却连续多年仍继续稳步增长，经济效益始终居集团公司前列，依旧显示着“青春”的活力，原因何在？这引起我浓厚的采访兴趣和深深地思考。

进入这座老矿，我惊喜地发现，过去一些煤矿污染环境的大量废水被循环利用化废为宝，造成塌陷的大片废地变成鱼塘或复垦还农，科技创新和技术改造大大拓展可采资源并大幅降耗，奖惩激励新机制使全矿人人节能……这不正是这座老矿的“青春”秘方吗？这不正是我要寻找的解决这类问题的答案吗？深入地思考使我充分认识到这个典型的重大新闻价值。

经深入思考，此报道围绕着“一座老矿的‘青春’秘方”这个主题，从该矿的实践中提炼出“向‘循环’要资源”“向科技要资源”“向机制要资源”三个小标题，将该矿宝贵经验提升到理论高度，给社会提供有价值的新启示，与主标构成有机整体。还配以“向节约要资源”的短评，画龙点睛。稿件受到当时报社总编辑的高度重视，并亲自批示上了《安徽日报》（焦点新闻版）的头条。

麻雀虽小，五脏俱全。作品通过对一座小煤矿建设节约型矿井经验地成功解剖，深刻揭示出适合国情、科学可持续发展的正确道路，这应归功于深入地思考。

作品见报三个月后，党的十六届五中全会正式提出，要加快建设资源节约型、环境友好型社会，促进经济发展与人口、资源、环境相协调，开创一条适合中国国情、科学可持续发展的正确道路。显然，此报道为解决当时社会发展中存在的这类问题提供了一个良方，也对党和国家重大政策的出台起到了很好的舆论配合作用，具有很高的新闻价值。

发展现代农业，支农资金如何避免撒胡椒面，争取发挥最大效益？请看——

合成圩“合”出新效应

日前，来到长江之滨的安徽省望江县采访，听说去年秋收刚过，古雷池所在地的该县合成圩农民便从城里请来黄梅戏剧团，连唱两天大戏。合成圩的农民心情何以如此高兴？记者决定去看个究竟。

资金整合 1+1 ＞ 2

“政府搞农业综合开发，俺村推广了稻鸭共生项目，俺夫妻俩包了 50 亩水田，养三季鸭共 25000 只，全年收入 6 万元轻轻松松！”雷池村村民、种养大户饶玉洲说起这话一脸兴奋。

合成圩辖华阳、雷池两个乡镇、14 个行政村，拥有 7.5 万人、10 万亩耕地。长期以来，由于缺乏资金投入，圩内抗洪排涝能力不足，基础设施滞后，严重制约着生产发展。累死累活一年，到头难有几个钱，遇上灾害有时还要赔本。圩区群众生活可想而知。

2005 年，在省农业综合开发局的指导下，望江县委、县政府决定，以农业综合开发中低产田改造项目为平台，整合各种支农项目资金，实行统一规划，相关部门各演各的角色，共唱一台戏，联合打造合成圩现代农业和新农村建设示范区。从当年 10 月开始，先后整合中央及省农业综合开发中低产田改造、生态林建设、农业“三增工程”、交通国债资金、测土配方施肥、水利等项目 14 个，项目总投资 4700 万元。开挖沟渠 36.5 公里，铺筑砂石路 30.4 公里，架设农用输变电线路 8.7 公里，新建沼气池 108 个，新建桥涵闸站 537 座等，彻底改变了合成圩内基础条件落后的面貌。

由于资金集中，合成圩比原计划提前一年实现了田成方、林成网、渠相通、路相连、旱能灌、涝能排、渍能降、土肥沃、结构优、村整洁、户安居的目标。

项目配套相辅相成

走进合成圩饶家墩社区，昔日房前屋后随处可见的人畜粪便、垃圾不见了，家家户户新建的沼气池、卫生厕所和整洁的村容让人耳目一新。

人畜粪便、垃圾经过沼气池发酵，不仅为农户生火、照明提供了清洁能源，节约了生活开支，还增强了肥力，为农业综合开发中低产田改造项目提供了优质有机肥。稻鸭共生项目带来大量的鸭粪，使昔日贫瘠的低产田迅速变得肥沃，促进增产增收，且大幅度减少了农药、化肥用量，降低了生产成本。粮食由传统的一年两茬变为三熟，粮、油、棉良种率迅速提高到 100%。优质生态米和生态鸭受到市场青睐，引来 7 家国家、省、市级农业产业化龙头企业与圩区 8 个村结对发展，建立生产原料基地。

同时，交通国债、农业综合开发项目的实施，使圩区生活、生产道路基本实现水泥化、砂石化，为农业机械化项目的实施提供了方便。圩区建起万亩农机化生产、收割示范基地。昔日由于道路原因无法进入农田的农业机械，被大量用于农业生产，大幅度节约了人力，提高了工效，农民余出大量的时间从事以工代赈项目、外出打工、经商或就地联合办加工厂。

“2006 年，我们村不算打工收入，人均收入也要超过 4000 元，比去年增长 21.21%。”雷池村党支部书记饶道清自豪地说。预计 2006 年全圩区农民人均收入同比可增长 18.23%。

管理互动相得益彰

农业综合开发等项目的实施管理，借助于新农村建设民主管理的“一事一议”制度；而民主管理的“一事一议”制度又因农业综合开发等项目的实施增添了更有吸引力的内容。这种管理上的互动相得益彰，是合成圩“合”出新机制、新效应的又一大特色。

“从前村里开会议事，不是催粮就是要款。久而久之，群众怕开会、讨厌开会。村里议事很难召集齐人。如今政府拿钱帮咱上项目、搞建设，群众参与议事的积极性可高啦！”饶家墩社区主任饶焰明话语间抑制不住内心的兴奋。

在农业综合开发等项目的实施过程中，望江县委、县政府及圩区各级领导，注重培养农民的民主管理意识，使圩区群众参与项目建设民主管理的积极性不断提高。圩区农民通过“一事一议”先后自筹项目配套资金 158 万元，投入土方工程建设。

2005 年 10 月 31 日，工程公开招标那天，圩区 45 名群众代表齐刷刷提前赶到招标现场，他们还积极参与项目工程全程监理。使项目工程每方土由原计划的 3.5 元下降到 1.9 元，既节约了成本，又确保了工程质量。

一年多来，合成圩成立起稻鸭共生生态产业协会，首批实施项目的杨长、雷池、三河、雷港、雷江等一批行政村，还都先后成立起民主理事会、经纪人协会、农业家政服务队等，民主管理的水平不断提高，在农业综合开发等项目的实施和新农村建设中发挥的作用也越来越大。

（此文的作者还有王新萍）

政策背景

2006 年中央 1 号文件明确提出，进一步加大支农资金整合力度，提高资金使用效率。

为了提高财政支农资金的使用效率，推进支农资金整合工作，去年财政部在全国 160 多个县（市、区）开展以县为主的支农资金整合试点工作。同时，加强支农资金运行各个环节的监管力度。包括建立健全农业财政资金管理各项规章制度；规范资金分配办法，完善转移支付制度；推行国库集中支付、政府采购、县级报账等管理措施，强化资金运行监管，提高资金使用效率。

（注：“政策背景”，由《人民日报》编辑部配）

原载《人民日报》2007 年 1 月 14 日 6 版头条；《安徽日报》2006 年 12 月 4 日 B1（焦点新闻版）头条采用；获安徽省新农村建设新闻大奖赛一等奖

聊吧

思考：抓住偶然

政府有多项支农项目资金，分由多个部门管理。由于门户之见和部门功利主义，以前各分管部门各唱各的戏，资金分散使用，效果不尽如人意。2006 年中央 1 号文件明确提出，进一步加大支农资金整合力度，提高资金使用效率。如何整合这些支农资金，使之发挥最大效益？作为一名从事“三农”问题报道的记者，我一直思考着这个问题。

2006 年冬休时节，我们来到安徽省望江县古雷池所在地合成圩采访，不禁觉得眼前一亮。2005 年 10 月开始，在省农业综合开发局的指导下，由望江县委、县政府牵头，以农业综合开发中低产田改造项目为平台，先后整合中央及省生态林建设、农业“三增工程”、交通国债资金、测土配方施肥、水利等项目 14 个，项目总投资 4700 万元，实行统一规划，相关部门各演各的角色共唱一台戏，联合打造合成圩现代农业和新农村建设示范区，比原计划提前一年实现了田成方、林成网、渠相通、路相连、旱能灌、涝能排、渍能降、土肥沃、结构优、村整洁、户安居的目标。这不正是我一直寻找的解决这一问题的答案吗？

经过深入思考，我巧用合成圩的“合”字点明主题，并将这里的经验提升到理论高度，精心制作了“资金整合 1+1 ＞ 2”“项目配套相辅相成”“管理互动相得益彰”三个小标题。这就深刻揭示出，相关职能部门只要真心想着支农事业和农民群众，破除门户之见和部门功利主义，就能使支农项目资金“合”出新效应。给社会提供了有价值的新启示。

此稿是由于长期思考，寻找解决问题的答案，才抓住了“偶然机遇”的结果。稿件当时在全国都具有很高的新闻价值，故先后被《安徽日报》（焦点新闻）版头条、《人民日报》6 版头条采用，并获安徽省新农村建设新闻大奖赛一等奖。

依靠“扶贫互助资金”，安徽省1.2万户贫困户每年人均增收500元——

脱贫致富的星星之火

省财政给每个贫困村三五万元的“互助资金”，每个农户再入股50到200元，每次借款控制在1000元到5000元左右用来发展生产，这些钱对于贫困村脱贫致富可谓是点点星火。然而，就是这点点星火的循环滚动，却即将燃成贫困村脱贫致富的燎原之势。

从2005年开始，安徽省在全省30个贫困县推进“扶贫互助资金”改革，已建起“互助资金”组织733个，入“互”农户发展到28390户，受惠农户已达12483户，年人均增收500元。

点燃致富欲望
“一人蹚出路，众人跟上来”

“村里有了‘互助资金’后，我前年借了1000元搞毛竹加工，当年就赚了万把块，去年扩大生产，净赚3万元，算是站住脚了。”在霍山县诸佛庵镇的定会庵村，小型毛竹加工厂的主人韩克富乐呵呵地说。

定会庵村是霍山最边远的贫困山村之一，村里30户人家的年人均收入从没超过1000元。前年开始，政府无偿拨给村里4万元“互助资金”，群众每户入股200元。在县乡有关部门的指导下，由全体村民大会民主推选公道正派、有一定管理能力和责任心的5人，组成“互助资金”管理小组，规定借款期限分半年和一年，利息分别为5厘和6厘，一次最高限借5000元，按照“民有、民管、民用、周转使用，滚动发展”的原则运转。通过入“互”借款，利用当地的毛竹、茶叶资源搞加工、运输，全村户户受益，去年人均收入破天荒地达到2600元，今年则可望突破3000元。

“互助资金”星火虽小，却能点燃贫困村农民的致富欲望，往往是一人蹚出路，众人跟上来。太湖县小池镇张冲村村民何其应，去年初从“互助资金”借款5000元，发展肉鸡规模养殖，半年赚了2万元，全村入“互”借款发展规模养鸡的农户迅速发展到 70 多家；金寨县天堂寨镇渔潭村村民汪加炯，从“互助资金”借了 3000 元办“农家乐”，第二年村里就有 5 家也入“互”借款办“农家乐”……

锻造发展人才
从卖毛竹的贫困户到带富乡里的“大能人”

“本来家里就穷，养猪亏本又欠了近万元的债，是‘互助资金’帮我重新振作起来。”张冲村村民韦思来说。去年，他从“互助资金”借款 5000 元，养猪 100 头，赶上了好行情，还了借款还获利 2 万多元。养猪成功，银行也敢贷款了。他不仅乘势扩大养猪规模，还贷款建起年产 10 万多公斤的饲料加工厂，带动周围 200 多农户发展饲料粮生产。

“互助资金”不仅使大批贫困村民受惠脱贫致富，还造就了一批能带动群众脱贫致富的经营人才。霍山县佛子岭镇孙家冲村民潘先权，20 多年来只能靠卖毛竹换些油盐钱。去年，这里搞起“互助资金”改革，他入“互”借款 3000 元，办起茶叶加工厂，当年赚了近万元。“今年我扩大茶叶生产，年产值达 26 万元，纯利达 3 万多元呢！”潘先权颇为自豪。他的茶叶加工厂，还带动周边的上等鲜叶每斤涨价 2 元，潘先权一下子成了当地的“大能人”。

开发乡土信用
“千万别误了期限，让老少爷们看不起咱”

财政将贫困村村民生产发展“互助资金”直接拨到村，由村民自己管理，能否管理得好？会不会被村民们分掉打了水漂？

金寨县油坊店乡板冲村村民刘庆地，谈起这个话题颇为动情：“这‘互助资金’是政府帮咱开的‘自家银行’，把钱分了，那不等于自己断了发展的路？”

与以往扶贫项目不同的是，扶贫互助资金充分调动了贫困村村民参与的积极性。“从民主选举‘互助资金’管理小组成员，到讨论制订管理制度和章程、保障公平运转，很少能见到村民们这样积极认真。同时，以自然村为管理单位的‘互助资金’组织，较好地开发利用了乡土信用。”安徽省财政厅副厅长张广寿深有感触地说。

金寨县古碑镇宋畈村村民宋承月，从“互助资金”借款 3000 元，买桑苗发展蚕桑，因在外地打工一时不能按期返回还款，他便电请好友、借款担保人袁文生代还，还一再嘱咐“千万别误了期限，让老少爷们儿看不起咱”。

据悉，在先期进行改革试点的霍山、太湖、金寨3县，“互助资金”到期还款率均在98%以上，至今无一户呆账，资金运转平稳而高效。

链接

何为扶贫互助资金?

扶贫互助资金就是把一部分财政扶贫资金交由社区，加上农户的部分资金，由社区以有偿使用的方式借给农户使用，社区通过民主选举的管理机构自主管理资金，属于政府扶贫资金使用管理的重大创新。

2005年，国务院扶贫办在四川省仪陇县开展扶贫互助资金试点（在仪陇县的正式名称是“扶贫互助社”）。2006年6月，国务院扶贫办、财政部确定在14个省的28个扶贫开发重点县进行“贫困村村级发展互助资金”（以下简称“互助资金”）试点工作。2007年4月，国务院扶贫办、财政部决定将互助资金试点范围扩大到27个省的274个村。

（注：“链接”，由《人民日报》编辑部配）

原载《人民日报》2008年5月4日15版头条（本期关注：扶贫互助资金）栏目；《安徽日报》2007年12月11日头版头条发

聊吧

思考：逐层掘进

对于安徽省财政厅实施的“扶贫互助资金”改革项目，由于资金规模小，开始并没引起新闻界太多的重视。2007年底，我到几个项目实地采访，通过对一个个采访实例的深入分析思考，得以对其整体新闻价值逐层掘进，发掘出这项改革的重大意义。

虽然，财政只将三五万元的扶贫资金，交给各个贫困社区，然后吸引社区每个农户入股50元到200元，由社区聚集起来以有偿使用的方式借给农户使用，每次借款控制在1000元到5000元左右，用来发展生产。这些钱对于贫困村脱贫致富可谓是点点星火。然而，它却能点燃贫困村民的致富欲望。往往“一人蹚出路，众人跟上来”，循环滚动，逐渐燃成贫困村脱贫致富的燎原之势。同时，通过“互助资金”先从小规模项目做起历练，还逐步造就一批能带动群众脱贫致富的经营人才。再者，一向松散各自独立生产的贫困农户，通过家家入股、户户参与，还开发出互助精神，培养起乡土信用。这些都是贫困村民靠发展商品生产最终脱贫致富，极其宝贵又必不可少的条件。扶贫互助资金规模虽小，作用重大。星星之火，可以燎原。

作品能够逐层掘进，深刻揭示出“扶贫互助资金”改革的重大新闻价值，给社会提供有价值的新启示，先后被《安徽日报》头版头条和《人民日报》15版头条采用，主要得益于深入思考。

“门难进，脸难看，农民办事真是难”。安徽省亳州市谯城区实施为民服务全程代理制化解了这个难题——

村里有了代理员

编者按：实行农村综合改革以后，农村基层干部不再催粮、收税，他们的职能如何转变？转变职能过程中，农民的利益是否会受到影响？基层干部的工作积极性又如何得到保障？谯城区为解决这些问题进行了探索，实施为民服务全程代理制以后，农民不再为办事难困扰了，基层干部的待遇也提高了，工作积极性被调动起来了，干群关系更加密切和谐了，为农村基层干部职能的顺利转变提供了一种可行的办法。

农民的“连心桥”

深秋的药乡谯城，四野麦苗青青，农民们正在药田里收获亳芍、白术、牡丹……脸上洋溢着丰收的喜悦。

古井镇柳行村村民王长德话语间充满感激：“以前开这铺子办证，不知要去镇里、城里跑多少趟。现在没用俺出村就办成了，真是没想到！”今年7月中旬打工返乡的王长德，想开个农机维修铺。他只把办证所需材料向村代理点一交，只十几天，村代理员就把《农机经营（维修）技术合格证》和《个体工商户营业执照》全给办好送来了。8月中旬铺子开业，到10月底已赚6000多元。

魏岗镇大陈村田洪江老汉说话有些激动：“在以前，俺为老哥换户口本，记不清跑了多少趟镇派出所，由于查不到老底（因户口入微机时漏统），几个月都没办成。实行这代理制后，俺把老哥的老户口本交到村代理点，没几天村会计就把新户口本连同低保证一块送来了！”

自去年10月起，谯城区在区、乡镇和村，分别设立为民服务全程代理中心、代理室和代理点，在区直34个相关职能部门和乡镇相应部门成立受理室，形成服务网络。经科学梳理分类，将包括行政审批、许可和为群众生产生活提供服务等206个项目，一律纳入为民服务全程代理范围。农民办事，只需到村代理点递上申请和有关资料，其余全由干部接力代理，办结后由村代理员送给农民。办事经费全部由政府承担，对群众无偿服务。

一年来，全区已为农民群众办理全程代理类事项10万余件，办结率已达98.5%，群众满意率接近100%。农民们亲切地称为民服务全程代理制是“连心桥”。

干部的好“坐标”

“孩子正月初三就外出打工，急需办流动人口计划生育证明。下这么大雪，让你帮俺跑不好意思。”春节前的一天上午，连下了20多天的大雪还没停，魏岗镇刘小庙村村民郭景义，披着一身雪花，急匆匆走进设在村部的为民服务代理点。急事急办，当值的代理员村会计李运福二话没说，骑上“电驴子”就冒雪赶往镇政府。傍晚，当跌了两跤的李运福将“证明”送到郭景义家时，感动得老郭忙吩咐妻子炒菜上酒，非要和李运福喝几盅不可。

“以前当干部，常年催粮、要款忙得团团转。群众还恨你、骂你，心里总觉得闷得慌。国家取消了‘皇粮国税’，一下子没事干了，心里又觉得空落落的，没了准星。现在实行为民服务全程代理制度，当干部天天为群众办好事，尽管忙，但群众爱你、敬你，心里终于舒畅了。农村干部终于有了个好‘坐标’。”李运福说起这话颇为感慨。

在农村综合改革中，谯城区大刀阔斧地进行乡镇机构改革和行政村区划合理调整。全区乡镇事业单位工作人员减幅达74.49%，村干部减幅达51.56%，仅村干部报酬一项区财政每年就减少支出170多万元。在财政大幅减负的情况下，区里规定，所有村干部都担任为民服务全程代理员，两人一班，每周五天在村部代理点“早9晚5”轮流值班；区里不仅拨专款将作为代理点的各村旧村部修葺一新，考虑到为民服务全程代理村干部的工作量大增，还将村干部报酬由原来月均100元提高到500元，外加每月80元养老保险，加上承包地收入，确保他们生活无忧。

政府的新机制

“我们是以建立健全长效机制为着力点。”亳州市委常委、谯城区委书记汪一光话语间透出深思熟虑。谯城区实行为民服务全程代理制，不仅是给乡村干部确立了为民服务的“新坐标”，搭建了一个新平台，更是创立了一个为民服务的崭新机制。

他们除将这项新制度的服务项目、所需材料、政策法规、收费标准、办事程序、责任单位、承诺时限等通过各种形式广为宣传，使之家喻户晓，还统一印制了《为民服务全程代理服务手册》，每十户一本，发至村民代表供查询。对在区内能够审批办结的108项称作全程代理类，分别限期由村、乡镇、区直办结；对必须由申办人亲自到场及审批权限在市、省级的98项称为咨询服务类，均由各级代理员帮助联系办理或部分代理。所办理的事项一事一档，填写跟踪卡，谁受理、谁签字、谁负责，全程跟踪记录办理情况，实行网上全程监控、催办，超时受罚，并将监督举报电话公之于众，接受群众监督。

区里和乡镇都组织了督查组，对各个乡镇、村不定期进行暗访督查。截至目前，全区已先后对6个村代理点超过半小时无人值班作出了处罚，对一名村代理员违规收取申办人钱物作出解聘处理。该区在乡镇机构改革和村级区划调整中，乡镇、村干部全部实行竞争上岗的新机制，促使乡村干部转变作风更好地为民服务。

原载2008年11月23日《人民日报》7版头条；《安徽日报》2008年7月28日头版标题为《化解农民办事难》；2008年7月28日央视《媒体广场》配《安徽日报》当日A1画面，加醒目红框摘报了《化解农民办事难》一稿

聊吧

思考："邂逅"总理

农民办事难，实质上反映的是农村生产力的发展受到束缚。"化解农民办事难"——此稿的主标，既是对谯城区实施为民服务全程代理制成功做法的精准提炼，也是我当时经过深入思考后，向整个社会发出进一步解放农村生产力的呼吁！

农村改革三十年了，尤其是国家免除了几千年延续下来的皇粮国税，农民种地还可以获得国家发给的各种补贴，绝大部分农民基本实现了小康。但在广袤的农村，还常常能听到农民的抱怨声。如果说改革初期曾出现的"端起碗来吃肉、丢掉筷子骂娘"现象，是由于社会分配还不够平均，部分群众获得的改

革红利还嫌少，那么，如今农民获得了超出预期的改革红利，依然产生抱怨，颇有些让人不解。经调查发现，主要是因为农民办事难。基层政权普遍存在机构臃肿低效、官僚作风，甚至存在腐败，不适应新时期“三农”工作的需要，束缚了农村生产力发展，阻碍了社会进步。这绝不是换几位好官就能解决的。如何解决这些问题？作为一位跑农口的记者，我常常陷入深深地思考。

谯城区的改革使我眼前一亮。该区实施的农村综合改革，结合精简乡镇机构、村级区划调整，精简乡村干部，转变政府和乡村干部职能。在合理提高农村干部报酬，解除其后顾之忧，解决必要的服务场所，使他们的工作热情得以长期持久的同时，引导不再催粮、收费的乡村干部，由原来的管理型向服务型转变，实行为民服务全程代理，并制定一整套规范化、程序化、数字化较为科学完善有效的代理制度，创立为民服务新机制。这才是乡镇机构及村干部队伍消肿提效，消除官僚作风甚至腐败，解决“不适应”问题，化解农民办事难、进一步解放农村生产力，促进农村社会更快更好发展的治本之策。

在报道谯城区这项改革的时候，我想农民办事难，绝不仅限于谯城区、亳州市、安徽省，而是带有全国性质的问题。如果说党的十一届三中全会以后，以大包干为特征的中国农村第一次改革，是解放农村生产力，促进粮食增产，解决农民温饱；以税费改革为特征的中国农村第二次改革，是再次解放农村生产力，减轻农民负担，促进农民增收；那么，像谯城区这样，实施农村综合改革，创立为民服务新机制，解决“不适应”问题，化解农民办事难，进一步解放农村生产力，促进农村社会更快更好地发展，无疑就是中国农村改革新的方向。这不是国务院总理在考虑的事情吗？也许正是为此，以谯城区改革模式为特征的安徽省第三次农村改革试点，才得到国务院的支持。著名记者艾丰有一句名言：“当记者要想总理想的事。”能在这里与总理“邂逅”，得益于深入地思考，也使我更加深刻地认识到，谯城区这项改革的重大意义。

在全国率先试水的安徽农村第三次改革，谯城区是一个最成功的试点县区，此稿是最早深度报道这一典型的稿件之一，具有极强的针对性和时效性，当时在全国都具有重大的新闻价值。故稿件在《安徽日报》头版见报当日，中央电视台“媒体广场”栏目，便配发《安徽日报》当日头版画面，并加醒目红框摘报了此稿。《人民日报》在7版头条重要位置刊发此稿时，将稿件的新闻由头高度浓缩移作引题，省去副标，用“村里有了代理员”作主标，将这项改革的成果在标题上具体化、形象化，更加彰显了主标的新闻性。同时，《人民日报》还将稿件中的三段思考，高度浓缩为编者按，也使稿件更凝练。

三上潮头

——我省农村改革30周年回顾之四

十七届三中全会前夕，当中共中央总书记胡锦涛走进凤阳县小岗村的农家小院，考察农村改革，分享村民们获得又一个丰收喜悦的时候，从这里驶出的中国农村改革的航船乘风破浪即将驶过第30个年头。30年改革波澜壮阔，用“翻天覆地”四个字来表述神州大地发生的变化丝毫也不为过；30年改革三上潮头，省委和各级党组织总是争当先锋，以共产党人的大无畏精神，为改革杀出一条血路。

看今朝，江淮大地阳光灿烂，5000万安徽农民笑逐颜开。2007年，全省农林牧渔业总产值达2054.5亿元，农民年人均纯收入3556.3元，比1978年分别增长29倍和30.4倍；忆改革，安徽的党组织之所以能三上潮头，根本原因只有四个字“顺应民意”，这是改革必须坚持的价值取向。

察民情冒险护航一上潮头

“没有三级党委的支持，就没有小岗人的‘大包干’！”近日，记者踏着改革的历史足迹走进小岗村，“大包干”的带头人严宏昌一见面就颇为动情地这样说。

在极“左”政策桎梏下，加之地处江淮分水岭，每年非旱即涝的小岗村，从1966年至1978年的13年156个月中，吃国家供应粮占87个月，共吃供应粮达11.4万公斤，成为穷县凤阳最穷的生产队之一。

1978年又逢大旱灾。年底，穷怕了、饿急了的小岗农民，在生存的本能支配下，不顾一切地闯政策“红线”，在包产到户的秘密协议上摁下18个鲜红的手印。

“小岗人穷毁掉了，算了吧！就让他们那样干吧！”“允许他们干一年，秋后再说吧！”当公社同志请示对小岗村包产到户的处置意见时，县委的这个表态让不少小岗人热泪盈眶。那毕竟是在谈“包”色变的年代啊！在此之前的30年间，为了这个“包”字，多少人为之付出过惨痛代价啊！

就是这被口头“允许”的一年，小岗人魔术般地生产出粮食66365公斤和油料17600公斤，分别相当于1966年至1970年5年间生产粮食的总和及过去20多年生产花生的总和，不仅一年跨过了温饱线，这个过去23年一粒粮食未交还年年吃救济的生产队，一年向国家交售粮食17600公斤、花生芝麻12466.5公斤，分别相当于国家当年征购任务的12.5倍和83倍以上，从而显示出“大包干”强大的魅力。

1979年秋种时，尽管公社三令五申不准“包干到户”，不少相邻的村队还是瞒上不瞒下学开了小岗。公社干部怕把娄子捅大了，开始埋怨小岗。“小岗村在开社会主义的倒车！”邻省、邻县一些“左”的议论也随之而起。小岗人又忐忑不安起来。

“县委支持你们干一年，我们地委支持你们干三年，包干到户是生产责任制的一种形式，与‘分田单干’是两码事。”“地委能批准你们干三年，省委批准你们干五年吧！一定要多打粮食，对国家多贡献，集体多提留，社员生活能改善，干一辈子也不是‘开倒车！’”正当小岗人担心“大包干”会毁于一旦时，当时的滁县地委和省委主要领导相继来到小岗村，甘冒政治风险，给改革保驾护航，为小岗人撑腰打气。就是这特批的一年、三年、五年，使“大包干”的魅力得以充分展现，并最终写进邓小平1980年5月31日《关于农村政策问题》的讲话，写进强调包产到户、包干到户的中共中央（1980）75号文件，形成继解放初期的土地改革之后、席卷神州大地的中国农村第二次改革大潮！

听民声主动试水再上潮头

“为帮咱农民堵住那无底洞，党委担的风险太大了！”涡阳县新兴镇曹庄村党支部书记曹西良，回顾起1993年首创于本镇的农村税费改革感慨不已。

“大包干”极大地调动了农民的生产积极性，农业生产迅速发展，不仅解决了农民的温饱，一时间农村还出现了“万元户”，乡镇企业也异军突起，整个农村一派生机。于是，一些干部、专家头脑发热，过高地估计农民的收入水平，提出了“人民事业人民办，办好事业为人民”的口号，甚至本应由政府兴办的公益事业，也要由农民承担。当时，农村流传着这样的“顺口溜”：“头税轻、二‘税’重、三‘税’是个无底洞”，除农业税和“三提五统”外，各部门发文及乡镇、村组层层随意可以加码的收费，成了农民永远也填不满的无底洞。尽管国家三令五申要求把农民负担限制在上年人均收入5%以内，但农民负担依旧有增无减，有的达到农民年人均收入的22%。农民不堪重负，干群关系紧张。从1985年起，农业大省安徽和全国一样，粮食生产连续四年徘徊不前。

当年任曹庄行政村会计的曹西良，找出村里一份1989年午季发了黄的收费账单给记者看，上边罗列向村民收费的项目达20多项，负担最重的范庄组人均145.6元，最轻的陈东组人均101.7元，按当时农村收费午秋各半的惯例计算，负担处于中游状态的曹西组当年人均负担225元、约占人均实际收入的31.8%，竟超过国家限额的5倍以上。这就难怪被称作中国农村第三次改革的税费改革当年会从这里兴起了。

“硬是给逼出来的！为收费，公安都用上了，农民怨声载道，岂能充耳不闻！”当回答当年为何甘冒撤职的危险首试农村税费改革时，当年筹备、实施改革的新兴镇前后两任党委书记刘兴杰、李培杰不约而同地这样回答。这两位农民的儿子，对当地农民的疾苦感同身受。

然而，一个小小的乡镇党委要掀起一场事关全国的“变法”谈何容易。1992年底，新兴镇党委统一了几大班子领导思想，逐村、组征求群众意见，拟定了一套按国家5%的规定外加农业税、核定每亩每年30元、一定3年不变的税费“大包干”的改革方案，并经镇人民代表大会全体会议讨论通过后上报到县。“这违法！”改革遇到了意想不到的强烈反对。县六大班子领导和各乡镇、县直各部门主要负责人在新兴镇召开的专题座谈会，在弥漫的火药味中不欢而散。不久，县人大常委会正式通过决议，撤销新兴镇人大通过的税费改革的决议。争论似乎到了白热化的程度！

新兴镇的税费“大包干”得到了县委、县政府主要领导暗中支持，更受到广大农民的热烈拥护。当年午季，往年超出国家规定几倍的不合理负担全部消除，农民踊跃交纳税费，全镇以往甚至动用武力一二个月也难以收齐的税费，这次短短5天就全部收齐，干群关系迅速改善，生产快速发展。这一新的农村改革实践，受到安徽省委的高度重视。经省委领导批示，次年，首创于新兴镇的税费“大包干”便在相邻的太和全县试点，并快速扩大到六七个县。

“安徽的财政如此困难，别的省都不搞农村税费改革，我们为什么要搞？”“一些乡镇干部的工资都拿不上了，农村怎么稳定？”从试点乡镇、县到省，反对的声音一直相当强烈。2000 年，当其他试点省份以条件不成熟为由相继退出的时候，安徽省委顶住内外各种压力，又毅然挑起了全国唯一农村税费改革试点省的重担。

改革又一次调动了农民的生产积极性。在安徽率先实施农村税费“一免一减三补”的 2004 年底，记者曾做过一个调查：当年财政少收 26.73 亿元，全省却增产粮食 50 多亿公斤，增幅高达 23% 以上，另增产油料 5 亿公斤；农民人均收入同比增长 15% 以上，创 8 年来的新高；农民因负担问题而专门赴省上访的案例，由改革前 1999 年的 3450 批共 10245 人次，骤降到几乎为“零”。起源于安徽的农村税费“大包干”，终于再次形成一场席卷神州大地的改革潮，并最终终结了二千多年的“皇粮国税”。如果说包产到户改革是农民闯惊涛，党委护航，那么可以说农村税费改革则是党委斗骇浪，农民推舟。安徽的党组织倾听民声，再次冲上中国农村改革的潮头。

顺民意向“我”开刀三上潮头

农村税费改革的成功，农民负担大幅度减轻。然而，可能引起农民负担反弹的体制性机制性因素依然存在，农村财政供养人员多，县乡财力匮乏，乡村债务沉重，旧的农村管理体制和工作机制依旧缚束着农村生产力的发展。甚至省内个别地方顶风违纪、变着花样向农民乱收费。农村改革如果就此止步，安徽发起的农村税费改革成果将毁于一旦。

于是，一场更复杂、更深刻、更艰巨的农村改革开始了。

“安徽必须高举农村改革这面大旗，这是安徽必须承担的历史使命。”省委书记王金山的这段话语重心长。安徽省委清醒地认识到税费改革后的新形势，顺应民意，抓住税费改革后农村党群、干群关系改善的有利时机，义无反顾率先向自身基层政权“开刀”。2005 年按照“一个转变、三个建立、一个改进”的总体思路，以深化乡镇机构改革、转变乡镇政府职能、探索建立农村工作新机制为重点，在 18 个县进行试点，继而率先在全省全面推进农村综合改革。在社会发展的又一个关头，安徽省委和各级党组织再次勇敢地承担起这历史使命，第三次冲上中国农村改革的潮头。仅 18 个农村综合改革试点县，就有 14000 名左右、大部分是共产党员的乡镇干部被精简分流。

“以前开这铺子办证，不知要去镇里、城里跑多少趟。现在没用俺出村这么快就办成了，真是没想到！”亳州市谯城区古井镇柳行村村民王长德话语间充满着感激之情。今年7月中旬打工返乡的王长德，想开个农机维修铺。他只把办证所需材料向村代理点一交，短短十几天，村代理员就把《农机经营（维修）技术合格证》和《个体工商户营业执照》全给办好送来了。8月中旬铺子开业，到10月底已赚6000多元。

改革在逐步深化。在乡镇机构改革和乡、村区划调整中，乡、村干部大幅精简、财政负担大幅减轻的谯城区乘势而上，积极打造服务型政府：在区、乡镇和村，分别设立为民服务全程代理中心、代理室和代理点，在区直34个相关职能部门和乡镇相应部门设立受理室，形成服务网络；经科学梳理分类，将包括行政审批、许可和为群众生产生活提供服务等206个项目，一律纳入为民服务全程代理范围；精减后的所有村干部，都担任为民服务全程代理员，像机关干部一样轮流值班，报酬相应提升财政支付；农民办事只需到村代理点递上申请和有关资料，其余全由干部接力代理；办事经费全部由政府承担，对群众无偿服务；整个运作实行网上全程监控，并限时办结严格奖惩，规范化、程序化、智能化、制度化地实施为民服务全程代理制，创立起为民服务新机制。从去年10月到今年10月底，全区已为农民群众办理全程代理类事项100863件，办结率达98.5%，群众满意率接近100%。年初，当这个区的代表在全省农村工作会议上介绍经验时，会场响起雷鸣般的掌声！省委书记王金山、省长王三运分别作出批示，要求在全省推广谯城经验，建立为民服务新机制。8月中旬，省委副书记王明方，省委常委、副省长赵树丛在谯城区主持召开现场推广会，为民服务全程代理制在全省迅速推开。

同时，农村义务教育、县乡财政体制、集体林权制度、农村金融体制、农村流通领域、农村合作医疗、农村社保制度、农村多元化服务体系、粮食流通体制、征地制度、户籍制度等十多项农村改革也在江淮大地上全面推进。安徽省委和各级党组织，正不断创新思路、大胆探索，沿着打造服务型政府、创立为民服务长效新机制的路子，将农村综合改革一步步推向深入。

30年改革为安徽农村带来巨变，30年改革给江淮大地带来勃勃生机。然而，正如党的十七届三中全会通过的《决定》所指出的那样："农业基础仍然薄弱，最需要加强；农村发展仍然滞后，最需要扶持；农民增收仍然困难，最需要加快。""必须不断解放和发展农村社会生产力，始终把改革创新作为农村发展的根本动力。"不管未来的农村改革是继续向纵深推进还是横向拓展，只要我们继续坚持30年改革的价值取向——顺应民意，就一定能将改革从胜利引向更大的胜利！就一定能加快安徽农村乃至全省建设小康社会的步伐！

原载《安徽日报》2008年12月17日头版头条

聊吧

思考：把握未来

此稿是为纪念中国农村改革三十周年而作。经过反复思考，当时我认为，采写此稿既不应是对三十年改革的机械复盘，也不应是仅仅为三十年改革唱一曲赞歌。因为中国农村改革并没有终结，改革永远在路上。纪念农村改革三十周年，应该是从三十年改革的成功经验中提炼出有价值的新启示，为正确把握未来改革的航向提供镜鉴。

党的十一届三中全会以后，中国农村三十年进行了三次大的改革，安徽省总是走在改革的最前列。毋庸讳言，三次改革要解决的主要矛盾、所采取的措施和达成的结果各不相同，突显出矛盾的特殊性，其成功存在一定的偶然性。但是，矛盾的普遍性寓于矛盾的特殊性之中，偶然性中孕育着必然性。除了中央的支持以外，安徽何以能三上潮头，总能为改革成功地杀出一条“血路”？这种特殊性中的普遍性，偶然中的必然尤为珍贵。

为寻找这个偶然中的必然，我先后用了两个多月的时间，分别深入三次改革的发祥地，一次次寻找改革相关的干部群众交谈，向有关领导求是；一次次将三次改革进行认真比较，分析三次改革有何不同、有何相同。大量深入地调查，反复地思考，使我的认识不断加深，终于找到了其中的规律：如果说以“大包干”为特征的农村第一次改革，是“穷毁掉了”的农民，为求温饱被逼闯惊涛，安徽的党组织察民情冒险护航一上潮头；那么可以说以税费改革为特征的农村第二次改革，则是安徽的党组织听民声，为挡住八方伸向农民的手，主动试水斗骇浪，促进农民减负增收，赢得千万农民推舟再上潮头；而以综合改革为特征的农村第三次改革，更是安徽的党组织顺民意，以大无畏的精神主动向“我”开刀，以深化乡镇机构改革、精兵简政、转变乡镇政府及村组职能、建立为民服务新机制为重点，解决“不适应”的问题，化解农民办事难，进一步解放农村生产力，促进农村社会更快更好地发展，终于唤起全省农民万众归心三上潮头。尽管这三次改革不尽相同，但其中有一点是相同的——即安徽省的党组织不仅有敢为人先的大无畏改革精神，而且始终坚持着“顺应民意”的改革价值取向。这正是安徽省农村改革三十年能够步步深化三上潮头的成功启示。这也正是未来中国农村改革必须把握的价值取向。

从理清纪念文章思路，到通过对安徽农村三次改革的大量调查，最终揭示出中国农村改革未来必须把握的价值取向，哪一步都离不开深入思考。在全国纪念农村改革三十周年的当时，此稿可谓颇具特色，无疑具有重大的新闻价值（业内称其为中国农村改革里程碑式的作品）。故不仅被《安徽日报》用在头版头条，还成为当年安徽日报年终总评奖时的“得分王”。

NEWS CHAT BAR

聊吧八

擦亮新闻的眼睛

标题是新闻作品的眼睛，而眼睛则是心灵的窗户。

就像文学作品十分重视刻画人物的眼睛，通过眼睛表达人物的美、丑、善、恶、喜、怒、哀、乐一样，新闻作品必须十分重视标题的制作，要通过标题很好地表达作品的新闻主题。文学作品中的人物是否能写活，对人物眼睛的刻画极其关键。一篇新闻作品成功与否，标题的制作至关重要。好的新闻标题往往能起到画龙点睛的作用，给作品增光添彩。

然而，现实中一些新闻工作者却对新闻作品标题制作漫不经心、甚至粗制滥造。记得，一次一位记者站的老记者，给我投来一篇新闻稿，居然忘了取标题！我电话问他，他竟回答："你给我取个吧。"我甚是惊诧，他难道几十年都一直对新闻稿件的标题这样漫不经心吗？！这不仅是对读者和载体的不尊重和不负责任，也是对自己劳动成果的不尊重和不负责任。再者，以省级党报为例，一般情况下，每位新闻编辑每天都收到大量的来稿，由于人的精力有限，不可能将每篇来稿都认真看完，大量的来稿是从标题不入眼（看不出新闻价值）就被报废的。即便是稿子见报，一般读者，尤其是进入信息化、快节奏时代的现代读者，时间极其宝贵，是不可能将整版的稿件全部看完的，往往是标题一眼就能抓住读者的新闻作品，才可能被阅读，实现其应有的价值。否则，又等于被读者报废了。倘若一张报纸，整版没有一篇作品的标题能抓住读者，堪称惨不忍睹，岂不等于一张废报。

在新中国的新闻史上，凡是新闻名作没有一篇标题不是响当当的。如《人民解放军百万大军横渡长江》《谁是最可爱的人》《毛主席的好战士——雷锋》《县委书记的榜样——焦裕禄》《人民的好医生——李月华》等新闻标题，不仅时代感和新闻性都极佳，且都准确、凝练、形象、生动，因而能和作品的内容一起为亿万读者所称道，历久弥新。

要擦亮新闻作品的眼睛，不仅要准确、简洁、形象、生动等，更重要的是新闻的眼睛应能传“新”。这同样是因为新闻姓“新”的根本属性所决定的。本书选入的一些新闻作品，如获中国新闻奖的通讯《26 亿元换来了什么？》，首次以安徽在全国率先试水的农村税费改革中的争论话题作主标，并让人能闻到火药味；获中国新闻奖的通讯《大局精神感动中国》，首次以安徽抗洪老题材中寻得的全新主题做主标，并深刻揭示出新中国的时代精神、大气磅礴；获 1998 年全国抗洪救灾优秀报道奖的通讯《筑在人们心头的防洪大堤》，标题独辟蹊径、化无形为有形；获《农民日报》“乡村好书记”征文竞赛奖的通讯《兼职“总统”张其应》，一位村支书又兼任另一个后进村的支书，本就极罕见，标题还别出心裁、借用国家元首的专有名词善意地戏称村支书；获 1993 年香港《大公报》“神州变迁录”征文竞赛奖的通讯《小张庄：一个春天的童话》，标题首次反其意化用文学名篇的标题报道小张庄等标题都是精心制作，都较好地体现了一个“新”字，很吸引读者。

因文制宜，擦亮新闻作品眼睛的办法不胜枚举，下面再略选几种。

缺资金“脑厂”烦恼　卖油难“油农”发愁

太和县巧搭鹊桥解“双忧”

太和讯　最近，太和县政府为基本竣工、急需流动资金的“七五”国家级“星火计划”项目——太和县薄荷脑厂，和本县为卖薄荷油难而发愁的“油农”巧搭鹊桥，不仅保证了“脑厂”按时投产，也为“油农”解除了忧愁。

太和县是全国最大的薄荷油生产基地，年种植面积20万亩左右，年产量高达2000吨。1988年10月动工兴建的太和县薄荷脑厂，总投资519万元，年加工原油量1000吨，产值可达1亿，利税2000万元，创汇600万元，被列入1989年国家级“星火计划”项目，1989年12月中旬第一期工程基本竣工，急需资金收购原油。由于国家银根紧缩，配套的流动资金一时不能到位，眼见要影响“脑厂”的按时投产。急得厂长张彦东奔西走，坐卧不安。而本县千万户“油农”却又因流通不畅正在为卖油难发愁。12月20日，县政府召集有关部门研究决定：采取收油、储蓄同时进行的办法，由“脑厂”按国务院规定的每公斤60元的价格，收购当地农民生产的薄荷油，油款以有关金融单位出据存折的方式支付，暂存期6个月，利率高于一般存款利率的20%，全部利息由“脑厂”承担。“脑厂”还主动提出每收购1公斤原油，多出10元钱补贴当年受灾的“油农”，扶持他们发展生产。

由于问题处理得当，连日来，大批“油农”争先恐后到“脑厂”出售薄荷油，该厂可望按时投产。

原载《安徽日报》1989年12月31日头版；获《安徽日报》“江淮杯”短新闻竞赛三等奖

聊吧

借用典故

当时，民营企业刚刚兴起，普遍缺乏资金，亟需政府扶持。千家万户的小生产无法适应千变万化的大市场，农产品卖难时有发生，也亟需政府化解。太和县薄荷脑厂缺资金、油农卖油难正是那个年代的缩影。

稿件用“太和县巧搭鹊桥解‘双忧’”的新闻标题，借用“鹊桥会”典故，报道该县政府热心为企业和油农双方排忧解难，化解经济发展中难题的新闻事件，用典称得上一个“巧”字，透出了此消息在当时较高的新闻价值。

用此典故还让人产生美的联想，增强了标题的感染力。此消息的标题，不仅准确、凝练、形象、生动，且眉题对仗工整，眉题先摆出双方难题丢下包袱，主标再借用鹊桥会典故化解难题抖开包袱，构思精巧。

此稿能获《安徽日报》“江淮杯”短新闻竞赛奖，标题巧用典故功不可没。

我多么想喊您一声“妈妈”！

——记优秀教师、太和中学副校长马梅梅

“马老师，您是我上学以来所遇到的一位最好的老师！每当我想起您为我熬药、倒糖、倒水时，我多么想喊您一声妈妈！”这是中国青年政治学院青教系 88 级学生谢兴广，给他中学时的班主任、太和中学副校长马梅梅信中的一段话。

还在谢兴广读高中一年级的时候，一次，他打球不幸摔断了胳膊，医生诊断必须边整骨边吃中药。可他家在农村，县城举目无亲，到哪儿去熬药啊？回家治疗，那不等于要休学吗？血气方刚又好强的谢兴广一时竟难为得哭了。

“兴广，快别哭，到我家熬药吧！”班主任马梅梅，突然出现在他的面前。兴广一激动，不听话的眼泪流得更欢了。整整半个月，马老师每天为他熬两次药。中药太苦，马老师每次都为他加放些自家的食糖。谢兴广一天课没拉，便治愈了胳膊。1988 年，当他考入中国青年政治学院时，他是含着热泪向马老师辞行的。

这里又有一封学生来信称马老师是恩师，是慈母。写信人是安徽大学物理系 88 级学生王桂英。高考的前一天中午，王桂英患病呕吐不止。眼看要耽误高考，她不禁难过得痛哭流涕。又是班主任马梅梅带她去医院，并把她从女生宿舍搬进家中特别护理。为了保证她次日能参考，当天夜里，马老师又带她去医院看急诊。3 天的考试，马老师在考场外等候了 3 天。王桂英每场考试结束，马老师就立即带她去医院注射葡萄糖。整整 3 天，她没吃一口饭，但靠着马老师的精心护理，她竟坚持考完了全部功课，并以 500 多分的好成绩，被安大物理系录取。

现年 44 岁的马梅梅，工作十多年来，就是这样全身心地去关心爱护她的学生的。班里学生大都来自农村，离家很远，哪位学生的扣子掉了、衣服破了，她总是主动地帮他们缝；哪位学生一时缺了钱和粮票，她都给予接济。在同学

们的眼里，她既是一位老师，又是一位母亲。

为了给党、给祖国培养出更多的四化建设的合格人才，马梅梅寓教于爱，把一颗心无私地献给了她的学生。白天，她除了任课、批改作业，还要抽空找学生谈心，掌握他们的思想动态。晚饭后，她又抱起批改好的作业本走进教室，对做错了作业的学生逐个予以点拨、使他们真会真懂。碰上节假日，她再走出校门搞家访。她连续带的两个高中班，不仅升学率在全地区14所重点中学中均名列前茅，而且还多次被评为“五好班”“文明礼貌班”“县先进集体”等。看着一届届的学生们在党的阳光照耀下健康成长，马梅梅感到无比的欣慰。

1990年3月，马梅梅当选为县人大常委，次年元月又被提拔为太和中学副校长，她肩头的担子更重了。然而，她依旧坚持代着一个班的化学课，并兼任一个高中理科复习班的班主任。为了党的教育事业，她忘我地工作着！

原载《安徽日报》1992年3月4日4版

聊吧

善用典型人物的生动语言

“《我多么想喊你一声“妈妈”》，标题借喻学生发自肺腑的喊声，表达了师生之间的深厚情谊。标题简洁生动，掷地有声，富有感染力，充满人情味，具有强烈的感情色彩和感情美。”(《简洁、生动、美感——安徽日报几则标题赏析》) 这是安徽日报编辑晓叶对此稿标题的一段评价。

善用作品中典型人物的特有生动语言做标题，不仅能准确表达作品的新闻主题，真实感人，而且富有个性，不落俗套，较能抓住读者。

“商之都”招聘“商之王”

“在商品竞争条件基本相同的情况下，‘商之都’靠什么在竞争中获胜？”

“靠二次竞争，售后服务……”

8月2日上午11时，安徽商之都有限责任公司招聘总经理答辩会正在进行。刚刚走出笔试考场的应聘者，逐个接受5名专家组成的考评小组的提问。

位于合肥市中心地段、由省商务厅和省烟草专卖局合资兴建、建筑面积65294平方米的“商之都”，集公寓、写字楼、娱乐、餐饮、健身、购物为一体，主楼地面以上32层，建成后不仅是安徽最大的商务中心，也是华东地区最大的商务中心之一。“商之都”总经理，可称安徽“商之王”。为了不误“商之都”年底按时开业，公司董事会决定，在公开招聘总经理、副总经理的同时，提前一并做好招聘各处室、楼层、商品部负责人及柜组长的基础工作。从7月8日在报纸上刊登招聘广告起，至7月31日，“商之都”共接待省内外应聘报名者317人，其中北京、江苏、浙江、深圳等省外应聘者就达30余人。

“商场如战场。只有引入竞争机制，让优秀人才通过公平竞争脱颖而出，才能赢得竞争的主动权。”在招聘考场外，省商务厅副厅长、商之都有限责任公司董事长刘书久向记者侃侃而谈。

“你对这种公开招聘看法如何？”

一位应聘者刚刚交卷走出考场，记者立即上前采访。“这种形式好，靠公平竞争选拔人才，凭本事上岗，企业有希望，应聘者有信心。”

原载《安徽日报》1995年8月10日头版；获《安徽日报》当年好标题奖

聊吧

巧用单位、地域名称等或谐音

《“商之都”招聘“商之王”》，标题巧用“商之都”这个单位名称做文章。把招聘的总经理称作“商之王”：一是说“商之都”的“统治者”自然是“商之王”；二是说此商业企业当时在安徽最大，其领导者堪称安徽的“商之王”。在国有商业企业的领导者一向由组织直接任命的年代，这么大个“商之王”却实行“招聘”，此标题颇具轰动效应，透出很高的新闻价值，抓人眼球。且标题准确、简洁、形象、生动。故稿件被《安徽日报》头版采用，并获当年安徽日报社年终总评好标题奖。

多聊一句

一些新闻作品的标题或栏目标题，巧用汉字的谐音，表达不同的内容，新颖别致，很能抓住读者。

人人奉献一片绿

今天是第26个植树节。国家设立植树节，不仅反映了党和政府对植树造林的高度重视，而且说明植树造林本身就是一项全民性的事业，需要人人都来奉献一片绿。

近些年来，大自然不断为人们敲响生态安全的警钟。尤其是我们这个两条大江河横穿的省份，已经尝尽了生态灾害的苦头。植树造林能使沙海变绿洲，让秃山起云海，化水害为水利，为城镇建氧仓。植树造林不仅关系到安徽的可持续发展、全面建设小康社会，也关系到我们每个人生活质量的提高，我们每个人有责任有义务奉献一片绿。

诚然，近十几年来持续不断地造林，使江淮大地的生态状况得到了很大改善。我省也因此跨入全国绿化先进省行列。然而，森林资源总量不足、质量不高、生态体系尚不完善等问题依然存在。因此，省委、省政府把打造生态安徽，列入具有战略意义的三大重点工程之中，并在贯彻中央关于加快林业发展决定的《实施意见》中，确定了林业发展“三步走”的目标，即到2020年全省森林覆盖率达到35%、森林蓄积量达到2.5亿立方米、实现江淮大地山川秀美。这宏伟的目标鼓舞人心，但要实现这个目标又是相当艰难的，需要所有安徽人齐心协力搞绿化。

万丈高楼始于一砖一瓦，实现生态安徽的宏伟目标也要脚踏实地，一棵树一片绿地拓展。只要人人都奉献一片绿，江淮之间一定能变得山清水秀、天蓝地美，打造生态安徽的宏伟目标一定能早日实现！

原载《安徽日报》2004年3月12日头版

聊吧

化用诗词、歌词名句

“只要人人都献出一点爱，世界将变成美好的人间。”当又一个植树节到来之际，我这个跑林口的记者，准备写一篇评论，动员全社会的人们都参与植树造林来绿化祖国。正苦于一时找不到合适的标题，突然想起这美妙动人的歌词名句，不禁心头一喜。这歌词与我要写的评论主题太贴切了！便化而用做标题——“人人奉献一片绿”。评论见报后，省林业厅的同志和一些新闻同行，都一致为之叫好。

此标题不仅准确表达了这篇评论深刻的新闻主题，且简洁、形象、生动，新颖别致，富有诗意，让人能产生美好的联想。在植树节当日，此评论与《全省造林增绿百万亩》的消息一起，冲上了《安徽日报》的头版头条，并获得月评一等奖。

多聊一句

有些新闻作品的标题，因文制宜反用常识、古语、古诗词名句，如“鸡毛飞上天”“兔子尾巴是怎样变长的？”“西出阳关好风光”等，或采用反差对比如“小能人登大舞台 小家庭进大市场”等都较好地体现了一个“新”字。

NEWS CHAT BAR

聊吧九

追求创意的表达

辩证唯物主义认为，作品的内容决定形式，而形式又反转来影响内容。一个好的新闻主题，还要有好的表达形式，二者完美结合、有机统一才能成就一篇新闻佳作。好的表达形式，往往能使好的新闻主题深化、升华，使之更丰满、更出彩，作品更吸引读者、并获得更好的社会效果。

如果说好的新闻主题贵在观念新，那么，其好的表达形式则贵在有创意。要想新闻作品表达形式有创意，不仅要求新闻工作者刻苦学习钻研、努力提高业务水平，还要求他们有创造性的思维。

然而，现实中有些新闻工作者，对新闻写作却重视不够或不够精心，只当制作匠、不当创作师。他们不清楚，即便是质地绝好的玉石，粗心蹩脚的玉匠也把它雕刻不成价值连城的艺术珍品。同样的道理，即便有很好的新闻主题，制作机械呆板模式化或粗制滥造，缺乏因文制宜有灵性的创意，味同嚼蜡，其作品也成不了新闻佳作，很难激起读者阅读的欲望。

以下，想结合几篇新闻作品，具体聊聊这个话题。

踏上第二级台阶的人们

——安徽省太和县经济开发区采访日记

［**题记**］如果说十年前凤阳人率先踏上中国农村改革的第一级台阶，那么，而今这里的人们已踏上了农村改革的新台阶。

农业责任制使长期禁锢的农村生产力获得解放。它给传统农区安徽省太和县带来一个家庭工业热。短短几年，全县农村企业发展到3.4万个，就业队伍12万人，年产值2.2亿元，占全县工农业总产值的44%。然而，当这片偏僻落后乡村里的企业队伍，向着新台阶迈进的时候，又遇到能源匮乏、交通不便、信息闭塞、八方伸手等困难。大批资源的进一步开发举步艰难。

太和县在城北关外的黄金地带，建立0.4平方公里的经济开发区，对供电、征地、户口、贷款、税收、工商管理等实行优惠政策，迅速解决了以上困难，这种优化了的“软”“硬”环境，是对农村生产力的又一次解放。一年来，涌进这里来的农民迅速兴办企业23个（6家已开业），总投资1164万元，预计全部投产后年产值可达7000万元，年税利1200万元，就业人员可达587人。

进入开发区的人们看到什么？在干些什么？干得怎样？前景如何？这是人们所普遍关注的。笔者公开这些采访日记以飨读者。

9月24日，晴。

下午，蓝天白云，自行车驶出北关，猛然眼前一亮，公路西侧一华里长的建筑群映入眼帘。

开发区最南端的筛绢厂，传出织机声。这是来自4个区的8户农民合股筹建的，总投资48万元。投产仅几个月已创产值53万元。厂长张德芝是外村的筛网生产专业户，他笑着告诉我，他们村家家手工织筛网，劳动强度大，效益低，产品低档单调，缺乏竞争力。而他现在的筛绢厂则改变了这一切。

“你就没想过在本村联合亲邻办厂？”

“想过。可那不成，缺电、闭塞、‘红眼病’和可怕的‘人情仗’，厂子咋法办？”

张德芝们摈弃血缘、地缘经济的母体，开始追求新的联合。筛绢厂制度基本健全，56 名工人是从 12 个区 26 个乡招来的，全是有初中以上文化的困难户子女。月人均创产值是农村专业户的 4 倍，利润竟是 6 倍。

[温情脉脉的中国农民终于变得精明起来了。]

“开发区有 5 家筛网厂，不互相影响销售吗？”

“不，我们的产品种类、档次不同，一直是畅销的。”产品多种类、多档次、多品种、货源足，形成了强有力的竞争集团。它吸引着全县 500 多名推销员和几百个加工户，成为集散、信息中心，将全县筛网产销整个儿地凝聚为一体。

[如果说张德芝们昨天乘坐的是一叶叶“扁舟”，灵活却经不起惊涛骇浪的拍打，那么，今天这个集团经济的形成，则是他们为闯荡波涛汹涌的大海，而联合营造的“远洋轮”。]

9 月 25 日，晴。

早饭后，开发区内新铺的柏油大马路，把我引进一所停着一部北京吉普车的大院落，院墙北侧，一座楼房正在兴建。

这是座投资 20 万元即将投产的金属拔丝筛网厂，由来自郭庙乡的 3 个金属筛网加工专业户合股兴建。

“乡下缺电，进城征地办厂整整跑了 4 个月，公章盖了一大串仍没个头绪，急得俺流眼泪。听说有个开发区，跑来递个申请，7 天就办成了，真没想到。”厂长李效贤高声大语。“我们厂配套生产，自己拔丝用于自己织网，每吨丝可节省 1 千元。投产后年拔丝可达 140 吨，就能节省 14 万元。”

[李效贤们也许还不知有“配套成龙”一词，但他们已懂得了向配套要效益的道理。这绝不仅仅是商品意识的嫩芽，而是刺向青天的大树。]

9 月 27 日，晴。

早饭后又去开发区采访。蓝蓝的天空下老远就能看到那耸入云端的钻井架。这是淮南华光日化厂太和薄荷脑分厂正在钻打生产用井。

[有意思，收薄荷油的专业户，与产薄荷脑的国营工厂联了姻，共同开发

这个全国最大的薄荷油产县的资源。这种互惠互利的公私合营企业，前景将是极光明的。]

晚来一步，厂长张彦依照合同去总厂受训去了，我不无遗憾。他的同伴告诉我，这位高中毕业的年轻专业户常说：“咱们干嘛把大量廉价原油卖给老外，就不能加工成产品，多赚他几个？”为此，他自费外出考察，写出上万言的考察报告。专家们给予充分肯定，“淮华”决定提供生产技术，并投资近百万元。张彦大胆从中国银行安徽分行引进外资 180 万元，农行贷款 50 万元，自筹资金近 30 万元，以 350 多万元的总投资，于去年 7 月来开发区征地建厂。该厂投产后年产值可达 5075 万元，创利税 900 万元。

[将资源优势转化为商品优势，使外向型农业与外向型工业有机结合，必将形成强有力的外向型经济。中国传统农区的农民外向型商品意识的萌生，无疑将是中国在经济上跨入世界前列的吉兆。]

[如果说凤阳人率先发现的是一片奇景，那么，这里的人们发现的则是一个瑰丽多姿的大千世界。他们将向着一切可以发挥自己聪明才智的领域挺进。“欲穷千里目，更上一层楼。”我欣赏这富于哲理的古老诗句。]

原载《农民日报》1989 年 2 月 14 日 2 版右头条；获省电台开拓杯“改革在我身边”有奖征文一等奖

聊吧

榴籽抱团成金果

此稿写作前，还有另一种构思。就是按照传统写法，在制作各新闻由头之外，将三篇日记的内容各写成作品的一段，并各提炼出一个小标题，写成反映主题三层意识的一篇通讯。显然，与此稿相比，该构思在表达形式上不仅缺少新意，也缺乏创意。当时正值石榴成熟的季节，掰开一个石榴，看着一个个抱在一起令人垂涎晶亮的石榴籽，忽然一个大胆的创意闪过我的脑海。能否将几篇互不相干的日记，像石榴籽般抱在一起，形成一枚金果。一番思索后，我决定一试。

日记所记述的人和事毕竟各干各的，互不相干。要将其组合成篇，使之形散意不散，必须要有内在的链接。

农业责任制使长期禁锢的农村生产力获得解放。它给传统农区安徽省太和县带来一个家庭工业热。然而，当这片偏僻乡村里的企业队伍，向着新台阶迈进时，又遇到客观和人为的各种阻碍而举步维艰。这绝不仅仅是太和一个县面临的问题，而是带有全国性的问题。1987 年夏末，经中央有关部门批准，太和县在城北关外的黄金地带，建立 0.4 平方公里、全国首家内地经济开发区（即农村深化改革新的试验区），制定一系列优惠政策，优化软、硬环境，主要吸纳这支队伍，化解他们在原有发展环境中遇到的各种难题，使这里的农村生产力又一次获得解放。这无疑在全国都具有重大的新闻价值，也是社会关注的热点问题。将这些新闻背景和进入开发区的人们看到什么？在干些什么？干得怎样？前景如何等，这些人们所普遍关注的问题，与笔者公开这些采访日记以飨读者作为新闻由头，就成了几篇记述他们看到的、干着的及成果、观念、前景等互不相干的日记最好的内在链接。

同时，题记："如果说十年前凤阳人率先踏上中国农村改革的第一级台阶，那么，而今这里的人们已踏上了农村改革的新台阶。"呼应标题"踏上第二级台阶的人们——安徽太和县经济开发区采访日记"，并与结尾"如果说凤阳人率先发现的是一片奇景，那么，这里的人们发现的则是一个瑰丽多姿的大千世界。他们将向着一切可以发挥自己聪明才智的领域挺进。'欲穷千里目，更上一层楼。'我欣赏这富于哲理的古老诗句。"遥相呼应，这就给几篇石榴籽般抱在一起的日记又长了一层"果皮"，完全长成了一个整体。

在整体表达的创意之外，作品还较为注意细节的创意。作品充分发挥日记体随意挥洒的灵活性，用散文笔调，将作者进入开发区看到、听到有价值的新东西，像拍电视似的现场直播，时而让读者看到充满生机的美景，时而让读者听到这个新群体透出新观念的交谈，还有从各种束缚中解脱出来后发自肺腑的感慨，加上不时有作者即兴议论、抒情的画外音，将这个进一步解放农村生产力的开发区所展现的勃勃生机、光明前景，表达得较为充分，给人一种身临其境的感觉。这不仅让人耳目一新，还使作品重大的新闻主题形象化，且更丰满，反映问题更深刻感人，且易收清水出芙蓉之效。

作品的主标——"踏上第二级台阶的人们"，将进入开发区后，获得第二次解放的农村生产力的进步，配以"题记"，与首创"大包干"凤阳农村生产力获得第一次解放后的进步，比作两级台阶，用“踏上”一词，不仅表达了这里的改革试点使农村生产力的发展更上一层楼，还让人感受到这些人的自豪感，更加彰显其重大的新闻价值，形象生动，颇有创意。

故，当时我这个小县城通讯员的作品，竟被国家级大报《农民日报》用在二版右头条重要位置，还先后被《安徽日报》及省电台采用，并获省电台开拓杯“改革在我身边”有奖征文一等奖。

落实总理批示　预防“松树癌症”

黄山三重保险护奇松

本报讯　“落实朱镕基总理‘松材线虫要注意，黄山奇景要保护’的批示精神，我们建了检疫、监测两个网络体系和一条生物控制带，可谓加了三重保险。”近日，去黄山市采访，市林业局长黄郁明一见面便这样告诉记者。目前，总投资6190万元的黄山市松材线虫病预防体系建设工程项目，已基本按计划完成任务。

春末的黄山游人如织，岩石间一棵棵黄山松向来自五洲四海的客人伸出热情的臂膀，松林间蒸腾的雾气凝聚成奇妙的云海，使那一块块忽隐忽现的怪石也增添了神秘的色彩。对保护这些堪称国宝的黄山松免遭被称为“松树癌症”的松材线虫病危害，党中央、国务院和省委、省政府领导都十分重视。前年8月，省计委正式批准实施保护黄山松工程建设设计方案后，黄山市便及时成立党政两个一把手负责的工程建设指挥部，层层签订目标管理责任状，利用广播、电视、报刊等大张旗鼓地宣传，提高全市干群对工程建设重大意义的认识，并先后落实了松材线虫病预防工作责任制和责任追究制。

在市监测中心总价值40多万元各种锃亮的高倍显微镜、解剖镜等先进设备前，几位专、兼职监测员正在紧张地工作。市林业局的同志告诉我们，目前，各区县和黄山风景区8个监测站、171个监测点和610个固定监测样地已全部建立，并配齐培训了专、兼职监测员，每年对全市265万亩松林进行松材线虫病专项普查，普查率达到100%。监测网络体系建成是预防松材线虫病的第一重保险。市里还对现有的26个森林植物检疫检查站，每站投资2.2万元进行装修，各种设备全部配齐，坚持24小时值班制度，层层严防带有松材线虫病菌的松木及制品、包装箱进入黄山。另有8个除害处理场也全部建成投入使用。检疫、检查网络体系建成又给加了第二重保险。

建立生物控制带是第三重保险。在黄山区黄谭岭山场我们看到，一条横贯山场4公里宽的生物控制带，所有的松树都已清除干净，连一根小松枝、树桩都见不到。一株株新栽的木荷等阔叶树苗已经成活，初露生机。各项目区、县把生物控制带建设与林种结构调整、生态环境保护、绿色长廊建设等有机结合，统一规划，分步实施。目前，一条宽4公里、外围长约100公里环绕黄山风景区一周的生物控制带已经形成。带内共采伐松树24万立方米，扶育经营14039.8公顷。此外，该市还积极开展各种应急措施试验等，确保黄山松永远苍翠。

（此文的作者还有杨传玉、王小峰）

原载《安徽日报》2002年5月14日B1（焦点新闻版）头条；获安徽新闻奖（2002年度）消息一等奖

聊吧

写出“活”字价更高

一篇消息的价值，主要取决于其主题的新闻价值。但如果写作机械呆板、粗制滥造，则必然给消息的价值大打折扣。反之，如果把消息写得很活，富有创意，则能使消息的价值获得不小地提升。这篇消息的创意就在一个“活”字。

作品上来就在眉题点出“松树癌症”——曾使日本全国松林毁于一旦而震惊世界的松材线虫病，随着其传入我国，威胁到堪称国宝的黄山奇松，甚至惊动了当时的国务院总理亲自批示预防，让人自然联想到黄山美丽的松景，真切感受到事情的重要性和严重性，强力吸引读者关注。主标又将三项护“奇松”的措施形象地比作构建起三重保险，给读者吃颗定心丸。两行新闻标题短短21个字，不仅准确、凝炼，说得活龙活现，还让人感情起伏跌宕，颇有创意。

导语一改由作者抽象呆板地介绍总理批示的传统写法及该市学习和贯彻落实批示的措施、已取得的成果等旧模式，而改由权威人士亲述，既简洁交待了护“奇松”相关内容，导出“三重保险”构建话题，又让读者如闻其声，真实、生动，意在求新、求变、求活。

正文“三重保险”的表达结构让人颇费思量。如果没有中央及省党政领导的高度重视，相关市及以下行政区划党政领导层层签订目标管理责任状，真正落实预防责任制和责任追究制，这三项具体监、检、防控工程措施，未必能高质量的建成并发挥应有作用。但稿件又不能写成“四重保险”。经精心构思，检疫、监测两个意思相近的网络体系建设，被灵活地合写在一个部分。从正文结构上看，实际形成强化党政领导的制度建设（作品第二部分），人力技术检、监防控网络建设和生物控制带建设三大部分，不也是三重保险吗？！灵活构思、暗藏锦绣，是此稿求活的又一个创意点。

求活的创意尤其体现在细节上：“春末的黄山游人如织，岩石间一棵棵黄山松向来自五洲四海的客人伸出热情的臂膀，松林间蒸腾的雾气凝聚成奇妙的云海，使那一块块忽隐忽现的怪石也增添了神秘的色彩。”这里没有按一般写法，由作者用抽象枯燥的科技知识来交待新闻背景，而是换成一段抒情散文式的典型现场特写，将死知识化成活镜头，让读者如临其境，在享受黄山美景的同时去联想——黄山松不仅自成一道奇特靓丽的风景线，还能涵养水源，进而蒸腾起雾气凝聚成云海，使那一块块忽隐忽现的怪石也增添了神秘的色彩；倘若失去黄山松，黄山四绝近乎失去其三，以黄山松为主体，集世界自然、文化遗产和地质公园于一身，一个世界级的风景区，岂不毁于一旦，还能引来游人如织吗？这就不难理解国务院总理会如此关心亲自批示，当地会构建“三重保险”保护黄山奇松了。一大堆背景问题，就这样通过黄山美景的潜台词给表达活了，富有灵性，耐人寻味。同时，对“三重保险”的介绍，作品也力避由作者自叙的枯燥干巴，尽量通过作者的眼睛让读者看活的现场。

作品从眉题、主标、导语、背景、正文结构到细节，处处求新、求变、求活，设法让读者在享受黄山美景中品味作品主题的重大新闻价值，颇具创意。故作品被《安徽日报》用在“焦点新闻”版头条，并获安徽新闻奖（2002年度）消息一等奖。

风景这边更好

——县域经济排头兵宁国发展探秘（上）

大片大片绵延不断的现代化厂房，一处处欲与环城群山比高的脚手架，诠释着一组数据：2003 年人口不过 38 万的小小宁国市，国内生产总值猛增到 46.5 亿元，财政收入达 4 亿元，均比 1990 年翻了三番，连续四年综合经济实力稳居全省十强县市之首；今年 1 至 5 月，全市规模以上工业企业销售总收入 17.98 亿元，财政收入 1.96 亿元，同比又分别增长 30.2% 和 57.2%。谁会想到，这个全省县域经济的排头兵十几年前还是个贫困山区小县。这奇迹是怎样发生的？

抢先一步双向融入苏浙沪

“合资办配套企业，既引了资金，又销了产品、提高了知名度，真是一举三得。”在宁国市山门镇，宁沪钢球有限公司总经理秦本洋乐呵呵地告诉我们。10 年前，获悉上海建材集团有投资办配套钢球厂的意向，原为山门农机修造厂驻上海销售员的秦本洋，便邀请对方派人到宁国考察，随后达成协议，由上海建材集团出资 100 万元，与山门农机修造厂合资创建宁沪钢球有限公司。10 年来，公司三分之一以上的产品直销上海建材集团，去年实现销售收入 7800 万元，利税 500 多万元，原先的小作坊，一跃成为安徽省明星企业。

与山门农机修造厂不同，中鼎股份集团公司却把触角伸到了长三角。去年，他们投资 3260 万元，与两家外资公司分别在苏州、上海合资创立分公司。现在，他们在苏浙沪的分公司已发展到 6 个，去年销售总收入近 2 亿元，占当年集团销售总收入的三分之一以上，为中鼎成为全国最大的橡胶密封件生产、出口基地发挥了举足轻重的作用。

宁国市大张旗鼓地融入苏浙沪始于 2001 年。当年，中共宁国市委十届六次全会通过了《关于抢抓机遇加快发展尽快融入江（苏）浙沪经济圈的决定》，这比全省绝大部分县市抢先了至少两年。“决定”从观念接轨、市场衔接、优化环境、活化机制、分工配套、接受辐射等方面，进行了深入的分析和阐述，这无疑吹响了宁国人融入长三角的冲锋号。

提起“融入”，梅林镇镇长汪军颇有感触。通过创造良好的投资环境，以商引商，去年以来，该镇已引进苏、浙、沪投资商12家，其中有6家已投产，年销售总收入已达2500万元，产品全部回销长三角。该镇原有的20家电子、电器配件厂，去年销售总收入达1.5亿元，其中一半以上的产品销往苏浙沪。使得这个小山镇去年国内生产总值猛增到4亿元，财政收入达到700多万元。

去年，宁国实际利用省外资金7.16亿元，其中来自苏浙沪的资金占78.8%；全市规模以上工业企业实现销售收入35.7亿元，其中为苏浙沪工业配套的部件及销往这一带的产品销售收入占70%。依靠工业兴市，2003年工业增加值占国内生产总值49%的宁国，正是由于抢先了一步，目前已基本融入了长三角。

加快一拍改制“乡企”唱大风

“要救活企业，必须立即改制！”1997年10月末的一天，面对宁国市委、市政府派来请他重新出山的代表，正在合肥养病的原宁国耐磨材料总厂厂长陈宗明恳切地提出了这一建议。由于乡企产权不明，机制不活，导致干部职工缺乏积极性，企业缺乏生机与活力，三届全国人大代表、全国著名乡镇企业家陈宗明一度心灰意冷，1996年5月以病为由忍痛离职，告别了他一手创建、苦心经营了多年的企业。然而就在这短短的18个月里，由于多方面原因，厂里竟亏损3900多万元，濒临险境。陈宗明的建议与市委、市政府的想法不谋而合。他回厂4个月后，宁国耐磨材料总厂4000多万元的净资产折股，全部由该厂干部职工一次买断，改制为安徽省凤形耐磨材料股份有限公司，企业随之焕发出勃勃生机。去年，凤形公司销售收入猛增到2.7亿元，利税4300万元，产品畅销全国，并出口美、日等30多个国家和地区，迅速发展成亚洲最大、世界第二的耐磨材料专业生产企业。

随着市场经济的深入发展，曾一度创造出辉煌、宁国工业三分天下有其二的乡企，由于产权不明、机制不活越来越不能适应。到1998年，原有的1300多家乡企包括半停产状态的仅余下800多家，且绝大部分有产值无效益，负债累累，濒临绝地。乡企已经到了非改制不能生存的窘境。

宁国耐磨材料总厂的改制成功，成为当时宁国乡企改制的一个典型范例。宁国市委、市政府从中看到了乡企的新出路。1999 年，一场声势浩大的乡企改制席卷宁国，股份制、股份合作制、个人独资、兼并、破产等各种改革因企施行。政府开明，守信承担起 3 亿元的担保乡企债务；银行开明，依法申请呆坏账、核销部分乡企债务；法院开明，提前进入破产乡企，使之破产不停产，尽快获取新生。短短一年间，宁国 160 多家乡企破产完毕，平均不到 2.3 天就理结一家，其力度、速度可见一斑。动手较早的宁国市，一年间将全市千余家乡企全部改到位，比全省大部分县市又快了 2 到 3 年。这加快的一拍，又增添了宁国经济的领先优势。目前，宁国全市总共 1200 多家充满生机的民营企业，有近 80% 是由原来的乡企改制发展而来的。这批“乡企”的年销售总收入，甚至雄居全市工业销售总收入的 80% 以上。

超前一程二元结构一元化

近 5 年间，宁国市委、市政府就有 4 个“1 号文件”是关于加快推进农业、林业产业化的，其中去年的“1 号文件”在全省各县市中首次提出“加快农村经济发展推进一元化进程”。推进经济二元结构一元化，就是坚持工业化发展战略，坚持工业长入农业，带动农业产业化。

4 个“1 号文件”，从最初提出实施使农民年人均纯收入达到 4000 元的“65114”工程，到最近进一步提出经过 5 年的奋斗，培育一批市场竞争力和带动力强的加工型龙头企业群体，5 至 8 家企业年销售收入达亿元以上，1 至 2 家企业进入国家级龙头企业，产业化农户覆盖率达 90% 以上，其间出台了几十项含金量很高的扶持优惠政策，促进了加工型龙头企业的迅速发展，大大加速了农业产业化及全市经济二元结构一元化的进程。

“现在不愁卖难了。”见到记者，港口镇山门村养鸡户叶国锁、云梯畲族乡农民徐长春不约而同地这样说。养鸡 3 年没赚到钱的叶国锁，1999 年开始成为五星集团的合同养鸡户，由集团提供优质三黄鸡苗、专用饲料、药品、提供技术服务并负责上门收购成鸡。合同定出保护价，成鸡市场价高则随行就市。近几年来，他每年养鸡纯收入都在 1.6 万元以上。以前苦于生产的竹笋卖不上价的徐长春，1999 年开始与山里仁公司签订单进行标准化生产，去年竹笋订单额猛增到 15 万公斤。徐长春与周围的 200 多农户签订了二级订单，订单确定了保护价，产品市价高时则随行上浮 10%，公司在此基础上为其再上浮几个百分点。去年仅此一项徐长春纯收入就达 6 万元，带动其他农户共增收 30 多万元。两家企业共带动 22000 多农户，去年带动农户共增收 5800 万元，企业本身也都获得迅速发展，双双跻身省级农业产业化龙头企业 50 强。

目前，宁国市仅省级农业产业化龙头企业 50 强就拥有 4 家，占全省的 8%。全市大小“龙头”483 家，其中 500 万元以上规模企业 30 家，去年销售总收入 10.22 亿元。去年，全市龙头企业带动农户 7.1 万户，占全市农户总数的 81%，农产品加工率达 90% 以上，农民人均纯收入达 2823 元，居全省前列。数据告诉我们，如今在宁国，传统意义上的农业正在消失，全市经济的二元结构基本实现了一元化。这超前的一程——县域经济发展最薄弱领域的农村经济向以工业为代表的城市经济的迅速融入和崛起，进一步扩大了宁国经济的领先优势。

（此文作者还有徐建、唐明晖、芮莹）

观念领先才能步步领先

一着领先，只能一步领先；观念领先，才能步步领先。近些年来，宁国经济发展在全省步步领先，成为县域经济发展的排头兵，正是因为他们是经济发展观念上的领跑者。

人们的行动总是受思想观念支配的，没有领先的思想观念，要想在行动上步步领先是不可想象的。正是由于十一届三中全会以来的党中央改革开放的新观念，才带领全国人民拨乱反正，将国民经济引上发展的快车道。

那么，怎样才能做经济发展观念上的领跑者？宁国的经验告诉我们，首先必须吃透中央和省委有关政策的精神实质。去年，宁国市委、市政府的“1 号文件”在全省各县市中率先提出二元结构一元化，让农村经济融入城市经济，让农业融入工业，这一新观念的实质，正是党的十六大和省委有关文件提出的科学发展观和统筹城乡经济社会发展的精神。

要做经济发展观念上的领跑者，还必须始终坚持求真务实的精神，这是我们党所一贯倡导的。宁国人正是坚持了这一精神，才能在观念上领先一拍，市政府才不惜为乡企承担起 3 亿元的担保债务，并尽力为这批涅槃凤凰的尽快再生创造一切有利条件，使这批改制“乡企”赢得了发展先机。

宁国市委在尽快融入苏浙沪经济圈的决定中，首先提到的是“实现观念接轨”，一语道破“天机”，学习经济发达地区发展经济的新观念——这正是他们能在经济发展观念上领跑的又一个重要原因。我们学习宁国的经验，也要向宁国人那样，认真从思想观念上寻找与发达地区的差距，从思想观念上与他们接轨，用领先的观念带领群众赶超发达地区。

原载《安徽日报》2004年7月8日头版头条；获2004年度全省重大典型报道好新闻二等奖

聊吧

大江奔腾逐浪高

一个十几年前的山区贫困小县，迅速发展成连续四年综合经济实力稳居全省十强县市之首，且是当时安徽省唯一入选过全国百强的宁国市，是个老典型，如何才能写出新意？随多家新闻记者团采访宁国市，让人颇费思量。

1978年初秋，我从淮北到江南读大学，首次从轮渡过长江。大江奔腾汹涌澎湃一浪高一浪的气势，使我的心灵为之震撼。采访宁国市，该市的各项改革一浪高一浪，让我又一次找到了这种感觉，随形成了这篇作品的创意。

正文三大部分的结构：“抢先一步双向融入苏浙沪”“加快一拍改制‘乡企’唱大风”“超前一程二元结构一元化”，不仅小标题对仗工整，给人一种节拍美感，这“抢先一步”“加快一拍”“超前一程”的结构，还形成一浪高一浪奔腾向前的气势。而文后配发的《观念领先才能步步领先》的评论员文章，不仅画龙点睛，又何尝不是推来的又一个巨浪。而步步领先才形成“风景这边更好”，与主标浑然一体，构成汹涌澎湃的结构美。

主标，化用毛主席“风景这边独好”诗词名句，不仅准确、简洁、形象、生动，且让读者产生联想，内涵外延更加丰富。

新闻由头，没有抽象地用简单数据来说明该市经济发展成果，而是先通过“大片大片绵延不断的现代化厂房，一处处欲与环城群山比高的脚手架”的典型现场镜头，来“诠释着一组数据”，由此引导读者去关注其经济发展数据对比，不仅与作品大结构的气势吻合，且避免了一般由作者上来就硬性告诉读者经济发展数据的干巴、枯燥，较为形象、生动，让人如临其境，感到更真实。进而提出“这奇迹是怎样发生的？”引出正文，水到渠成。

作品在细节上注重一个“变”字。正文从第一、二大部分由典型人物会话、重点举例开头，然后高度浓缩、简洁交待一个方面的具体做法（这部分往往较枯燥，切忌赘述），再各用一个方面总的成就数据结尾；而第三大部分改用简洁交待一个方面的做法开头，回头通过典型人物会话、重点举例，再到一个方面总的成就数据结尾，不仅富有变化、点面结合、详略得当，且多用典型场景、典型人物会话、典型故事表达，尽量减少由作者直接枯燥无味地工作叙述，让人如闻其声、如临其境，形象生动，真实可信。

富有创意的表达不仅使作品气势磅礴，且使新闻主题形象化，更丰满，更深刻，因而更彰显了其新闻价值。故稿件被《安徽日报》用在头版头条，并获2004年度全省重大典型报道好新闻二等奖。

NEWS CHAT BAR

聊吧十

寻找让人怦然心动的典型事例

对于一篇通讯来说，如果说新闻主题是其灵魂，结构是其骨架，那么典型事例就是其血肉。尤其是人物通讯和事件通讯，如果没有动人的典型事例，再好的新闻主题也只能是一个干瘪的概念，再好的文章结构也只能是一副没有灵性的木头或金属支架，人物和事件就无法活起来。从这个意义上说，这类通讯的新闻主题和结构确定之后，有无动人的典型事例就成为能否成功的决定因素。

有位专家甚至说："没有动人的典型事例，就不要写通讯（主要指人物和事件通讯。下同）。"这是因为通讯稿的篇幅相对较长，如果没有动人的事例，读来枯燥无味，怎能让人卒读。有些新闻工作者，不懂得（更多是偷懒）写通讯是要以情感人、让读者心甘情愿地接受作品的新闻主题的。他们往往随便找几个例子就来写通讯，仿佛仅仅是为了随便找几个证据说明新闻主题似的。这里他们犯了一个根本性的错误，即心中无读者。一个心中无读者的新闻工作者，怎可能奢望读者接受你的新闻作品及主题（读者根本就不愿意看）？！业内常说，连自己都感动不了的例子，怎可能感动别人？！其结果，那么长篇幅的通讯，只能是写了、发了、了了、白费了。这种行为不仅是对读者和媒体的不尊重、不负责任，也是严重地不自尊、不自爱。

凡是这类通讯的名篇，在人们的记忆中总是和那些让人怦然心动的典型例子联系在一起的。比如，今天人们提起《谁是最可爱的人》，记起的是在艰苦的朝鲜战场上，一个战士在防空洞里吃一口炒面，就一口雪，还笑答记者"我在这里吃雪，正是为了我们祖国的人民不吃雪。他们可以坐在挺豁亮的屋子里，泡上一壶茶，守住个小火炉子，想吃点什么，就做点什么”……提起《县委书记的榜样——焦裕禄》，记起的是焦裕禄为了兰考人民战胜灾害、过上好日子，不顾肝病折磨拼命工作，经常用一根硬东西顶在右边的椅背上，顶压肝部止痛，日子久了，他办公坐的藤椅上右边被顶出了一个大窟窿……提起《人民的好医生——李月华》，记起的是为了不耽误急诊病人夜间求诊的时间，李月华养了一条报信的小黄狗，来人走进院子，小黄狗“汪汪”一叫，李月华的屋里就点了灯，有时急重病人刚抬到，她已站在面前了……正是有了这些动人的例子，才使这些作品、这些人物和事件历久弥新，在读者的记忆中不可磨灭。

好的典型例子，不仅能较好地表达新闻主题，还能在一定程度上深化主题、使主题更丰满、更出彩。往往几个动人的典型事例，就使整个作品为之生辉，令人难忘。

然而，动人的典型事例并不都是明摆在那里等你去拿，通常要采访到她并不容易，往往需要花大气力去寻找。比如，在《人民的好医生——李月华》这篇通讯里，反映李月华一心为病人群众着想、养了条报信小黄狗的例子，就是新华社等几家新闻单位的多名记者，记不清多少趟去李月华家采访，总能看到一条小黄狗，引起他们的关注，经询问，李月华的爱人赵斌才讲出了这段感人的往事。其实，采写出那些通讯名篇的记者们，能采访到那些让人心动的例子，哪一个又是容易的！老一辈新闻工作者这种锲而不舍的采访精神，很值得今天的新闻工作者学习。

古人写诗有“语不惊人死不休”的精神，我们今天写英模人物、集体和重大事件的通讯（这些英模人物、集体和重大事件本身，往往都有许多动人的具体典型事例），要想把英模人物、集体可歌可泣的精神报道得有血有肉、有声有色、真实感人，要想使重大事件的报道让人如临其境、如闻其声、令人难忘，不妨也学学古人，也要有采访不到动人的典型事例誓不罢休的精神。以下结合几篇作品具体聊聊这个话题。

兼职"总统"张其应

"上面分系统，下面当'总统'"，村支书们戏称自己为"总统"，个中滋味不难想到。每月 30 多元的补助，赶不上小贩跑趟青菜，而催粮、要款、"逼命"（刮宫引产）……哪一样少得了村支书。许多村支书遭报复，申请辞职。舆论界也在大声疾呼"'总统'乏人"。然而，安徽太和县苗集乡张老家行政村党支部书记张其应，居然又去本乡有名的穷村——菜李行政村兼了个义务"总统"。

一

1989 年初的一天，苗集乡张老家村党支部书记张其应风风火火走进乡党委书记徐健的办公室，请求去菜李行政村义务兼任村支书。正在纳闷的徐健同志不禁吃了一惊。

苗集乡穷出名的菜李行政村，党支部瘫痪，问题积压多，群众意见大，部分群众已连续两年拒缴公粮代金了。该村支书新近提出辞职，徐健正为一时找不到合适的人选伤脑筋。但是，徐书记并没有马上点头。

是眼前的这位村支书不可信吗？不！ 1979 年，"文革"中蒙冤昭雪的张其应当选为村支书时，淝河湾里偏僻、闭塞、落后的张老家村，年人均收入仅有 70 元，要实现共同富裕谈何容易！张其应提出养兔，有人笑歪了嘴。"嘻，祖辈都讲养牛养马，养那馒头大的兔子能值几个钱？"张其应在世俗的嘲笑声中从县城引进四只西德长毛兔种，年底发展到 30 多只，收入近千元，村里人服了，蓦然兴起养兔热。短短两年，全村养兔发展到 8000 多只，仅此一项，年人均增收 300 多元。

那不知荒了多少辈、足有 3 公里的淝河坝，如今变成"花果山"，张其应作出了怎样的奉献啊！ 1986 年的寒冬腊月，滴水成冰，迎着坝顶透骨的北风，他带着村里 39 名党员干部用铁镐、大锹撬开冻土，敲开淝河里的冰层取水，为集体植下 2.3 万棵桃梨果树苗，全部挂果后年收入可达 30 万元。整整苦干了 20 多天，一分钱的报酬未拿，张其应冻坏了耳朵，至今还留着疤痕。张其应的奉献又何止于此呢？为了将那 137 亩浅坡废塘改造成集体鱼塘（后养鱼 10 万尾，年收入 20 万元），他 3 次昏倒在治塘工地上，村里人是噙着泪水一次次将他送进医院的。

济孤、寡、病、残，斗春、夏、秋、冬，10 年间，张老家年人均收入增长 15 倍，达到 1100 多元，初步实现了共同富裕……

这一切，徐书记是十分清楚的。然而，一个人担任两个村的党支部书记，毕竟尚无先例，能成吗？

“我是个共产党员，邻村人受穷我心不安。我就不相信共产党员会挖不掉菜李的穷根！”

徐健同志的眼睛湿润了，他终于重重地点了下头。

二

夜已很深了，张其应的堂屋里依旧灯火通明，村干部正研究着一件大事。从此，支部“三会一课”及村务会全改为夜间进行；从此，这屋子里的灯光常常亮到深夜；从此，一分钱报酬不多拿的张其应工作量添了一倍。不！像菜李这样的后进村，工作量又何止一倍呢？应该说在这个问题上 1+1 ＞ 2。

消息传得真快，次日天还没亮，菜李村一家 6 口、近日断粮的村民李怀喜便敲开了张其应的大门。他来求救，哭成个泪人儿。

“请回吧，我随后就到。”

问题比预想的还要严重。好在张其应昨日已从乡里要了 500 斤救济粮。顾不上吃早饭，他便匆匆赶往菜李上任。然而，迎接他的竟是一场一触即发的大规模血斗，菜东一、二队严阵以待的数百名干群，为争夺十几亩耕地的所有权已经红了眼……

“大家知道吗，有人在挨饿？！”张其应早就风闻菜李的党员、干部不团结，菜李穷就穷在这内耗上。面对召集来开会、全菜李的党员、干部，他厉声质问。张其应没再说下去，而是让大家带他去看李怀喜。

仅有 2 间破草房的李怀喜家，明间只有后墙一条泥桌，连条像样的木凳也没有，高粱秸扎的篱笆所剩无几，暗间 2 个小泥囤里找不到一粒粮食，盲妻靠门坐在草墩上，身边的孩子面黄肌瘦。张其应的目光是严峻的。他扫视着菜李全体党员、干部们的脸，仿佛要洞穿那一个个灵魂。

“有人来这里看过吗？”

沉默，几分钟的沉默……

“大家想过吗？菜李为什么还这样穷？责任制都十年了，难道还去怪‘四人帮’吗？群众这样穷，我们做党员当干部的却还在搞内耗，犯罪呀！”张其应十分动情。一、二队的党员、干部们低下了头，菜李在场的党员、干部低下了头。

“我这里有500斤救济粮，大家回去摸一下，看还有几个断粮户，马上把它分下去。散会！”张其应就这样拉开了去菜李的序幕。

三

“叮铃”，靠着一辆自行车，张其应在张老家和菜李间4公里的土路上一晃就走过了四个月。菜李一、二队间十几亩耕地的纠纷不复存在了。村头新出现了三间党员活动室。中断了的“三会一课”制度又恢复起来了。党员、干部们开始坐到一起研究包贫致富。村里多年的财务账张榜公布了，群众反映强烈的集体农具和财产分配时的旧账全部理清。两年拖欠4000多元公粮代金的菜李人，很快还清了欠款。当年午季纳粮，第一天就完成全村任务的90%以上，夺得了全乡第二名……

当菜李瘫痪的党组织又重新站起的时候，张其应却整整掉了10斤肉。

1989年的8月，暴雨一场接一场，西淝河里的水位陡涨，已经超过了警戒线。一旦决堤，淝河湾里的张老家村10万尾鲢、鲤将全部泡汤。支部紧急决定村干部分组带班，日夜轮流执勤护鱼。张其应身兼二职，大家一致意见不给他排班。张其应却坚决不同意。大家拗不过他，只好给他排了夜班。一连20多天，他眼眶陷成窝，眼球像团火，疲倦弄皱了他的脸。一天清晨，执了一夜岗的张其应正要下岗，民兵营长张传喜从菜园里摸来两个熟透的甜瓜，他俩倚坝而坐，一人一个。张传喜掰开手中的甜瓜刚刚吃了几口，身旁猛然响起如雷的鼾声，一个没有打开的甜瓜已滚到坝脚下摔碎了。看着倚坝睡熟的村支书，张传喜不禁掉下了热泪。他没有喊醒他，他要让他好好地享受一次梦的甜蜜……

“叮铃铃”一年过去了，新支书没吃菜李一口饭，没花菜李一分钱，而张老家致富的一幕幕杰作，却开始在自然条件基本相同的菜李陆续上演。这一年，菜李人均收入达到了657元，比上年增长了43%。这一年，张其应先后被评为县、地、省模范村支书，全国劳模。不过，这是他当初没想到的。

原载《农民日报》1990年8月14日3版头条“乡村好书记”征文栏目；并获征文二等奖

聊吧

踏破铁鞋无觅处

对此稿典型事例的采访，我只想重点聊聊兼职“总统”张其应“吃瓜”那个例子的采访经过。

1989年夏初，当时还是太和县里一名通讯员的我，采访长篇通讯《不进“圣殿”大门的张老家人——太和县苗集乡张老家人“不信耶稣信支部”的调查》(《农民日报》1989年9月5日3版头条)。当时觉得该村支书张其应一心为民无私奉献，不仅团结支部一班人形成坚强堡垒，带领本村群众脱贫致富，还主动请缨、义务去落后的邻村兼任村支书（全国罕见），其事迹很有新闻价值，打算进一步收集素材，再写一篇他的人物通讯。

此后，我便和张其应交上了朋友。我每次去苗集乡采访，都要顺道去看望他。他每次进城开会或为村里办事，也总要找我聊聊。

3个多月了，未见到张其应。9月上旬的一天，他眼里布满红丝、一脸疲倦地走进我的家门。我问他：“怎么这么长时间没见到您？”他答道：“在村里防洪执勤看鱼呢。”我吃惊地又问：“您白天要去忙那么个落后穷村菜李的事，晚上回来还要料理本村事务，时间那么紧，哪还能执勤看鱼？”他又回答道：“白天是没时间，就值夜班呗。班子成员都不让我看，但集体养了10万尾鱼、年底就是20多万元的收入啊，大家都轮流执勤看鱼，我当‘班长’的咋能例外？！”“那么累怎受得了啊？！”我更是惊诧。“嘿！”他叹了口气说：“说不累那是瞎话，但关键时期你党员干部就得硬撑着。”

接着，不经意间他讲出一个让我怦然心动的故事：“一连数日值夜班，有点熬不住。那天清晨，值了一夜岗刚下班，传喜（民兵营长）从菜园里摸来两个熟透的甜瓜，俺俩倚坝而坐，一人一个。传喜掰开手中的甜瓜刚吃了几口，猛然听见身边那个鼾声打得响啊！他转脸一看，这才发现我靠着坝已经睡着了，那个没打开的甜瓜已滚到坝脚下摔了几瓣。后来传喜跟我说，当时他眼泪都掉下来了，没忍心喊醒我……”说者无心，听者有意。这么深刻动人的例子哪儿找去呀？！真是“踏破铁鞋无觅处，得来全不费工夫。”

以前，曾听老一辈专家讲，要采访英模人物的事迹，就要真心地和他们交朋友。此时我才真正理解这话的深刻内涵。

正是由于我真心地和张其应交朋友，采访到了他大量感人的事例，精心筛选构思成稿，作品才不仅先后被《安徽日报》头版“华东九报‘头条新闻竞赛’”栏目、《农民日报》三版头条“‘乡村好书记’征文”栏目采用，还荣获农民日报社“‘乡村好书记’征文”二等奖。

小张庄：一个春天的童话

“也许仅仅经济发展还不是那么困难，世界很多地方也有人由贫到富了。但是，在致富的同时，在经济发展的同时，又能够保护环境，不但保护了环境，而且改善了环境，这就难了。小张庄在这方面为全世界树立了一个很好的榜样。多少年来，我们试图在全世界找到一个靠自力更生改善环境，脱贫致富的典型，一直没有找到，这次在中国的小张庄找到了。”

——联合国副秘书长、环境署执行主任托尔巴。

座座别墅式居民楼

旧岁末的一场大雪，直到新年正月初十尚未融尽，残冬包裹着的淮北大地依然万木萧疏。来到安徽省颍上县谢桥镇小张庄村，眼前却是一片翠绿，气温也觉得明显升高。小张庄冬暖夏凉，果然名不虚传。尽管那高大的法梧等乔木尚未返青，然而，树下间种的苍松翠柏，家家门前的冬青、黄杨、广玉兰，村前村后吐翠溢绿的竹园，四野青青的麦苗，都透给你春的气息。村头新落成的一座座两层别墅式居民楼前，暖融融的阳光下几位老人聚在一起怡然闲聊。几个十来岁穿着红线衣的姑娘起劲地踢着毽子嬉戏。一座小楼前，一对青年夫妇正在自己的车库门口擦拭着米黄色的面包车。

“小张庄，锅底塘，光长草，不长粮，姑娘他乡飞，村里少新娘。”我突然想起小张庄昔日的那首民谣来。

生态农业　绿洲仙境

“俺村 697 户，30072 人，324 公顷薄地，历史上是个蛤蟆撒尿都成灾的穷地方。直到 1976 年全村年人均纯收入还不足百元，每年都要吃掉国家 1 万多公斤的救济粮。”昨晚在谢桥镇碰见小张庄老村委会主任张家顺。这位传奇式的人物，曾于去年和前年两个世界环保日，先后到瑞典的斯德哥尔摩、巴西的里约热内卢，捧回联合国环境署颁发的集体、个人两个“全球环保五百佳”（这在全世界尚属首次）。他向我讲述了小张庄的过去。

70年代末，张家顺被选为小张庄村委会主任。说来也奇，这位目不识丁的农民居然带领全村人搞起了生态农业。首先改土治水，苦干十个冬春，累计做土石方37.6万，根治了水患，建起田成方、渠成网、桥涵闸站全部配套、旱涝保收的农田排灌体系。中国古代有个故事叫“愚公移山”，大平原上的小张庄人则来了个“愚公造山”，他们硬是用打塘弃土平地堆起一座四十米高的“望富山”，其艰辛可想而知。治水的同时，自力更生育苗造林，科学布局，精心养护，十年来逐步形成多树种、多层次的立体生态型结构，实现了农田林网化、沟河林带化、道路林荫化、村庄园林化。加上果园，全村林木覆盖率由过去的6.9%提高到目前的26.2%。有效地改善了农田小气候，增产粮食8%~12%。树多、鸟多、虫害减少，降低了农药用量，减轻了污染。大量树叶沤肥，修整树叉做柴，省下麦秸养牲畜过腹还田，加上用人畜粪便制沼气，沼气渣液养鱼，塘泥肥田，形成良性生态循环。1987年5月，来小张庄参观的华东地区生态专家们交口称赞这里是“绿洲仙境”。

大自然对人类的关心和爱护，向来给予慷慨、丰厚的回报。在小张庄，那多达4074立方米的树木就是一座“绿色银行”，仅每年间伐的林木收入就达30万元。用林业收入的钱生钱，办起工副业，去年全村人均纯收入达1054.7元，比1976年增长了十倍以上。村里将十一个散村合理规划成四个新村，历史上第一次实现了扒掉草房建瓦房梦想的村民们，仅仅几年后的今天，又扒掉瓦房建别墅，年底全部完工。

“俺搞了亩半苗圃，几年来收入5.6万元，算是少的。俺村高福英家十七亩承包地全办了家庭苗圃，每年都收入4万多元呢。”在一座小楼前，村民韩维修这样告诉记者。

小孩也懂爱护自然

对于中国农民来说，“生态”曾经是多么陌生的字眼。张家顺说：“俺当初并不懂啥叫生态，只知道树栽多了好看，值钱。”然而，有了适当的气候，科学的种子总会开花结果，有了改革开放，就会从脚下走出千条万条致富路，尽管当初人们可能还不认识它。如今，生态农业已成了小张庄人刻意追求的目标。老人王清胜给我讲了个有趣的故事：1989年春节，他五岁的孙子奎龙的舅舅来探亲，要奎龙陪他去村公园。一出门小奎龙煞有介事地拽住舅舅说："乖，别折树呵。"惹得舅舅哈哈大笑。

沿村中心柏油路往北再往东，经过前年水毁后投资58万元新建的村小学古色古香的三层教学楼和屋宇整洁的村敬老院，记者来到被誉为"中国农村第一公园"的小张庄村公园。这座占地3.3公顷满眼葱翠、遍是名贵花木的公园，原是村东荒草丛生的东大洼。近些年来，这里已先后有5万多名国内观光者和16个国家的外宾光临。沿着七十二级台阶登上公园中央的望富山六角亭，站在联合国副秘书长、环境署执行主任托尔巴博士两次率团来考察、两次登临的地方凭栏远眺，不禁心潮起伏。想过去，看现在，这简直是一个春天的童话！

原载香港《大公报》1993年3月3日6版；获1993年香港《大公报》"神州变迁录"征文竞赛三等奖（此征文竞赛由当时内地31个省、市、自治区党委机关报负责组织各地记者参赛，发稿100篇，评奖17个，由全国人大常委会副委员长王光英等在北京、人民大会堂颁奖。）

聊吧

众里寻他千百度

对此稿典型事例的采访，我只想重点聊聊5岁的小奎龙陪舅舅逛村公园那个例子的采访经过。

调进安徽日报当记者后，这是我接到报社的第一个采访任务，去"全球环保五百佳"的颍上县小张庄采访，参加香港《大公报》"神州变迁录"征文竞赛，这可是全国的一场大赛啊！且报社领导还寄予厚望。

对于和我原先工作的太和县同属阜阳地区的小张庄，我并不陌生。那可是个遐迩闻名的大典型。近几年来，从中央到地方的各级新闻单位，大批记者、通讯员都先后到这里采访，发表了一大批稿件。这对我这个初出茅庐的记者，是个相当大的压力。我既不能重复别人已经选用过的好角度，还要尽量避开别人已经选用过的典型事例。

正月初十，当人们还沉浸在过年的氛围中，我就踏着残冬尚未融尽的积雪走进小张庄。一连3天，我不仅采访了不少村、组干部，还走访了几十户村民。然而，得到的素材大同小异，大都是村里如何挖沟修渠治涝，建旱涝保收田，育苗造林绿化，脱贫致富，建公园等工作一类的事，且不少都被别人用过。当时，尽管天寒地冻没有空调，只有我一个客人的谢桥镇招待所（靠近小张庄）显得格外寒冷，但我心里却在冒火。我就不相信，这么好的典型找不到能让人怦然心动的例子。

那是第4天的傍晚，本以为已访到又一个新村的尽头了，转脸一看，发现还有一户农舍。我和镇里的年轻秘书随即走了进去，见两位老汉正在闲聊，一个小男孩正在一旁认真地做着寒假作业。

“这孩子好乖！多大啦？叫什么名字？”

“过了年刚9岁，叫奎龙。”见记者夸自己的孙子，户主王清胜眉眼都是笑。他接着讲出了一个让我们意想不到的故事。“那年奎龙才5岁，他舅舅来探亲，要他陪着去村公园。一出门，他认真地拽着舅舅说：‘乖，别折树呵。’惹得他舅舅哈哈大笑。”（连孩子都懂得爱护花草树木，可见生态意识该是多么深入小张庄的人心。）

这例子太感人了！我的心止不住一阵狂喜！宋代大诗人辛弃疾“众里寻他千百度。蓦然回首，那人却在，灯火阑珊处”的佳句，突然闪过我的脑海。我想只有经过“众里寻他千百度”地苦寻，才会有“蓦然回首，那人却在，灯火阑珊处”的惊喜。

许是这个例子也感动了《大公报》的编辑，竟特意为这段文字加了个“小孩也懂爱护自然”的小标题。诚然，在“残冬包裹着的淮北大地依然万木萧疏”的时候，踏着尚未融尽的积雪来到小张庄采访，却让我感受到浓浓的春意，联想到是改革开放使神州大地迎来又一个神奇的春天，使小张庄迎来一个神奇的春天，从而触发了我的灵感，提炼出“这简直是一个春天的童话”具有重大新闻价值的主题，并精心构思，是作品成功并获奖的主要原因。但是，我仍然要说，这个动人例子的获得，对使作品主题深化、出彩，并最终获得成功、获奖功不可没！

筑在人们心头的防洪大堤

人们见到过矗立江边绵延万里土石结构的防洪堤，见到过军民联手用血肉之躯筑起的冲不垮的防洪堤，却很少留意那筑在人们心头的防洪大堤。近日，记者去皖江沿线采访，有幸目睹到她的风采。

挨板子的为打板子的说好话

8月20日夜，抢在第六次洪峰到达之前，记者来到八百里皖江要隘的同马大堤宿松县汇口段采访。夜里10点左右，在汇口镇张墩村大堤上的防汛工棚前，一队查险刚刚归来的民工和我们聊上了：

“乡亲们辛苦了！”

一位名叫劳德新的村民笑了笑，指着因长期赤脚在沼泽地查险沤烂的脚丫回答记者：“快两个月了，白天头顶烈日，晚上蚊虫叮咬，咋能不苦？可为了保大堤，保家园，值！”

“是打蛇的吧？”交谈间，记者指着一位中年汉子手中的一根一米多长的竹板问。“哈哈哈……”人群中忽然爆发出一阵笑声把记者闹懵了。

“是打他们的。”拿竹板的人指了指发笑的民工，自己也笑了。

啊，是用来打人的？打这些抗洪前线的民工的？记者不禁瞪大了眼睛。打板子的人名叫柴绍海，是县司法局的纪检组长，是这村堤段的防汛责任人。

“他是个好干部，很负责任。”更让记者想不到的是被指为挨板子的民工们竟七嘴八舌为柴绍海评功摆好。

“高温下长时期连续紧张地查险，人的体力、精力消耗太大，困急了，夜间查险间隙，不管蚊虫叮咬，倒头就能睡‘死’，不用板子打，很难叫得醒，即使醒了也提不起精神，容易误查险大事。”挨板子的劳德新们的一番话使记者的心酸酸的，原来这里是周瑜打黄盖，一个愿打，一个愿挨。所不同的是，这里没有苦肉计，而是在同为防洪。

他把老妈的退休金买汽油了

还是这次夜访汇口，送我们去江堤的是宿松县政法委57岁的老师傅江大芳。近两个月来，他每天都在这通往江堤的路上来回奔驰，披星戴月，风雨无阻。

我们先赶到位于复兴镇的宿松县江堤防汛指挥部采访，由于采访时间很晚，等我们走出指挥部约江师傅一同吃晚饭的时候，他已经自己先去食堂吃过饭等在车旁了。晚饭后，小车在汇口大堤上颠颠簸簸，爬上爬下，江师傅始终将车子开得十分耐心。

夜已经很深了，我们才告别汇口大堤。小车从溃破的内湖圩中间的公路上穿行，有些路段洪水已溢上路面。话题自然扯到这场肆虐的洪水给宿松这个贫困县带来的困难。“县财政困难得很，连干部的工资都不能按时发放。防汛调用的小车，还要由出车的单位自己解决汽油。这不，单位一时支不出油钱，我把老妈几个月的退休金全给买汽油了。”

江师傅有个八十多岁的老母亲，退休后长期住在安庆的女儿家，因为防汛，他已经很久没去探望老母了。为了防汛抗洪，这位57岁的老师傅竟用母亲的退休金买汽油送我们去江堤采访。一种崇高的敬意在记者心头油然而生。

“三个猴”一条心

8月22日，记者随省长回良玉再次来到汇口江堤。在万亩大圩永天圩西端的江堤上，记者眼前又再现了当年地道战的一幕：所有沿堤的房子墙壁全部被打通，在打通的房洞里，用编织袋装土筑起一道厚厚的防洪子堤。

“群众建几间瓦房不容易呀，这房子毁了他们要受多少损失，当初就不该让他们把房子建到这堤上，怪我们没把工作做好。”回省长望着一旁的市、县领导，心情颇不平静。接着他走下堤腰，向守候在一处已得到控制渗漏险点的两位老农走去。

“两位多大岁数了？”

“我俩都是五十四岁。”

“是属猴的吧？我也是属猴的，咱们三个‘猴’不说客气话。拆了你们的房子，有意见吗？”

“没有，房子建在大堤上咱们也有责任，为了保大堤，该拆。”

“谢谢，谢谢乡亲们！政府一定会把灾民的生活安排好。”看着眼前这两位拆了住房还在日夜守护大堤的同龄人，省长的眼睛湿润了。

一个个普普通通的人，一句句质朴无华的话语，记者从他们的心头看到了一道巍巍的防洪大堤。有了这道堤，那绵延800里的皖江防洪大堤才能牢不可破。

原载《安徽日报》1998年8月31日8版头条；获1998年全国抗洪救灾优秀报道三等奖、1998年全省抗洪救灾优秀新闻作品二等奖、安徽新闻奖（1998年度）通讯三等奖

聊吧

险中求“例”

聊此稿前两个典型事例的采访，我眼前又浮现出当年在长江抗洪最艰险的时候夜访汇口的一幕幕。

1998年夏，长江发生接近或超过1954年历史最高洪水位的特大洪水，八百里皖江处处告急。在长达两个月的时间里，白天头顶烈日，夜晚蚊虫叮咬，125万江淮儿女夜以继日严防死守，可谓是筋疲力尽。每当那令人难以抵御的瞌睡袭来的深夜，便是长江防洪最危险的时候。八百里皖江险在同马，同马大堤险在汇口。长江第六次洪峰即将到达，我和采访组的另两位记者，决定在这最危险的深夜，去这险中又险的江堤采访。

夜里10点左右到达江堤，就碰到了第一个典型事例中的民工劳德新们。尽管挨板子的劳德新们为打板子的干部说好话，听来让人心里酸酸的，但这个新时代抗洪战场上“周瑜打黄盖”的故事还是让我感动不已。

接着便是第二个典型事例的采访了。

夜已经很深了，我们才告别汇口大堤。宿松县政法委57岁的老师傅江大芳，在漆黑的深夜驾驶着越野车，从溃破的内湖圩中间的公路上穿行。有些路段洪水几乎没过小车轮子。借着小车两道雪亮灯光的映照，我们看到有时小车简直成了小船，而他却显得那样镇定而耐心。让这位头发花白的老师傅，冒险

拉我们夜访汇口，并熬到深夜，实在有些不好意思。

“江师傅辛苦了！”

“你们不也一样？！抗洪抢险吗，这倒没啥，就是经济上快撑不下去了。”接着江师傅便讲出了由于县财政困难，单位没钱，为了抗洪，他用老妈的退休金买汽油拉记者上堤采访，让人不禁肃然起敬。

后来我想，如果不是在那最艰难、最危险的时候，深入到那最危险的江堤采访，就很难获得这样感人的典型事例。猛然又想到，大作家、人民日报特约记者魏巍，不也是深入到抗美援朝最艰难、最危险的前沿阵地，才亲眼目睹到一个战士在防空洞里吃一口炒面就一口雪，还笑答记者的动人事例吗？！更有不少战地记者，为了获得那些最真实、最鲜活、最感人的战争场景和事例，就牺牲在那战争最前沿的阵地上。这也许是个规律吧，往往新闻工作者深入到人们生活、工作和战斗最苦、最脏、最难、最险的地方去采访，才容易找到最感人的典型事例。

由于此稿采访到了如此感人的典型事例，也使我提炼出深刻且具有重大新闻价值的感人主题，精心构思成稿，作品才获得成功。此稿被《安徽日报》8版（经济广场版）“头条竞赛”栏目采用，并获一等奖，还先后获得1998年全省抗洪救灾优秀新闻作品二等奖、1998年全国抗洪救灾优秀报道三等奖、安徽新闻奖（1998年度）通讯三等奖。

NEWS CHAT BAR

聊吧十一

做好新闻“点心”

如果说新闻是人们每天的一席精神大餐，那么，现场新闻（一般千字以内）就是席面上一道诱人的“点心”。说其是诱人的“点心”，一是指其并非主菜；二是指其特别贴近实际、贴近生活、贴近群众、具有很高的精神营养（新闻价值），且小巧精致、味美耐嚼、富有特色，令人先“尝”为快。

要把现场新闻做得小巧精致，必须文字简洁凝练，与主题无关的话语，一句都不能留；要做得“味美耐嚼”，必须文笔鲜活优美，意味隽永且要多用典型现场和典型人物话语来表达，让读者有身临其境之感，杜绝作者一般性的叙述；要做得富有特色，则必须因文制宜创意表达，而不能机械呆板地制作、甚至拙劣地仿制。

以下，就结合几篇现场新闻作品，具体聊聊这个话题。

囍在赵庙

元月 2 日，皖西北太和县的赵庙区一片喜气。

为筹办这第一次集体婚礼，区里，宣传委员、妇女主任、团委书记又忙了整整一个通宵。一抹红霞涂上天边，二辆贴着大红囍字的客车从区委出发，接来了全区 6 个乡 65 个行政村的近百位新人。

唢呐声声，许寨乡 20 对新人下车了。走在中间的小伙子张家云，拉了拉他的新娘子庞秀英说了句悄悄话，新娘子噗哧笑出了声。他俩是许寨乡临时增加的一对，昨天下午冒雨赶到乡政府，最后报了名，赶上了这次婚礼。

为了参加这移风易俗的婚礼，胡集乡复员军人常植海亲自送来了刚登记的女儿和女婿；张阁乡当年的秧歌队员杨允华乐滋滋送来了刚办手续的儿子和媳妇；赵庙乡的周怀彪和他的新娘子刘桂丽偏不信算命瞎子择定的“吉日良辰”，提前结婚；黑虎乡农职中教师李凤亮苦苦解劝，终于说服了准备操办一番的双方父母，昨天下午冒雨步行 15 公里接来了他的新娘子。

“啪啪啪……”太阳越过树梢梢，集体婚礼在区电影院开始了。自愿义务为这次盛典奏乐的许寨乡滕家唢呐班吹起百鸟朝凤。捧笙的小伙子滕传元吹得前仰后合特别起劲。原来他也是集体婚礼的参加者，喏，是他身旁的新娘子张燕提前为他报的名。婚礼上，来自黑虎乡吴庄的少林弟子沈智和他的新娘子郭新红兴冲冲登上婚礼台，新娘用纸币啪地一下劈断竹筷，新郎用手指一戳止停了飞旋的电扇，赢得满堂喝彩。一个个新人登台献艺，为自己的集体婚礼助兴添彩。

电影院欢声笑语一浪高一浪……

婚礼就要结束了，主婚人区委书记范兆松的话语还在我耳边回响：“这次集体婚礼，全区至少要节约 22 万元人民币，接近全区年财政收入的三分之一。”多年来，赵庙人承受着多么沉重的负担啊！年过七旬、站在观众后排的赵庙集个体医生王效国，望着张阁乡张广庄老支书张克功颇有感慨地说：“嘿，可惜咱们没赶上这个时代！”一旁两位小伙子互相碰了下肩膀：“喂，明年该轮到咱了。”

“嘿，到时候瞧咱的！”

精神文明建设的春风把赵庙人的心吹动了！

（此文的作者还有王杰、张善欣）

原载《安徽日报》1991年1月6日头版报眼；“华东九报‘现场新闻竞赛’”栏目

聊吧

里山更比外山高

文似看山不喜平。如何将这篇集体婚礼的现场短新闻，写得重峦叠嶂、一山更比一山高、“味美耐嚼”，富有特色？确让人颇费思量。

婚礼最主要的特色就是一个“喜”字，作品就始终围绕着“喜”字做文章。

“囍在赵庙”，简洁、准确、喜庆的四字标题，既道出婚礼的喜事，又道出青年集体婚礼精神文明建设的喜事，一语双关，内涵丰富。农村改革十余年后，大部分农民刚刚解决了温饱问题，农村婚丧嫁娶大操大办铺张浪费之风又起，广大农民不堪重负。皖西北的太和县赵庙区党政，及时为农村青年组织集体婚礼，倡导文明新风，反对浪费旧俗，事件虽小，意义重大。这不仅在太和县是首次，此前在省里的媒体上还未见过相关报道。标题是文章的眼睛，眼睛是心灵的窗户。透过这眼睛，让人看到了作品在当时较高的新闻价值，看到了作品心中的“喜”字。

作品用一句“元月 2 日，皖西北太和县的赵庙区一片喜气”破题，接着写有关领导为筹办这喜事又忙了一个通宵，然后是“一抹红霞涂上天边，二辆贴着大红囍字客车从区委出发”，接来了全区 6 个乡 65 个行政村的近百位新人。短短百余字，一个特写镜头，让人看到了喜庆故事的一个小山峰。

“唢呐声声，许寨乡 20 对新人下车了。走在中间的小伙子张家云，拉了拉他的新娘子庞秀英说了句悄悄话，新娘子噗哧笑出了声。”说的什么？很神秘。只知道他俩昨天下午冒雨到乡里最后一对报了名，赶上了这集体婚礼。一个特写镜头，不足百字，却让一个喜庆故事的奇峰凸起。

接下来，胡集乡复员军人常植海送刚登记的女儿女婿，张阁乡当年的老秧歌队员杨允华送刚办手续的儿子媳妇，赵庙乡新郎周怀彪和新娘子刘桂丽不信算命瞎子的“吉日良辰”，黑虎乡农职中教师李凤亮和他的新娘子劝服准备大操大办的双方父母，纷纷赶来参加集体婚礼的四个排比故事，仅120字，巧妙地反映了，参加集体婚礼各种类型的新人及父母，破旧俗、树新风的精神风貌，又矗起一座喜庆故事的高峰。

如果说集体婚礼现场外的这三个喜庆故事的山峰仅仅是外山，那么集体婚礼现场才是喜庆故事的内山。

“啪啪啪……”太阳越过树梢，集体婚礼在区电影院开始。滕家唢呐班自愿义务演奏起百鸟朝凤，集体婚礼参加者捧笙的小伙子滕传元吹得前仰后合特别起劲。一对少林俗家弟子沈智和他的新娘子郭新红兴冲冲登上婚礼台，分别献上纸币断竹筷、手指停电扇的绝技，赢得满堂喝彩。一个个新人登台献艺，为自己的集体婚礼助兴添彩。电影院欢声笑语一浪高一浪……新人们自娱自乐节俭办喜事，透出特有的热烈喜庆氛围。这一组集体婚礼现场的特写镜头，短短200字让读者看到一座比外山更高的喜庆故事的山峰。

篇末更是精心设计。借用主婚人、区委书记范兆松的话语，令人信服地说明了，为农村青年组织集体婚礼的重大意义及地方党政为民减负的初衷。接下来是作者恰到好处、以情感人的一句慨叹：“多年来，赵庙人承受着多么沉重的负担啊！”强化新闻主题的感染力。婚礼写完了，作品却并没有就此打住，而是精选了受到感染的老人向另一位老人情不自禁地发感慨，两位小伙跃跃欲试的神态及议论，然后用极富感染力的抒情语言，“精神文明建设的春风把赵庙人的心吹动了”结尾，将喜庆故事推上最高峰。

一篇不足八百字的现场新闻，除了喜庆色彩的18个字破题，喜庆的典型场景、典型人物会话和顺手拈来的小故事，一个接一个，连烘托气氛的四句排比也在讲喜庆故事，绝无半句与主题无关及作者一般性的叙述，写得重峦叠嶂，一山更比一山高，较好地表达了喜庆的新闻主题。作品文字简洁，写法鲜活，让人如临其境、如闻其声，尽享画面美、意象美、情趣美、精神美，小巧精致，颇有创意。事件虽小，但作品不仅被《安徽日报》“华东九报‘现场新闻竞赛’”栏目采用，还被用到头版报眼的重要位置。

古庙会上的掌声

“咚锵、咚锵……”农历正月十八晚，太和县长春集古庙会两台大戏最后一场演出的开场锣鼓敲得正欢，庙会会长、长春乡党委副书记张其珍登上了北边的一座戏台。锣鼓声戛然而止，偌大的会场上黑压压挤满的人群，唰地一下眼睛全盯上了张书记。

“乡亲们”，张其珍走到前台的中央大声说：“庙会就要结束了，借此机会，我来汇报一下经费收支问题。”

“呀，怕是又要集资了！”敏感的观众顿时在台下议论起来。

正月初九晚上，张其珍曾在广播喇叭里宣布：“为了把庙会办得更红火，促进商品流通，乡里决定今年庙会除在本乡按人集资外，一律不准收会费。发现私收会费者，收1元罚200元，并追究其责任。”

一年一度的长春集古庙会，吸引着相邻3县十几个乡的群众，商贾逾千。过去买卖人进会，首先要买入场券。入场定点后，不管生意如何都要交“戏费”“地皮费”，从木器、竹器、柳编、苇编行，到烧饼炉、甘蔗摊、圆子汤锅等无一不收，少则二、三元，多则三、四十元。加上群众集资，每会收费近万元，大半用于招待赶闲会的区、乡、村、组干部吃喝。张书记的广播讲话一传开，十里八乡的生意人喜不自禁。因此，尽管会前下了雨雪，今年的长春集古庙会依然十分红火，六行八市一派兴隆。正月十五那天，赴会者足有四、五万人。

“会上不收费，每人又少集资一角多，怕是不够开销了吧？”台下的观众继续议论着。

“今年全乡农民集资共3100元，乡直单位集资850元，总共3950元。请戏两台，演出5天，演出费1800元；演员生活费600元；搭戏台两座，开支300元；广播宣传、广告费300元；赶闲会的各级干部一律没招待；加上民兵值勤、大会办公等费用，会费略有结余。”

“什么，还有结余？！”台下的观众一时愣住了。少顷，掌声骤起，响彻数千人的会场。

原载《安徽日报》1991年3月15日头版；“华东九报‘现场新闻竞赛’”栏目

聊吧

红火炉中三尺浪

清代文学家陈沆，除夕夜与父亲围炉对联，曾传出一段佳话。炉子上面炖着一罐肉汤，父亲即兴给出上联“汤开罐滚，红火炉中三尺浪”，以测试儿子的文采。陈沆想了想未能有佳句可对，父亲正要生气了，忽然外面传来了迎春的爆竹声，顿时触动陈沆的灵感，他脱口而出“烟飞爆响，青云路上一声雷”，父亲转嗔为喜。

才思敏捷的陈沆，之所以一时未有佳句可对，是因为父亲给出的上联确实很妙，既形象生动又意味隽永。一篇短小的现场新闻，也像一个小肉汤罐，能否让它在炉火中也腾起三尺浪来，形象生动又意味隽永，让读者喜爱呢？作品做了有益地尝试。

“古庙会上的掌声”，标题言简意赅，这掌声既是对当地党政清廉办传统庙会、搞活流通的赞誉声，也是对当时农村普遍存在的乱集资、乱收费、随意加重农民负担及腐败现象批判的炮声，形象生动，意味隽永，透出此稿当时具有的较高新闻价值。

“咚锵、咚锵……”古庙会两台大戏最后一场演出的开场锣鼓，敲开了新闻故事的开头，上来就催起一层浪花。

接着，“开场锣鼓敲得正欢，庙会会长、长春乡党委副书记张其珍登上了北边的一座戏台。锣鼓声戛然而止，偌大的会场上黑压压挤满的人群，唰地一下眼睛全盯上了张书记。”氛围由极闹到极静，形成强烈反差，掀起新闻故事的第二层浪花。

接下来是张其珍对乡亲们的喊话：“庙会就要结束了，借此机会，我来汇报一下经费收支问题”和“‘呀，怕是又要集资了’敏感的观众顿时在台下议论起来”。观众的敏感，反映出当时社会上普遍存在的乱集资、乱收费、随意加重农民负担及腐败现象严重的现实，两个特写镜头，将作品氛围又催起一层大浪。

作品接着采用倒叙的手法，简洁交待这次会前当地党政公开宣布的办会宗旨，集资、收费的规定和纪律，回顾往年办会时乱收费及用于招待干部吃喝的腐败现象，还有这次清廉会风带动古庙会的一派兴旺景象等。从现场观众情绪和作品氛围上看，这仿佛是上一个大浪的自然回落，为催起更大巨浪在积蓄力量。

结尾，作品用台下观众的议论：“会上不收费，每人又少集资一角多，怕是不够开销了吧？”继续与往年办会作比较，作品继续积蓄力量，并与接下来张其珍公布会费具体收支情况后说明“会费略有结余”，形成意想不到的巨大反差，以致引起群众惊呼“什么，还有结余？！”继而，“掌声骤起，响彻数千人的会场”。一气呵成，作品陡起三尺巨浪。这里要特别提及的是，群众的掌声并非仅仅为了会费收支的反差，还因为张其珍特别提到的“赶闲会的各级干部一律没招待”。这反腐败的主题不就是炊得汤开罐滚的炉火吗？！

一篇700多字的现场新闻，主要用典型人物、典型现场，特别是紧紧抓住现场群众情绪的变化来表达，绝无与主题无关或作者一般性的叙述。故事氛围一波三折，扣人心弦，就如在那小小的红火炉中催起三尺巨浪，较好地表达了新闻主题。作品文字简洁鲜活，小巧精致，“味美耐嚼”，颇有创意。故事虽小，作品仍被《安徽日报》头版“华东九报‘现场新闻竞赛’”栏目选用。

唐垛湖爆破行洪目击记

7月6日清晨7点，淮河正阳关水位攀升到26.53米，比1991年启用隔河相望的唐垛湖行洪水位还高出0.42米，八百里淮河大堤频频告急！

“唐垛湖怕要爆破行洪了！”早饭后，5日深夜从阜南王家坝匆匆赶到颍上县的记者，从淮河柳林排灌站换乘“颍水一号”防汛指挥船，顺流而下驶往爆破点。眼前的淮河烟波浩淼、波涛汹涌，宛若又一条长江。隐约望见对面河岸像条窄窄的绿丝带飘浮在水面，让人直面凶险。

“从7月1日唐垛湖达到行洪水位，我们便开始动员湖区群众撤出，至今天上午10点，已经进行了5次地毯式检查，群众全部转移，达到了不漏一人的目标。”同船的颍上县委书记李新才这段话，让一直牵挂着湖区群众安危的记者长舒了一口气。

11点50分，我们登上管家沟排灌站附近的淮河大堤，一股爆破前的紧张气氛扑面而来。

几十名工兵小伙子在爆破点大堤上来回穿梭搬运着炸药……

忽然，一支60多人的民兵队伍急匆匆赶来，加入了运送炸药的行列。阜阳军分区政治部主任赵燕民显得有些激动：“他们为守护这段大堤已经奋战了6天6夜，可今天听到一声令下，为了顾全大局，马上投入送炸药的队伍，要亲手炸毁自己用心血和汗水守护的大堤，眼睁睁看着洪水冲毁自己的庄稼和家园，确实难能可贵！”

“农村改革以来，家里的日子好过多了。俺家现在12口人，13亩承包地全在这湖区，尽管粮食、衣被、猪、牛都带了出来，一旦实施行洪，至少也要损失上万元，咋能不心疼。但为了沿淮更多的人生命财产安全，国家要在这里行洪，俺没说的。”在排灌站左侧楼顶平台，赛涧乡罗台村51岁的老农姜多广说起这话眼里噙着泪水。

“多好的群众啊！”面对眼含热泪却毫无怨言的群众，中共阜阳市委常委、宣传部长陶克贵颇为感慨。

下午 3 点 20 分，副省长赵树丛一声令下，唐垛湖爆破行洪即刻实施。“轰、轰”！随着两声巨响，一股巨流卷着泥土冲天而起。随之，在 300 多米长的爆破口上，7 米多高落差的洪水咆哮着扑向堤内，刚刚还满眼葱翠一派生机的湖区，转瞬变成波涌浪滚的一片汪洋。随着洪水被引入宽阔的蓄洪区，淮河主干道洪水水位开始回落，沿淮千万个家庭化险为夷。

“颍水一号”开始返航。回头望去，姜多广和他的乡亲们依旧站在排灌站楼顶平台上，默默凝视着湖区翻滚着的波涛，久久不肯离去。借着一抹阳光，我们看到他们的眼角挂着晶莹的泪花。

（此文作者还有项良新）

原载《安徽日报》2003 年 7 月 7 日头版；获安徽新闻奖（2003 年度）通讯三等奖

注：作为采写《唐垛湖爆破行洪目击记》的记者，在适当的时候回访，看看灾区生产救灾和灾民生活得咋样？这既是心系群众记者的牵挂，也是对广大读者关心的必要回答。2004 年 5 月下旬，我再次专程赶到唐垛湖行洪区，采写出通讯《满湖金波满湖情——颍上唐垛湖行洪区见闻》(《安徽日报》2004 年 5 月 27 日 B1（焦点新闻版）头条）

聊吧

一篇短小的现场新闻，能否写出诗的意境，让读者回味无穷？本文做了有益地尝试。安徽日报 70 华诞前夕，编辑部约我写一篇征文。由于对当年采写《唐垛湖爆破行洪目击记》印象特深，就据此写了一篇回忆文稿，或可作为对这种有益尝试的诠释。

那诗的一幕

“春江潮水连海平，海上明月共潮生。”这首不朽诗作《春江花月夜》的头两句，我每每读来，眼前总有一片奇景——长江下游春潮上涨，江海连平，海疆无比辽阔，忽然，伴着涌生的大潮，海上生出一轮满身血丝的红月亮。想必大海母亲也经历了分娩的阵痛和产下月亮宝宝的狂喜，以致心潮起伏、波滚浪涌。这壮美的意境常令我心驰神往。可想不到，在我的记者生涯中，竟也有幸能亲身领略到这诗的一幕。

2003 年 6 月下旬，天像个大漏斗，不停地狂泻着暴雨。不久前还十分温顺的淮河，骤然变成了一头野性十足的猛兽，横冲直撞，八百里淮堤险象环生。7 月 5 日夜 11 点，接报社紧急通知，我和另一位同事连夜赶往颍上县，准备采访次日唐垛湖可能进行的爆破行洪。

7 月 6 日清晨 7 点，淮河正阳关水位攀升至 26.53 米，比 1991 年启用隔河相望的唐垛湖行洪水位还高出 0.42 米。唐垛湖怕真要爆破行洪了！我的心陡生波澜。

早饭后，一行人从淮河柳林排灌站换乘“颍水一号”防汛指挥船，顺流而下驶往预定爆破点。眼前的淮河，烟波浩淼，波涛汹涌。隐约可以望见对面的河岸，像条窄窄的绿丝带飘浮在水面。

指挥船上，人们压低声音窃窃私语，气氛有些压抑。同船的时任颍上县委书记李新才告诉我，自 7 月 1 日唐垛湖达到行洪水位，湖区已先后进行 5 次地毯式检查，群众全部转移。听后，我悬着的心才稍稍放下。

11 点 50 分，我们登上管家沟排灌站附近的淮河大堤，爆破前的紧张气氛扑面而来。几十名工兵小伙子在爆破点大堤上来回穿梭，忙着搬运炸药。突然，一支 60 多人的民兵队伍急匆匆赶来支援。时任阜阳军分区政治部主任赵燕民说，为守护这段大堤，民兵们已奋战六天六夜，今天接到命令，却要亲手将其炸毁……那可是他们用心血和汗水浇筑的大堤啊！身后，就是他们祖居的可爱家园！望着他们一双双布满血丝的眼睛，我的心隐隐作痛。

排灌站左侧楼顶平台聚着一群人，估计是湖区的农民，我爬上去和他们交谈。赛涧乡罗台村老农姜多广告诉我，他家 12 口人，13 亩承包地全在这湖区。农村改革以后，家里的日子逐渐好过起来。1991 年湖区行洪后，他家返贫了。又辛苦打拼了十多年，家里刚刚恢复元气。这次再行洪，他家少说也要损失上万元，“只怕又要返贫了，哪会不心疼！”但是，为了沿淮更多人的生命财产安全，他和乡亲们仍无怨无悔地支持炸坝行洪。交谈中，他眼里分明噙着泪水。敬意从我的心头油然而生，心中暗叹，这是多么崇高的大局意识和牺牲精神！

下午 3 点 20 分，一声令下，唐垛湖实施爆破行洪。“轰！轰！”随着几声巨响，一股巨流卷着泥土冲天而起。随之，在 300 多米长的爆破口上，7 米多高落差的洪水咆哮着扑向堤内，刚刚还满眼葱翠一派生机的湖区，眨眼间变成波涌浪滚的一片汪洋。随着洪水被引入宽阔的蓄洪区，淮河主干道的洪魔顿时失去了野性，沿淮千万个家庭化险为夷。

“嘟、嘟……”马达声响起，为防止下泄洪流巨大的引力将指挥船吸入爆破口，“颍水一号”立刻逆流返航。我转身回望，姜多广和乡亲们仍站在排灌站楼顶平台上，默默凝视着湖区翻滚着的波涛，久久不肯离去。借着一抹阳光，当不经意间看到他们眼角挂着的晶莹泪花，我的心被深深地触动了。那是面对小家被洪水吞没的阵痛吗？那是目睹洪魔被降服、沿淮千万个家庭得以化险为夷的激动吗？想必二者皆有之。这堪称英雄的新时期农民之家国情怀，让我的心为之震撼！瞬间，我仿佛看到，一轮满身血丝的红月亮，从那一片汪洋的涌波中生出。那翻滚着的波涛，不正是姜多广们心中翻滚着的大潮吗？眼前这壮美的情景，让我猛然想起那诗中的一幕。

十九年过去了，那情景至今犹在眼前。安徽日报即将迎来七十华诞，古稀之年的我，回望在报社近二十年的记者生涯，江淮儿女战天斗地、改革创新的大潮波涌浪滚，那一次次堪称伟大的胜利，犹如一个个经过阵痛生出的娇娇月宝宝，令人眼新。有幸能记录下那诗的一幕幕，尤感欣慰。

2022 年 04 月 15 日《安徽日报》（黄山）副刊

NEWS CHAT BAR

聊吧十二

新观念——新闻评论的灵魂

人们通常称新闻评论是报纸的灵魂，由此而论，新闻评论的新观念就是报纸灵魂的具体体现。试想，作为报纸灵魂的新闻评论，如果都没有新观念（当然，这个新观念应该符合真理而不是谬误），这张报纸还有生命力吗？！可见，写新闻评论最重要的就是观念求新，切忌无病呻吟。

如果说新闻作品是通过新闻事实来间接表达作者观念的话，那么，新闻评论则是通过自己的语言直接表达作者观念的。写新闻作品间接表达作者与众不同的新观念，有时都要承担一定的风险，写新闻评论观念求新就可想而知，更必须做到有识有胆。其一是有识，即要有观念求新的能力，要成为这方面的有识之士。其二是有胆，敢于把自己的新观念写成新闻评论发表出来。当然，有些新观念的新闻评论能否发表出来，有时还要有相关媒体领导、甚至相关党政分管和主要领导的开明和胆识。

人们不会忘记，我国改革之初的 1978 年 5 月 11 日，面对“两个凡是”严重束缚的政治气候，《光明日报》发表本报特约评论员文章，提出了《实践是检验真理的唯一标准》的新观念，引发了一场全国性马克思主义思想解放运动的大讨论，进而从根本理论上否定了“两个凡是”，为中共十一届三中全会实现我党、我国具有深远历史意义的伟大转折做了重要的思想理论准备。然而，如果不能做到有识，怎可能提出这样意义重大的新观念！据悉，这篇特约评论员文章成稿，除了作者、南京大学哲学系副主任、教授胡福明，还集中了《光明日报》及中央党校多名专家、学者一起研究修改，凝聚着多位专家、学者的才识。而当时发表这样新观念的新闻评论又承担着多么大的政治风险！如果不能做到有胆，怎敢发表这样的新闻评论！当然，如果没有此前邓小平等老一辈无产阶级革命家在党内率先提出“两个凡是”不符合马克思主义、人们要完整准确地理解毛泽东思想、要恢复和发扬党的实事求是的优良作风、把实践作为检验真理的标准，如果没有当时的《光明日报》总编杨西光同志在中央党校学习时又参加过这方面内容的学习讨论、赞赏并积极为此新闻评论运作、稿件还最终获得胡耀邦同志审批，这一新闻评论也很难在《光明日报》发表。

如果说有胆不是每个人都能培养起来的，且无法决定当时相关媒体领导、甚至相关党政分管和主要领导需要的开明与胆识，那么，有识则是人们通过自身的努力可以培养起来的。因此，一个新闻评论作者追求新闻评论的观念求新，如果不能做到有识有胆（同时也并非发表每篇新观念的新闻评论都要承担大的风险），退而求其次，也必须通过自己的不懈努力（包括理论和实践两个方面的学习与积累）尽量达到有识。否则，新闻评论的观念求新就无法达到。以下就结合几篇作品具体聊聊这个话题。

让畜牧业挑起大梁

最近，省委、省政府在正式实施农业产业化战略的同时，正式启动畜牧业进位工程，这是事关我省农村经济全局和全省经济“九五”赶超战略的重大举措。

畜牧业是农村经济的重要增长点和突破口。大力发展畜牧业，可以提高资源利用率。我省每年农作物秸秆约有2700万吨，目前被畜牧业转化利用的只有30%左右，如果能把下余70%的资源利用起来，通过畜牧业转化为优质食物，这该是一笔多么大的效益。我省中低产田面积大、范围广、土质差、有机质少，改造任务十分艰巨。大力发展畜牧业，产生大量的优质有机肥，可改善土壤，提高种植业产出水平，有利于建设生态农业，促进可持续发展，同时，还可减少化肥使用量，降低种植业成本，改善农产品品质，提高优质率。

加速发展畜牧业还能够促进农村产业结构的迅速优化。去年，我省农民人均纯收入中来自农业的占65%，来自二、三产业的只占35%，而农业中种植业又占去83%，这与先进省份相比差距很大。加速发展畜牧业，可以促进种植业粮、经二元结构向粮、经、饲三元结构转变，通过种植饲料粮，向动物产品转化，提高土地利用率和产出率。长期以来，我省一直是一个产粮大省，今后仍要坚持把稳定粮食生产作为首要任务来抓。但是，即使粮食丰收，也常常因出现卖粮难、粮食生产效益较低的矛盾一直困扰着我省，主要原因是畜牧业不够发达。据有关专家测算，转化1000公斤粮食，可增加畜牧业产值1500元，增加收入500元，亩产500公斤粮食，即增收250元。发展秸秆养牛，每亩秸秆还可增值200元。这就可以有效解决种粮效益低的问题。另一方面，大量的畜产品还可以带动肉类加工、制革、制药、轻工等相关产业的兴起。

发展畜牧业也是农民脱贫致富奔小康的现实选择。畜牧业投资少、见效快、效益高，家家都能干。到2000年实现小康目标，我省农民年平均要增收350元以上，要完成如此艰巨的任务，不能没有一个比较发达的畜牧业。

国内外经验证明，发达的农业必须拥有发达的畜牧业。世界上一些经济发达国家，既是农产品主产区，也是畜产品主产区，畜牧业产值占农业总产值比重达到50%以上。国内农村经济发展快的省份，畜牧业产值比重也在迅速提高，有的已经超过了种植业。综上所述，可见我省经济要实现跨世纪的赶超目标，必须加快发展畜牧业，让畜牧业挑起我省农村经济的大梁。

同时，我省发展畜牧业又有着资源丰富、区位优势明显、市场拉动力强、有一定的技术基础等自身的比较优势。只要全省上下增强紧迫感，齐心协力抢抓机遇，发挥优势，就一定能促进畜牧业较快的发展，实现省政府制订的“九五”畜牧业在全国“保十争八”的进位工程各项目标。

原载《安徽日报》1996年12月6日2版头条（“银河观察家”评论专栏）
获1996年度安徽日报好新闻三等奖

聊吧

挑战传统观念

安徽省属于传统农区。传统农区一向以种植业为主，作品却大胆提出让畜牧业挑大梁，是对传统观念的挑战。这种新观念的形成，是经过理论和实践两个方面较长时间的学习和积累而形成的。

早在1989年初，我还在太和县当通讯员，当时就注意到，农业责任制以后，该县旧县区农民，将原来赖以耕田的黄牛逐步当作菜牛养殖出售，屠宰加工增值，致使黄牛涨价越养越多，甚至成了农民主要增收手段，初步认识到发展畜牧业的重要性，采写了《这里的牛越宰越多》一稿，被《安徽日报》1989年1月27日用到了头版头条。

1995年，报社经济部领导，将畜牧业方面的报道分工给我负责，我便开始收集省里的一些相关文件、资料，用心研究安徽畜牧业发展的问题。不久，全国农区发展畜牧业座谈会在安徽阜阳市召开。跟随会议代表参观、座谈，翻阅大量农区发展畜牧业的典型材料，我吃惊地发现，国内农村经济发展快的省份，畜牧业产值比重都较大，有的已经超过了种植业。这使我深化了对农区发展畜牧业的认识。

此后，我通过与有关专家交流，查阅大量国外农区发展畜牧业的资料，进一步获悉，世界上一些经济发达国家，既是农产品主产区也是畜产品主产区，畜牧业产值占农业总产值比重达到 50% 以上。这使我最终形成了“农区让畜牧业挑大梁，最大限度地利用其丰富的秸秆资源，通过畜牧业转化为优质食品，并产生大量有机肥改善土壤，发展生态农业，提高种植业产出水平和优质率，进而促进种植业和农村三个产业结构调整优化，作为当时安徽发展农村经济、增加农民收入主渠道”的新观念。

可见，是较长时间的用心研究，才使我对当时安徽畜牧业发展的认识产生了飞跃。评论稿有理有据，新观念令人信服，受到省相关部门和社会的重视。其对后来安徽畜牧业的大发展，特别是轰动全国的皖北农民赶着黄牛奔小康，起到了较好的促进作用。故，评论在报社月评和年终总评时均获了奖。

接受历史教训　严防退水溃堤

——二论再接再厉决战长江洪水

经过沿江百万军民46天的殊死奋战，八百里皖江大堤经受住了一次次洪峰和2号强热带风暴的严峻考验，目前，洪水水位缓落，皖江防汛抗洪取得了阶段性的重大胜利。然而，皖江防汛远没有渡过危险期，决不能就此放松警惕。

安徽人不会也不应该忘记那一次次退水溃堤的教训：曾创下历史最高洪水位的1954年9月，长江洪水位已回落1米多，其支流水阳江的下游当涂段水位已降得很低。自认为胜利到手的当涂人，疏于查险、排险，下午开了庆功会，当晚破了水阳江畔的大公圩，2万公顷庄稼毁于一旦；1983年是长江历史上第二个高水位年，8月7日，随着长江洪水位大幅回落，其支流裕溪河水位也由超历史最高记录的11.9米回落到11.1米，可谓胜利在望。同样疏于查险、排险，裕溪河畔的含山县杨柳圩穿堤涵洞管壁夜间漏水导致溃堤，2200公顷庄稼被洪水吞没；1996年8月14日，东至县广丰圩长江干堤杨墩站，洪水水位同样已回落0.8米，疏忽查险、排险的东至人也尝到了出险的苦果，2万军民殊死拼搏了6天7夜才控制了险情。

教训是相当深刻的。这3次大的溃堤事件，不是因洪峰到来时势不可挡所致，反倒是因洪水大幅回落思想麻痹所酿成，应该说它们是本不该发生或完全可以避免的。

当前，皖江百万军民在高温下已经与洪水紧张地搏斗了46天，极度疲惫。加之2号风暴过后，洪水起伏不大，水位缓落，很容易产生麻痹思想。最近，省防指在对皖江大堤夜间守护进行的暗查中，发现一些堤段领导带岗、上岗人数、照明设备“三个不够”，麻痹思想可见一斑。而且随着洪水的继续回落，这种思想上的麻痹将会与日俱增。而随着时间的推移，在洪水中长期浸泡的皖江大堤险情却又明显增多，由前一阶段的一天几起、十几起，发展到近几天的每天四五十起，且重大险情增多，可谓险象环生。这里同样形成了明显的反差，如不能及时引起人们、特别是各级领导的足够重视，我们将会重蹈历史上退水溃堤的覆辙。

前事不忘，后事之师。我们一定要接受历史的惨痛教训，洪水虽退，斗志不减，越是退水，越要保持高度警惕，再接再厉，直到夺取皖江防汛抗洪的最后胜利！

原载《安徽日报》1998年8月12日头版；获1998年全省抗洪救灾优秀新闻三等奖

聊吧

及时敲响警钟

洪水水位缓落，经过长时间的殊死奋战，长江防汛抗洪取得阶段性重大胜利，人们普遍看法可以松口气了。这种认识是相当危险的。评论从主观和客观两个方面辩证思维的高度，提出严防退水溃堤，给安徽沿江抗洪及时敲响警钟，观念新。

长江、淮河横穿安徽，长期以来江淮大地水患灾害频繁。作为中共安徽省委的机关报，抗洪抢险报道的任务相当繁重。每当洪水来袭，经济部负责农村报道的编辑记者（当时安徽日报是编采合一），或整个经济部，甚至整个报社编辑部的编辑记者都一齐上阵。因此，作为一位负责农村报道的编辑记者，我对抗洪抢险的知识有着多年的积累。

1998年夏的大洪水，长江安徽段全线接近或超过1954年历史最高洪水位。经过沿江百万军民40多天的殊死奋战，顶住了3次洪峰和2号强热带风暴的袭击，洪水水位缓落，皖江防汛抗洪取得了阶段性的重大胜利。此时，我到沿江抗洪一线采访，发现沿江抗洪队伍普遍有可以松口气的情绪。当时，省防指在对皖江大堤夜间守护进行的暗查中，也发现一些堤段领导带岗、上岗人数、照明设备“三个不够”。这引起我的警觉。

回到编辑部，我马上查找相关资料，发现安徽几次大的长江洪水溃堤事故，不是发生在洪峰到来势不可挡的时候，恰恰都发生在退水期。究其原因，主要是洪水大幅回落，导致长期奋战、疲惫不堪的人们思想出现麻痹。而此时的江堤，经过长时间洪水的浸泡冲压、承受力却大幅降低。据统计，皖江大堤险情由前一阶段的一天几起、十几起，已发展到当时的每天四五十起，且重大险情增多，可谓险象环生。防汛抗洪需要由表及里、辩证地哲学思维。接受历史教训、严防退水溃堤，再接再厉决战长江洪水的新观念就这样形成了。

评论发表后，产生强烈反响，引起人们、特别是有关各级领导的重视。省防汛抗旱指挥部还立即就此下发专门文件。沿江各地纷纷作出相应地部署。为避免重蹈历史上退水溃堤的覆辙，夺取安徽长江抗洪的最后胜利，评论起到了较好的促进作用。因此，评论获得 1998 年全省抗洪救灾优秀新闻奖。

仍要把生态建设放在首位

去年那场新中国成立以来罕见的洪灾过后，党中央、国务院作出了一系列保护和发展林业的重大决策。全国上下痛定思痛，兴林减灾的呼声一浪高过一浪。然而，我省有些地方和部门的领导，却由于我省一年前刚刚实现“五八”造林绿化规划目标，省委、省政府又提出了建设林业“两大体系”的二次创业新目标，误以为基本完成绿化达标是“大功告成”，下一步主要是抓林业产业建设了，必须尽快加以纠正。当前，我省仍然要把生态建设放在首位。

长江、淮河横穿安徽，多年来江淮大地水患灾害频繁。省委、省政府实施“五八”造林绿化规划的一个主要目的，就是要提高我省林业生态建设的水平，以防御和减轻洪涝灾害对我省的侵袭。“五八”造林绿化规划的目标虽已实现，使我省林业近几年在发展速度上跨入全国先进行列，但由于历史欠账太多，目前全省有林地亩均森林蓄积量仅 2.6 立方米、人均森林面积仅 0.75 亩，均仅为全国平均水平的一半左右，生态建设水平还不够高，林业防灾减灾的能力还不够强，距到本世纪末、初步建成比较完备的林业生态体系的二次创业目标尚有不小差距。因此，对林业生态建设绝不能有丝毫松懈，必须继续将其放在首位。

去年我省森林工业产值仅 18 亿元，林业产业体系相对较弱，距到本世纪末初步建成比较发达的林业产业体系有不小差距。但是，在林业“两大体系”建设中，生态体系建设是基础。基础不牢，地动山摇。打不牢生态体系这个基础，没有完备的林业生态体系做支撑，就无法建成比较发达的林业产业体系。因此，省委、省政府提出林业二次创业新目标时，把到本世纪末、初步建成比较完备的林业生态体系，放在了“两大体系”建设的首位。

当然，把林业生态体系建设放在首位，并非不要抓林业产业体系建设。只是，发展林业产业一定要在国家现有法律法规许可的范围内实施，要坚持有利于保护和发展森林资源、生态体系的原则，促进现有林产工业的优化升级，通过扶优扶强提高科技含量，发展精、深加工，创名牌、拓市场，并合理开发和利用林业多种资源，根据市场需求大力发展经果林产品系列加工及贮藏、保鲜等，积极发展森林旅游等林业第三产业。建成这样一个比较发达的林业产业体系，促进林业自身效益的提高，势必反过来促进林业生态体系的建设。

近年来，我省加速实施的绿色长廊，平原林网化，长江、淮河、巢湖防护林，封山育林，退耕还林，保护天然林等林业重点生态工程建设，是针对我省林业生态体系建设的薄弱环节决定的。把林业生态体系建设放在首位，重点是把这些林业生态工程继续建设好。而要建设好这些林业重点生态工程，关键是调动和保护林农的积极性。既要教育林农正确对待局部利益与全局利益、眼前利益与长远利益的关系，又要因地制宜积极调整林种结构，大力发展高效优质经果林，切实提高林业自身效益，不断增加林农的收入。这样才能保证实现到本世纪末、初步建成比较完备的林业生态体系的宏伟目标，进而初步建成比较发达的林业产业体系，把一个充满生机活力的安徽林业带入下个世纪。

（注：此文作者还有余遵本）

原载《安徽日报》1999 年 3 月 14 日 2 版头条（“银河观察家”评论专栏）获第六届全国林业好新闻三等奖

聊吧

破解认识误区

一场历史罕见洪灾过后的第一个植树节，面对安徽省一年前刚刚实现“五八”造林绿化规划（五年消灭荒山、八年绿化安徽）目标，不少地方和部门的领导，认识仍停留在一个误区，即普遍以为基本完成绿化达标是“大功告成”，下一步主要是抓林业产业建设了。评论结合安徽防灾减灾的客观实际，从林业生态体系建设的基础地位和林业“两大体系”辩证关系的高度，及时对其进行破解，提出仍然要把生态建设放在首位的新观念。

由于工作的原因，对林业生态体系建设的认识，我们都有着实践和理论两个方面的长期积累。1998 年的三江横流，震惊了整个中国。9 月初，在长江防汛抗洪的后期，我们便走访林业专家，探讨长江洪灾与森林植被体系的关系，进而形成了“强化江河生态防护林植被体系建设，才是防洪减灾治本之策”的新观念。在全国新闻界较早地采写出相关新闻稿——《我省“长防林”发挥巨大减灾效益》。稿件在《安徽日报》见报后，国家各大新闻媒体纷纷推出相关报道，一时形成一股呼吁强化江河生态防护林植被体系建设的强音。对国家灾后制定相关政策，大力加强江河生态防护林植被体系建设，起到了很好地促进作用。故，该稿获第六届全国林业好新闻一等奖。

这篇新闻评论，采用详实的数据，分析当时安徽林业生态体系建设的现状以及建设林业“两大体系”的辩证关系，令人信服地论述了，在当时应继续把生态建设放在首位。这是对上述消息稿新观念的延续和深化，是对防洪减灾和林业生态体系建设进一步深入研究的结果。

在灾后的第一个植树节期间，在《安徽日报》发表这篇新闻评论，对及时纠正全省存在的一些错误认识，继续把生态建设放在首位，尤其是抓住当年的好季节搞好植树造林，努力实现在安徽建成比较完备的林业生态体系的目标，起到较好的促进作用。对其他省、市、自治区亦有借鉴价值。因此，作品获得第六届全国林业好新闻奖。

NEWS CHAT BAR

聊吧十三

创意的策划——工作性质系列报道成功的关键

新闻媒体的系列报道种类繁多，有重大事件的系列报道，有重大典型人物事迹的系列报道，有工作性质（党和国家、地方党政重大决策实施、重大工程建设和重要工作的动态、成功经验或存在问题、失败教训等）的系列报道，有奇特地理环境自然景观及气候的系列报道，有珍稀野生动物生活习性及保护的系列报道等。而在这些系列报道中，最常见却又最难令人叫好的是工作性质的系列报道。这是因为，这类系列报道不仅没有重大事件、重大典型人物事迹系列报道那样抓人的故事情节（特别是“成功经验”类的系列报道，有时甚至有些枯燥），也没有奇特地理环境自然景观及气候、珍稀野生动物生活习性及保护的系列报道那样富有新奇性。但是，这类工作性质的系列报道又非搞不可，尤其是在各级主流媒体，因为这些决策、工程和工作往往事关国计民生，甚至关系到党和国家、地方的发展前途与命运。

怎样才能尽可能地搞好这类系列报道呢？窃以为，首要的是有创意的策划。胸中有策划，采访才有方向。当然，策划并不都是一次完成的。初步策划（根据事先收集掌握的素材而进行的大体策划）是否合理，还有待采访中去检验并完善，然后进行二次策划甚至三次策划……可以说，整个采访的过程都是检验并完善细化策划的过程。采访越充分，策划就越完善、越易于出创意，系列报道就越完美。下面我想分别结合“动态”和“成功经验”两个方面系列报道的策划布局、采访完善的例子，具体聊聊搞好这类系列报道的看法。

"动态"例：

"'绿色长廊'千里行"

编者按

年初，省委、省政府作出了《关于建设万里绿色长廊工程的决定》，这是我省继"五·八"造林规划、林业二次创业之后，发展林业的又一重大举措，对完善生态环境、实现可持续发展战略、提高我省形象都具有十分重要的意义。为了解各地贯彻落实省委、省政府决定的情况，省林业主管部门最近组织有关新闻单位对合肥、滁州、蚌埠、阜阳、六安等一些县、市、区进行了专门采访。从今天起，本报将陆续推出这次采访的有关报道。

加大投入　实行“三包”

合肥确保提前建成“绿色长廊”

本报讯　合肥市把“绿色长廊”工程建设，作为树省会形象、造福市民的德政工程来抓，加大政策和资金投入，并实行“三包”管护责任制，确保提前一年完成“绿色长廊”工程建设任务。

合肥市境内主干道路绿化是全省“绿色长廊”建设的重点难点。省委、省政府作出建设“万里绿色长廊”工程的决定以后，合肥市四大班子主要领导亲自上阵、联系县区和路段。市里调整“长廊”占地 333 公顷，实行占地减免税费，补偿青苗。市财政、交通、城建等部门多方筹集、投入资金 260 万元。同时，市里实行“乡村干部包路、护林员包段、农户包田”的管护责任制，树随田走，林权到户。并强化督查、考核，拿出 30 万元用于以奖代补。

该市今春掀超常规植树会战高潮，并逐工序进行验收，确保高标准、高质量，严要求。目前，该市已高标准完成合宁等 7 条主干道路两侧 6 米宽林带，滁河干渠绿化任务，总长 401 公里，植树 157 万棵，占规划总任务的 40.1%；完成干道两侧 1 公里范围内农田林网 2.33 万公顷及丘岗绿化 214.7 公顷，分别占规划总任务的 38.9% 和 64.20%。该市计划今年秋冬再打攻坚战，确保明年完成“绿色长廊”工程建设任务。

（注：此文作者还有薛胜平）

怀远为“绿色长廊”工程建“卡”

本报讯　怀远县今春植树造林以“万里绿色长廊工程”为重点，建立“植树工作卡”制度，以确保造林质量。目前，该县省道307、国道206两侧已栽植杨树20万株。

怀远县去冬即发动沿线13个乡镇的干部、群众在国道206、省道307两侧各开挖10米宽，4行大林带的树穴，县财政安排20万元资金专门用于绿色长廊工程购苗。县林业主管部门还建立了“万里绿色长廊工程植树工作卡”，逐一登记各路段绿化乡镇干部责任人、植树专业队负责人、林业技干姓名和植树地段树种、数量、承包户的姓名，年终进行检查，奖惩兑现。目前，该县境内206国道、307省道沿线120公里路段，两侧各4行10米宽大林带已经形成。

（注：此文作者还有薛胜平、尤浩）

原载《安徽日报》1999年4月20日2版

"'绿色长廊'千里行"

签订责任书　千里大检查

阜阳"绿色长廊"建设动作大

本报讯　阜阳市加大"绿色长廊"工程建设力度，截至目前，全市新建完善国道、省道绿化410公里，铁路绿化100公里，新建和完善高标准农田林网19.73万公顷，县、市、建制镇新增公共绿地343.3公顷，全市植树3705万株，已全面超额完成春季林业生产任务。

春节过后，该市重点围绕"万里绿色长廊"和"高标准农田林网"两大工程建设，迅速掀起植树造林高潮。市、县（市、区）及乡镇政府层层签订"绿色长廊"建设责任书，并采取"财政拨一点、部门拿一点、企业捐一点、机关干部献一点"的办法，多方筹集林业资金1500万元，加大投入。3月30日至4月1日，市委、市政府组织六大班子主要领导及各县（市、区）党政一把手、市绿化委员会全体成员等百余人，行程500多公里，进行"万里绿色长廊工程"建设全面检查评比。市林业局负责同志及技术人员还乘火车对"京九"绿化进行检查，对存在问题及时通报到有关县（区）。目前，该市沿京九线基本能看到3个以上农田林网网格，省道102线颍上段、307线涡阳段、202线颍州段、濉阜铁路涡阳段、漯阜铁路界首段两侧林带基本形成，并按照上档次、上水平、出效益的目标一步到位。

（注：此文作者还有薛胜平）

蒙城“绿色长廊”林木颁证到户

本报讯　蒙城县深化林权制度改革，坚持以法治林，在“绿色长廊”工程建设中，对所有林木全部颁发林权证，调动广大林农造林、护林的积极性。截至目前，全县已建设、完善和提高“绿色长廊”工程307、305、203三条省道147.8公里，绿化率97%；道路两侧1000米范围内农田林网达到3个网格、建网率100%；绿化县乡公路190公里，绿化率98%。

该县在科学规划、加大投入、加强对“绿色长廊”工程建设领导的同时，县政府与各乡镇签订了“建设绿色长廊工程责任书”，要求一年完成，二年提高，明确规定了奖惩措施。同时，该县还建立和完善乡、村、组三级林木档案，把林权证发到每一个农户，消灭“无主树”，极大地调动了广大林农造林、护林的积极性，春节后即掀起绿化高潮。

（注：此文作者还有薛胜平）

原载《安徽日报》1999年4月21日2版

“‘绿色长廊’千里行”

颍泉区“三个结合”建“长廊”

本报讯　阜阳市颍泉区在“绿色长廊”工程建设中，注重搞好“三个结合”，取得多方效益。截至目前，该区铁路绿化已达28.4公里，占境内铁路总长的81.61%；新建、完善国道、省道绿色长廊34公里，除正在拓宽中的202省道外，已全部绿化；栽植各类苗木210万棵，全面超额完成了市下达的各项造林指标。

该区首先把绿色长廊建设与整治治理片、建设高标准农田林网结合起来，采取沟、渠、田、林、路五位一体，搞好综合治理，沿105国道两侧闻集、宁老庄、行流、泉颍4镇办高效治理片，彻底消灭了多年的林网空档。其次，该区把绿色长廊建设与水利工程结合起来，结合泉河治理工程，苏屯、姜堂两乡共营建防浪林66.7公顷。在京九铁路伍明段，除5行杨、柿树外，两侧各5公里内，林网整齐，星罗棋布，伍三、伍苏路道口花园中百花斗艳，一派新气象；漯阜铁路邵营段任和、大鹿等道口，还分别建有假山、凉亭、花坛，配备林、果带，鱼塘、荷花等，形成一道亮丽的风景线。

（注：此文作者还有薛胜平）

颍州区实行“死树追究制”

本报讯　阜阳市颍州区在“绿色长廊”建设中，实行死树追究制，确保造林质量，截至目前，该区除102省道正在施工中外，区内京九铁路、105国道、202省道已全部实现高标准绿化，全区还完成农田林网建设4000公顷，占上级下达任务的150%，全区共植树200万株。

该区六大班子领导分别承包到各乡、镇、办事处，各乡镇、办事处都制订了合理规划，层层签订绿化责任状。该区规定，主干道路绿化成活率达不到98%、四旁植树成活率达不到95%的，追究直接责任人的行政和经济责任。区六大班子领导还分片督查，及时通报造林情况。今春以来，该区已组织了两次检查评比，并实行奖惩兑现，大大提高了造林质量。该区不仅在京九沿线5公里范围内新建林网800公顷，并在所有桥头、道口修建花坛，形成一道亮丽的风景线。

（注：此文作者还有薛胜平）

原载《安徽日报》1999年4月23日2版

"'绿色长廊'千里行"

阜南"绿色长廊"建设奖惩从严

本报讯　阜南县在"绿色长廊"工程建设中，严格奖惩，全县"绿色长廊"建设不仅速度快，而且标准高，截至目前，该县境内42公里京九铁路、96公里的国道、省道全部植上树，在新建、完善两侧6至12行林带的同时，新建、完善高标准农田林网3.1万公顷，成片造林1533公顷，共植树690万株，完成上级下达任务的110%。

该县从县财政拿出20万元作为以奖代补资金，对先进乡镇进行分阶段奖励。目前，全县已进行两次检查评比，每次检查评比，前3名的乡镇分别奖励10000元、8000元、5000元，并当场兑现，后3名的乡镇不仅给予黄牌警告，责令向县委、县政府写出书面检查，还给予电视曝光；连续两次倒数第一的乡镇，书记、乡镇长就地免职，其余班子成员集体待岗，视其表现分别给予处理。县六大班子负责人与所包乡镇捆在一起，同奖同罚。该县还严格执行死树追究制，对造成苗木死亡、损失严重的，坚持追究有关当事人的法律责任。同时，这个县积极深化林业改革，大力推行产权拍卖、股份合作，认真做好林权证的发放工作，做到树苗栽下，管护跟上，产权到户，责任到人。

（注：此文作者还有薛胜平）

叶集镇市政绿化一路一色

本报讯　六安地区叶集试验区市政绿化，坚持先规划，后绿化，主要道路坚持一街一特色，一路一品位，形成风格各异、整体搭配协调的道路绿化框架，目前，该镇市政绿化覆盖率已达40%。

该试验区主要道路采用不同树种及绿球、草坪、绿篱、盆景、鲜花等相搭配，构成不同特色。同时，该镇还建拓荒牛、嫦娥奔月、海鸥、塔松、棕榈、假山等不同街头景点12处，各单位内部绿化也各具特色，异彩纷呈。该镇市政还自建苗圃基地4亩、个体农户苗圃基地300余亩，基本做到苗木自给。

（注：此文作者还有薛胜平）

原载《安徽日报》1999年4月24日2版

"'绿色长廊'千里行"

坚持"十位一体"　争取"三个效益"

六安向生态经济长廊进发

本报讯　六安地区在"绿色长廊"工程建设中，坚持"十位一体"，争取生态、经济和社会效益的统一，变"绿色长廊"为生态经济长廊，截至目前，全区新增5条绿色长廊共301公里，补植绿化5条主干公路280公里，共植树1300多万株，完成片林造林1200公顷，新造农田林网8333公顷，河渠绿化116公里，淮河防护林213公顷，超额完成上级下达任务。

该地区自去年8月"312"国道六安段改建竣工通车时起，便组织实施"312"生态经济长廊建设工程。经充分调查论证，作出规划：路肩两侧各建6米宽绿化带，植树6行，内蜀桧、次银杏、3至6行为意杨；沿路两边各1公里范围内实行"路、林、山、水、田、镇、庄、市、厂、园"十位一体综合开发，全面完成片林、农田林网、支线道路、河渠和城镇村庄造林绿化任务。去年8至12月，该地区组织沿线乡镇集中开展林业整地大会战，今年元月上旬全面完成了植树造林任务。此后，该地区在这里召开现场会，向各县（市、区）推广其经验和做法，各地普遍推行"绿色长廊"路肩林带化、农田林网化、片林基地化、集镇村庄园林化。既发展生态公益林，最大限度地发挥"绿色长廊"的绿化美化和防护效益，又注重发展高效经济林和商品用材林基地，努力提高林业经济效益，推进富山富民工程。

（注：此文作者还有薛胜平）

短评

确保“绿色长廊”工程质量

“跨世纪保卫绿色行动——‘绿色长廊’千里行”采访活动结束了。采访组发现，沿途各地、市大部分地方，“绿色长廊”工程建设行动快、质量高、效果好，但发展不平衡，喜中有忧，需要继续努力。

工程先期启动的地方有不少好做法，新特点，新经验，值得加以推广。然而，也有少数地方的领导重视不够，行动迟缓：有的地段缺林少网，有的路肩绿化仍是空白，甚至有的新栽树木轻轻一提就拔了出来，出现了劣质工程，“豆腐渣”工程，必须引起高度重视。

建设万里绿色长廊工程，是省委、省政府加快生态环境建设，构筑全省国土绿化新格局的又一重要战略决策。尽管我省已基本实现绿化达标，但是，我们仍应看到，道路绿化，尤其江淮分水岭地区和交通沿线绿化，仍然是个薄弱环节。建设万里绿色长廊对克服弱点、补缺补差，把我省林业、生态建设提高到一个新的水平，对实现建立林业“两大体系”的目标，促进可持续发展战略的实现，意义不可低估。

建设万里绿色长廊工程也和其他工程一样，关键的问题是确保工程质量。不少地方年年栽树不见林，问题的症结就在于此。人们常说“十年树木”，如果我们不能严把质量关，并强化栽后管护，我们就无法建成合格的万里绿色长廊。因此，各地都要借鉴工程先期启动地方的成功做法，在加快本地“绿色长廊”工程建设步伐的同时确保工程质量。各地尤其要对今春已建工程进行一次认真检查，凡质量不高的，要尽快采取措施，补缺补差。同时，对完成的工程要切实加强抚育管护，林权到户，责任到人，确保成活、成林。

原载《安徽日报》1999年4月25日2版

聊吧

策划“出”时效

这是一组事关国家（1998年国家启动绿色通道工程建设）和安徽省重大生态工程建设动态的系列报道，意义重大。该系列报道，不仅获得省工程主管部门和各地建设单位干部群众的广泛好评，真正起到了营造良好舆论氛围、强有力地促进工程高质量快速推进的显著效果，还在安徽日报月评和年终总评中获奖，这主要得益于创意的策划。

一、时机策划：策划这类“动态”系列报道的目的，是为了强有力地促进党和政府某项重大决策实施、重大工程建设和重要工作的健康顺利推进。犹如助推一辆大车爬坡，选准助推时机至关重要。该系列报道，大背景选在工程建设起步年的关键早期，即亟需舆论引导、监督，亟需交流各地先行者成功经验的栽植期，且选在植树造林的春季结束前，亡羊补牢犹未为晚（与大背景对应，我称其为小时机），被称为“及时雨”。

二、稿件策划：策划这类大的系列报道稿件，如同制定一次大战役的作战方案，事前必须做好“侦察”，摸清情况，才能做出有针对性的部署，以保证成功。行前，我们和省林业厅有关处室（工程主管部门）进行认真交流，切实了解各地工程进展情况。针对以往一些地方年年栽树不见林的现象，策划报道重点放在确保工程质量和保障进度上，尤其注重质量，兼顾其他，精选有代表性的采访点和线路。开头和结尾分别配发编者按和短评，阐明这项工程建设确保质量和抓住季节保障进度的重要意义，评点值得推广的好做法，指出存在的问题及其危害性。以确保达成预期的目的。

由于是报道工程动态，新闻稿全部采用消息形式。每个市、县、区、镇工程建设动态的消息稿，只选其最有特色（这里特色就是新闻）的一个侧面作为新闻角度。全系列共采写了9篇消息稿，其中《加大投入／实行‘三包’／合肥确保提前建成‘绿色长廊’》及阜阳、蒙城、阜南等4篇报道，兼顾工程质量和进展速度，占了大头，其中3篇还透出集体林权制度改革试点的信息；另加重工程质量报道，如《颍州区实行‘死树追究制’》等，专门策划了2篇；兼顾生态、经济和社会三个效益的一篇，《坚持‘十位一体’／争取‘三个效益’／六安向生态经济长廊进发》；报道与其他工程结合起来和谐推进的一篇，《颍泉区‘三个结合’建‘长廊’》；报道小城镇市政绿化突出特色、变化、美化的一篇，《叶集镇市政绿化一路一色》。9个地方的工作尽管大体相同，但稿件新闻角度绝不雷同。

同时，每篇消息都尽量写得短小精练（能说明问题就行），并尽量密集刊发。该系列报道的9篇消息稿，平均每篇不到400字，最短的仅有240字（近乎简讯），且连同编者按和短评共11篇稿件，在《安徽日报》2版开辟专栏，6天内5次组合用出。每篇主标大体对仗，风格统一，连珠炮式地，形成较强的舆论冲击力。反过来想：每篇工作动态式的稿件，如果写得过长，如粒米锅粥，索然寡味，读者势必厌读，效果尤差；如果写得短却单篇、间隔时间过长刊发，如溪流将枯，若有若无，易被读者忽视，效果亦不佳。整组系列报道，可谓重点突出、多方兼顾、布局合理、时机精准、策划精心、颇有创意，故取得了很好的效果。

三、特别注意：这类系列报道，最易出臭的是稿件所选新闻角度的宽泛、甚至面面俱到和雷同。其实，一位优秀新闻工作者眼中的新闻角度，本来就只能是最有新闻价值的“这一侧”，绝不应雷同。更何况在系列报道中这种雷同更为刺眼。安徽日报编委、高级记者、安徽大学兼职教授汪言海，关于新闻选角度要“独取一侧，勿及其余”的观点，在这类系列报道中，尤显精当。

四、他山之石：由于印象特深，这里我想到了2000年2月25日《经济日报》头版头条精心策划的栏目——“看看这里的种地招数”刊发的3篇消息（也可视为一个工作动态性质的小系列报道）：《寿光：新奇蔬菜能发财》《巨陵镇：揣着订单去种田》《阜南：辣椒生姜赚大钱》。这组小系列报道，不仅策划在全国推进农业产业结构调整优化早期的大背景下，且选在农民正在安排一年种植计划关键季节的早春之时，时机选择可谓精准。在稿件策划上，这3篇消息不仅都写得短小精练，每篇都不足400字，三个小标题大体对仗颇有韵味，还并发在一个栏目，且放在该报的头版头条，像一组连珠开门炮，形成很强的舆论冲击力。这绝不仅仅是为了推介3种赚钱的种地招数，更在于启发广大农民和各地涉农部门，转变传统观念，提高种地效益，因地制宜、抓住农时、调整优化农业产业结构。同时，这3地农民都是主要种高效蔬菜，但稿件各自只选了各地最有特色的一个侧面——“新奇蔬菜”“揣着订单”“辣椒生姜”分别作为新闻角度，绝不雷同。整组系列报道，极富创意，当时确实让人觉得眼前一亮，赢得一片喝彩！

“成功经验”例：

喝令山河重安排

——江淮分水岭综合治理开发系列报道之一

巍巍大别山，其余脉在江淮之间延伸，形成气象学上的一道分水岭。岭脊难于存水，千百年来，这一万七千多平方公里的分水岭地带，成为缺水易旱的代名词。生活在这片土地上的8个县、市区的679万江淮儿女，经常受到旱魔的威胁，连年陷入连人畜饮水都十分困难的境地。

干旱严重制约着江淮分水岭地区的经济发展，直到1996年，分水岭地带51个重点乡镇农民年人均收入仅达1256元，比全省农民人均收入少351元，成为全省最贫困的地区之一。然而，当1997年11月22日中共安徽省委、安徽省人民政府作出“加快江淮分水岭易旱地区综合治理开发”的战略决策之后，在不到3年的时间里，这里却变成了另一番景象：1999年，岭脊上最贫困的重点乡镇农民人均收入已达1800元，接近全省平均水平。今年，当我省遭受历史上罕见的大旱，不少地方的农田大幅减产甚至绝收时，这里大部分乡村却丰收在望。这令人惊喜的巨变从何而来？带着这个问题，我们深入到江淮分水岭地区一个个重点乡镇进行了实地采访，找到了满意的答案。

“把水留住”一声吼　干旱大地抖三抖

今年的江淮分水岭夏旱连春旱，秋旱连夏旱，是历史上最旱的年份之一。8月26日上午，我们来到位于分水岭脊背上、海拔90米的肥东县八斗镇谢集村，站在大塘边新建的二级提水站的高岗上，但见两口特大塘荡着碧波，坡上坡下，意杨苗刺向青天，银杏苗泛青吐翠，芝麻田里一片白花，山芋地里满眼葱绿。这个昔日十年九旱严重缺水的村庄，在如此的大旱面前竟找不到一丝旱象。

拥有九百多人口的谢集村，是省委书记王太华的示范点，近两年来，他先后8次来到这里和村里干群一起研究兴水治旱，调整农业产业结构。1998年6月13日，王太华同志带着有关厅局的负责人来到谢集村了解旱情，当得知当年由于大旱麦子减产四成，秋季作物种不下去时，他不禁皱起眉头。分水岭常年降雨量并不太少，只是没能留住这些雨水。经与村里干部群众商量，决定因坡就势打两口特大塘，积蓄天水。建两个二级提水站，埋设地下引水涵道500米，并当场从有关厅局协调资金30万元，彻底解决了该村用水。就是在这次调研中，王太华同志从实际出发，作出了在江淮分水岭地区“把水留住”的指示。从此，“把水留住”便成了分水岭地区广大干群的共同呐喊和行动。

全国政协常委、前省委书记卢荣景，是江淮分水岭易旱地区综合治理开发的发起人和主要决策人之一。从1995年开始，他就一次次带头深入分水岭调研，安排有关部门拿出治理意见，直到1997年9月，他主持召开省委常委会，原则通过了《中共安徽省委、安徽省人民政府关于加快江淮分水岭易旱地区综合治理开发的意见》和《治理规划纲要》，并付诸实施。时任省长的回良玉，在分水岭治理动员大会上作动员报告时指出：“分水岭开发，主要是抓水利基础设施建设。”并多次深入分水岭易旱地区调研。省长许仲林上任的第四天，就深入分水岭易旱地区调研。今年8月，他深入长丰调研时强调，认真总结“把水留住”工程实施的经验，把塘挖深挖大。省人大常委会主任孟富林，年年都要到分水岭易旱地区调研。他尤其重视分水岭地区人大代表关于分水岭治理的议案办理，亲自听汇报，查落实。

省委副书记、省政协主席方兆祥，多次深入到分水岭易旱地区调研，并亲自主持分水岭高规格动员会和在六安召开的现场会，研究解决开发中的问题。省委副书记乔传秀深入到肥西县金牛乡光明村创办兴水治旱示范点，还强调要将“把水留住”和“把树种上”工程结合起来，并提出挖深塘、多蓄水。省几大班子还有不少负责同志，尤其是几任分管领导多次到分水岭调研办点示范，形成了齐抓共管的态势。

省主要领导对分水岭兴水治旱的高度重视，极大地鼓舞了这一地区的广大干群，各级领导纷纷走上第一线。六安市委书记洪文虎一年间八上分水岭办示范点，帮助股份制企业裕昌饲料公司策划开发分水岭，结合创建年产200万只鹅苗的皖西白鹅良种繁育基地，打塘百亩。肥东县委书记熊建辉，半年间四上分水岭办点，组织八斗镇小盛村群众算投入、收益账，发动群众投资投劳打标准塘3口，蓄水13万方，解决了该村的用水。各地还纷纷建立领导干部包重点工程责任制。肥东、长丰、金安等县市区的重要塘口均有副科级以上干部负责，仅肥东县就有249口大塘与干部挂了钩，现已竣工的大塘80%是领导干部的示范塘。

可见，“把水留住”是江淮分水岭综合治理开发的根本问题，而各级领导纷纷走上第一线，则是分水岭兴水治旱取得成功的可靠保证。

百万愚公齐踊跃　不信春风唤不回

省委省政府关于加快江淮分水岭综合治理开发的决策符合实际，深得民心，极大地调动了广大干群兴水治旱的积极性。

8月23日，我们来到定远县仓镇北郑行政村后小刘村，站在去冬今春新筑的180多米长、3.5米高的塘坝上，但见300多亩水稻荡着绿波，丰收在望，煞是喜人。

村民组长刘长兵老汉激动地告诉我们，村里原有100多口人，由于年年干旱，庄稼有时绝收，吃不上饭，不少人家外逃，如今只剩下64人了。去年冬季，听说乡政府和行政村各支援俺1万元筑坝打塘，村里人高兴得流下了热泪。大家走亲访友，勒紧腰带又筹资1万元，连吃饭都成问题的村民们人均集资达156元，租来机械，苦干两周，完成土方1.5万立方米，建成这口能蓄水10万立方米的大塘。以前要遇上今年这样的大旱，村里肯定颗粒无收。由于有了这口塘，他家5口人，16亩地，今年种养业总收入可超过1.5万元，人均3000多元。逃往外地的村民，得知消息后已纷纷联系要往回迁了。

“两山夹一洼，中间打个坝，投入少，收效大。”站在明光市三界镇小陆行政村尹下村民组今春新筑的60米宽、5米高的土坝上，110亩即将丰收的水稻尽收眼底。镇长何玉德告诉我们，以前这里是水利死角，每当下雨，山水冲毁田地，庄稼减收；不下雨又造成干旱，滴水不见，村里去年人均收入才达1600元。今春，村民们自发筹资5000元兴水利，镇财政和省分水岭办公室又以奖代补9500元，筑起这条土坝，蓄积山水，使该村基本可做到旱涝保收，两年内即可收回全部投资。

在整个分水岭兴水治旱的攻坚战中，各级组织深入基层，寓教于爱，开展深入细致的思想政治工作，唤起数百万民众投资投劳，踊跃投入战斗。凤阳县石门山镇自1999年8月以来，共出动劳力12万人次，机械三十多台，群众筹资四十多万元，完成26.5万立方米土石方，新建、扩建大中塘32口，深井一眼，拦水坝2座，新增有效灌溉面积二千多亩，并解决二百多人饮用水；肥东县不少农民借款、向银行申请贷款自愿集资兴水治旱，截至去年底，该县分水岭地区群众共筹资812.9万元，日上工劳力1.565万个，共开工大塘三百多口，中塘一千多口；肥西县近3年来，共投入机械一千多台套，开兴水治旱工程达四千五百多处，上工劳力累计超过35万人次，完成劳动积累工五百多万个；长丰县1997年以来分水岭地区每年完成土石方都在900万立方米左右，累计新挖、扩建达市标的当家塘一千五百多口，整治大中渠道159条，新建和整修中小水库209座。该县吴山镇不少农民卖掉心爱的白鹅，自愿集资打大塘，感人至深；金安区10个省级分水岭重点乡镇共开挖各类治理工程1550处，完成土石方1.5亿立方米，投入积累工235万个，以资代劳资金1.2亿元；裕安区今年新列入的省级分水岭重点单位一镇一乡一街道，已新建小水库1座，大塘44口，中塘40口。

人民群众中蕴藏着改造山河的无穷能量，只要党和政府的决策对头，这种能量就会变成改造山河的巨大力量。昔日那枯萎的江淮分水岭，如今终于被春风吹绿了。

四级政府齐努力　筹资兴水润民心

8月26日中午，我们来到肥东县驷马山引江黄疃片一期工程的一级泵站工地，烈日下，正在施工中的高大站房的脚手架上焊花飞溅，已经挖成的近两公里长的引水渠里碧波荡漾。这项大型骨干工程是解决该县东北部分水岭两侧缺水易旱地区的水源和实现引巢、引淠、引江“三水沟通”水利体系的关键工程，设计灌溉面积20.9万亩，总投资达4000万元。该工程建成后，可彻底解决肥东县整个分水岭地区的用水。为了解决这片分水岭上57.6万人缺水的难题，省、市、县三级财政勒紧腰带，分别挤出资金1200万元、1000万元和1800万元扶持该项目上马。

8月27日下午，我们又来到长丰县庄墓电灌站机组扩建工程工地，新增10个流量的提水机组正在施工，几根粗大的水柱从原有的几台抽水机组的泵口喷出，溅起高高的水花，然后从宽大的渠道里奔向田野。难怪这片昔日严重缺水的分水岭上在如此的大旱面前却是一派丰收景象。

该工程是长丰县分水岭治理“西水东调”重点工程的重要组成部分。整个“西水东调”工程总投资达4138万元，工程建成后可基本解决长丰县分水岭重点乡镇的水源问题。为了扶持这项工程上马，省财政水利建设资金拿出2300万元，市财政拿出909万元，14个乡镇群众投工投劳款450万元，县财政在极端困难的情况下拿出 500 万元。

在裕安区狮子岗乡横大路村新建的十三冲水库的大坝上，乡党委年轻的女书记宋玉华的一番话使我们颇为感动：这个偏僻的丘岗乡镇由于几乎没有工商业税，财政收入低，目前尚欠账 300 多万元，乡干部已有两个月未开工资了。为了鼓励农民兴水治旱，乡里决定农民每打一口大塘，除省、市、区的奖励外，乡里仍给予 5000 元的奖励。

为了鼓励农民兴水治旱，省及整个分水岭地区的 3 市和 8 个县市区，以及有关乡镇都千方百计挤出资金，对农民实施以奖代补。截至去年底，除经省计委批准立项的大型骨干水利工程之外，省财政已安排了 2300 万元的专项资金，省农行安排了近五千多万元的贴息贷款指标，重点用于分水岭兴水治旱工程的奖补。

四级政府勒紧腰带，以奖代补，扶持鼓励分水岭农民兴修水利，滋润了这片土地上农民干渴的心田。农民和政府一条心，就没有赶不走的旱魔！

创新机制广引资　八方水汇分水岭

8 月 23 日，我们来到定远县仓镇农科村农民罗永胜的综合养殖场。在如此大旱面前，他的塘内鱼鸭戏水，猪舍猪娃撒欢。昔日的农科村严重缺水，1997 年底镇里放活政策，罗永胜个人投资 30 万元，深挖上坝大塘，建成塘中塘，加高堤埂，填平 20 亩淹没区造田，在新造地上建猪舍，办千头养猪场。水里养鱼，水面养鸭，猪粪进沼气池，沼肥养鱼，沼气照明烧饭，综合开发，年收入二十余万元。更重要的是，该村农民没出一分钱，600 亩农田解决了免费用水。

凤阳县京山办事处在兴水治旱中创新机制，坚持“谁投资、谁受益、谁建设、谁管理”的原则，仅 1999 年该办事处股份、联户、个体投资兴水利就达 154 万元，占当年全办事处水利总投入的 70%。

肥东县积极推行水利工程产权制度改革，富旺乡何集村四户农民合股买断鸭塘坝经营权，累计投资 10 万元，整治后的鸭塘坝蓄水量增长到 11 万立方米，灌溉面积达到 650 亩……如此兴水治旱的例子不胜枚举。尤其值得一提的是，该县严重缺水的磨店乡会棚村，大胆引进个体老板李华甫、张宇勤，租赁荒坡和低产田 210 亩，进行为期 30 年的开发，计划 3 年内投资 1100 万元，修水库养鱼，建蔬菜大棚和苗圃，库坝栽水杉 5000 株，修 280 米水泥路接通公路，建垂钓中心和休闲度假村。从今年 7 月 10 日开工，个体老板已完成水库土石方

18 万立方米，筑起长 480 米、高 10.5 米的水库主坝。合同规定，所占土地的农业税费全部由老板承担，相关的 3 个村民组农民免费用水。

长丰县的杨庙、罗集、义井、造甲等分水岭上的乡镇，采用租赁、承包、拍卖、股份制等多种形式放开水利工程建设权、经营权，筹集大笔开发资金，完成了一大批水利工程。金安区椿树等乡镇还采取选定塘口后先发包，然后利用包费兴办水利工程的办法筹措资金，弥补了兴水治旱工程经费的不足。

有人说，昔日的江淮分水岭“穷在水上，落后在观念上”，看来不无道理。只要分水岭人适应市场经济的规律，及时更新观念，大胆改革，创新机制，八方资金就会源源不断地引来分水岭，兴水治旱何愁缺少资金投入！

（注：此文作者还有汪家驷）

原载《安徽日报》2000 年 9 月 11 日头版头条

点评

宏观着眼　微观下笔
——评《喝令山河重安排》

读完这篇调查报告，不禁为作者的宏大气势所折服。正可谓宏观着眼，微观下笔。

文章气势如虹，如大标题“喝令山河重安排”、小标题“‘把水留住’一声吼，干旱大地抖三抖”等，却又让人感到真实可信，这是作品“取势”与“取实”有机结合的结果。调查报告用详实的材料，如分水岭各地筹了多少资、打了多少塘、筑了多少堤、完成了多少土石方、蓄了多少水、浇了多少田以及农民年人均增收多少等，都有实实在在的数据和事例，让人感到分水岭的山河确实重新安排了，旱魔确实被“吓跑”了。“取势”与“取实”有机结合，正是这篇文章最大的成功之处。

详与略的有机结合，是作品成功的另一个重要原因。近 5000 字的调查报告，读来却让人并不感到乏味，原因是作品采用了大量感人的鲜活事例，让群众给读者讲故事，不仅每个故事交待得有声有色，而且穿插现场写真，使读者如临其境、如闻其声。面上的综述，则往往采用精炼的排比，将效果烘托到高潮，绝少作者一般化的自叙，做到了详略得当。

这篇调查报告，还有一个鲜明的特色，即每个段落的结尾都有作者恰到好处的议论，如第四段记者列举了各地创新机制、引来大量外地和社会资金兴水治旱的例子后，结尾议论道：“有人说，昔日的江淮分水岭‘穷在水上，落后在观念上’，看来不无道理。只要分水岭人适应市场经济的规律，及时更新观念，大胆改革，创新机制，八方资金就会源源不断地引来分水岭，兴水治旱何愁缺少资金投入！”这议论使主题升华、深化，起到了画龙点睛的作用。叙事与议论的有机结合，最后成就了这篇佳作。

（恒艺）

（注：此点评，是汪家驷同志将此稿收入《新闻三十论》（人民出版社 2008 年 7 月）附录时，由恒艺同志配写。）

巧调结构显生机

——江淮分水岭综合治理开发系列报道之二

江淮分水岭易旱地区重点乡镇农民人均收入的迅速增长，不仅是因为这一地区实施了“把水留住”工程，基本解决了缺水易旱问题，还由于这里的群众面向市场，积极调整优化农村产业结构，实现了增收增效。在连续8天的时间里，我们几乎跑遍了分水岭地区的重点乡镇，展现在我们眼前的再不是昔日“一麦一稻”或“一油一稻”的单调农作物；而是大片大片市场畅销的高效经济作物，以及畜牧业、林业和渔业的大发展。然而，这较为合理的农业结构是怎样调整出来的呢?

趋利避害调结构

江淮分水岭地区缺水易旱的特点和经济落后的现状，决定了农业产业结构调整在综合治理开发过程中的重要地位。为此，我省近年来加大了江淮分水岭地区经济结构调整力度，首先在种植业结构调整上取得突破。在分水岭地区采访的日日夜夜，我们强烈地感受到，各县市区因地制宜，趋利避害，变对抗性为适应性，坚持稳粮扩经、压水扩旱和避灾增收、优质高效的原则，积极发展节水农业和旱作农业，发展间作套种，提高经济作物和饲料作物比重，让农民尝到甜头。

“今年俺种了4亩无籽西瓜，育意杨树苗3亩，种黑芝麻1亩，全家5口人，预计人均收入可达3000元以上。”肥东县八斗镇谢集行政村谈庄农民吴明众老汉一边说一边笑。然而，两年前，吴明众家却是另一番光景。由于缺水易旱，传统的“一油一稻”常常减产，甚至绝收，直到1997年全家人均年收入仅有1500元左右。是调整种植业结构，使吴明众一家走上致富路。如今，在吴老汉家里买了两台彩电、两辆摩托车和一台电冰箱。回顾这些，吴明众不无感慨地说：“搞农业与老天爷对抗没有出路，还是靠调整结构”。

更新观念，趋利避害，面向市场调整优化产业结构，使分水岭地区千千万万个家庭摆脱了贫困。明光市张八岭镇岭北村燕子湾水库南侧1200亩山坡，以前农民有的种粮每亩年收入仅两百多元，还造成水土流失，危及水库；有的栽植小松树，虽能保持水土，但效益更低。1997年镇里结合“把树种上”工程的实施，引导农民投工投劳改建成连片杜仲高效经济林，套种耐旱作物花生，不仅控制了水土流失，每亩年收入也猛增到八百多元。凤阳县黄泥铺镇在缺水易旱的上王村打深井，沿合蚌公路两侧建起1500亩葡萄园，引进巨峰、龙宝、马奶子等优良品种，年亩均纯收入达3000元，是种粮效益的6倍以上。肥东县解集乡结合“把树种上”工程实施，采取“推磨转圈，轮流受益”的办法，4年间连续开发出塔山、龙山、虎山、柴山等6400亩板栗林。在板栗幼苗期以短养长套种耐旱花生，仅1998年出口日本鲜花生果就达8.5万公斤，价值二十余万元。全乡农民仅花生一项可实现年人均增收100元以上。

3年来，分水岭各县市区纷纷引导农民变对抗性农业为适应性农业，面向市场，压水扩旱、压粮扩经、压低扩高、压劣扩优。定远县5个省级重点乡镇去年压缩水稻面积1.73万亩，扩大了玉米、花生和豆类面积。长丰县11个省级重点乡镇去冬今春实施“白色工程”面积就达33.6万亩，营造经果林5910亩。

肥西县分水岭地区扩种优质粮油20万亩，优质棉5万亩，粮、油、菜制种近3万亩，实施“白色工程”面积18.5万亩，发展成片经果林2876亩。金安区10个省级重点乡镇压缩双季稻面积6万亩，扩大瓜类、烟草、花生、芝麻、蔬菜等及高效经果林共6.4万亩。

各地在趋利避害，面向市场调整优化种植业结构的同时，还大力推进以种调养，进一步带动种植业由粮、经“二元结构”，向粮、经、饲“三元结构”转变，进一步提高农业效益。

趋利避害，变对抗性为适应性，大力调整种植业结构，关键要搞好社会化服务。缺水易旱的分水岭地区，水稻面积为什么这么大？采访中我们了解到，农民种水稻不仅受计划经济和传统习惯的影响，也出于现实的考虑：稻子不管收多少，终究能卖掉，而改种其他作物，能否卖掉，没有把握。因此，各级政府部门要转变职能，研究推广适应江淮分水岭地区农业发展的各种农业技术，抓好农业产前、产中、产后的社会化服务，尤其是销售服务，适应性农业才能从根本上获得大发展。

市场拉动调结构

省委、省政府在实施江淮分水岭综合治理开发战略中，突出强调了以市场为导向，依靠市场推动来加快调整农业产业结构。江淮分水岭地区的各县市区也积极引导和组织农民研究市场、开拓市场、走向市场，努力使农业结构的调整始终都适应市场的需求、市场的变化。

明光市缺水易旱的三界镇的耐旱作物花生，由1997年以前零星种植发展到目前的两万多亩，却仍能货俏价高，原因何在?“因为我们有个花生大市场。”镇长何玉德这样回答。为了使大面积的花生能销得出去，让农民增产增收，这个镇通过招商引资投入五百多万元，建起花生大市场，推进花生产业化经营。目前，该市场内拥有两个炒货，30台大型花生加工机械和5个花生副产品加工企业，年加工花生500万公斤，占全镇花生年产量的62.5%。花生产业化使花生生产获得较高的效益，全镇农民仅花生一项年人均收入就达500元。

到过肥西县城的人，都不会忘记那个生意红火的桥北花卉苗木市场，正是由于城关镇政府于1995年投资50万元建起了这个苗木市场，才推动方圆几十公里的农民调整优化产业结构，形成一个花卉苗木大产业。这里的花卉苗木生产起源于分水岭上的松岗、孔岗、阮岗三个村，以前由于销路不畅只是小打小敲零星生产。1987年，部分农户因苗木销售不掉造成亏损，气愤之下把积压的苗木“付之一炬”。

惨痛的教训使农民明白了市场的重要性。没有市场，结构调整就是盲目的。你发展越多，将来损失就越大。肥西县城关镇一些有经济头脑的苗木大户，开始走南闯北开拓销售市场。镇里又先后培训起120多人的苗木营销队伍，还牵头成立起花卉苗木协会，在城关投资筹建起花卉苗林业市场，并组建起合肥市三岗花卉苗木有限责任公司，推进市场+基地、公司+农户的产业化经营，使这里的花卉苗木生产迅速发展到6100亩，产品发展到五大类两百多个品种，行销全国。1999年实现产值2100万元，创利税1050万元，今年预计总产值将增长20%以上。

采访中，我们还发现一些靠市场拉动以种调养的好典型。有着养猪传统的长丰县朱巷镇1995年投资151万元，建起全省规模最大，集交易、餐饮、服务为一体的综合性仔猪交易市场，不断完善服务，年成交额由一千多万元增长到四千多万元，拉动了该镇养猪业的迅速发展。使这个1994年养肥猪1万头、母猪5000头、产仔猪15万头的镇，迅速发展到年养肥猪3.8万头、母猪1.9万头、仔猪39万头，全镇农民年人均养猪收入由300元左右猛增到1000元以上。

有的乡镇领导谈起农业产业结构调整，总是津津乐道自己那里发展了多少经济作物，粮经比由几比几调整到几比几，仿佛这样的结构就是合理的，其实这是认识上的一个误区。肥西县花农曾经将苗木“付之一炬”的教训，应该引起我们的足够重视。农业产业结构怎样才称得上优化合理？关键是要以市场为导向，按市场规律办事，让市场去拉动农民调整产业结构，这样调出来的产业结构才能适应市场，才能称得上是优化合理的。

“龙头”带动调结构

发展龙头企业，加快农业产业化进程，是分水岭地区调整结构、转变农业增长方式的关键，也是培育农村经济新的增长点，是带动广大农户合理调整产业结构的重要途径。今年以来，我省在江淮分水岭地区实施了“千户调整结构，脱贫致富示范”工程，优选了1600个结构调整的示范户和龙头企业，进行重点指导，立项给予重点扶持，并结合基地建设，大力培育生产型、加工型、贸易型和综合型的龙头企业，以带动该地区广大农民调整结构，脱贫致富。

在长丰县朱巷镇江淮银杏制品厂采访，主人给我们泡上清香可口的银杏茶。十年九旱的该镇羊荒村10个村民组，1997年面向市场调整优化产业结构，建起3000亩的银杏园。1998年，镇里又投资60万元，建起江淮银杏制品厂，后租赁给个体经营大户李岭经营。李岭投资20万元聘请有关专家精心研制银杏叶深加工，开发出“伟磊”银杏袋泡茶、叶片茶、八宝茶等系列产品，并将产品打入上海、重庆、广东等大中城市，使当地年产的21万公斤银杏鲜叶就地转化增值。农民每亩银杏叶年产值达400元左右，加上银杏幼苗期套种耐旱，高效作物花生年亩均收入400元，比以前种小麦、大豆等效益高出几倍。

长丰县下塘镇，一家私营蔬菜加工厂引起我们很大的兴趣。该厂自1998年兴建以来，采用民间传统腌制加工工艺，先后生产出“家乡牌”青豆角、青萝卜、雪里蕻、蒜籽、黄瓜、尖椒等各种真空袋装小菜，产品远销各大中城市，供不应求。镇里予以积极扶持。该厂与当地2218户菜农签订了三千多亩蔬菜生产合同，使菜农年户均增收1200元。

说起“栽果不如种草”你也许不信，然而这却是活生生的现实。新中国成立初期创办的六安市南郊小华山园艺场，3000亩果园连年亏损，无奈于80年代逐步砍掉果树种草养奶牛 150 头，同时建起乳品加工厂，获得迅速发展。当我们来到这里采访时，但见四面的山坡上，串叶松香草、意大利黑麦草、美国籽粒苋草……青茫茫的一片，却找不到一株果树。据场里的同志介绍，目前，该场不仅已发展起 530 头优质奶牛，在乳品加工厂的带动下，周围农民还种草 500 亩，养优质奶牛 500 头。每头奶牛产奶年纯利 2000 元。有的农户养奶牛多达 22 头，年纯收入就达 4.4 万元以上。

在市场经济条件下，千家万户的小生产无法适应千变万化的大市场。如何在农户与市场之间架起一座桥梁？有些地方基层领导，至今还在采用计划经济下的办法，强制农民种这、种那，出了不少力，结果却搞得怨声载道。而上述这些地方的领导，靠扶持几个龙头企业，让龙头企业与农户签合同安排种植，既调整优化了产业结构，企业、农户双方得利，深受欢迎，政府又省了不少力气。希望各级领导都来研究一下农业产业结构调整中的市场经济学。

信息引导调结构

省委、省政府在江淮分水岭易旱地区的重点乡镇实施“电脑入乡”工程，对引导这些地区的农民调整产业结构发挥了重要作用。

明光市三界镇通过网上发布信息，今年 7 月 25 日就有南京、上海、镇江等地客商赶来收购花生鲜果，不仅比往年提前了 20 天，每公斤鲜花生价格还上扬 0.25 元左右，仅此一项为全镇农民增收 128 万元。凤阳县燃灯乡通过网上招商，引来山东、上海客商赶来承包荒山种植红石榴，目前已开发易旱荒山 1500 亩，明年进入盛果期，每亩效益可达万元以上。农民租出土地、就地打工增加了收入，乡财政每年也可增收 50 万元。肥东县 12 个省级重点乡镇的 13 台电脑都已成功连接互联网，到 7 月底已发布信息 67 条。该县广兴乡通过网上供应三元杂交仔猪，被上海收购一百多头，价格大大超过当地市场价格。八斗镇通过上网发布信息，五百多万公斤西瓜销往江、浙、赣、沪。肥西县孔岗村花木销售大户刘宏余通过网上销售，年获利 10 万元。六安市横塘岗乡 3 万公斤无籽西瓜通过网上发布信息打开了销路。六安市施桥镇电脑联网后，已成功下载适应本镇产业结构调整有关信息 48 条，其中鱼鳖混养技术要点、板栗嫁接、河蟹养殖等技术的下载运用，已产生良好的社会、经济效益。同时，该站上网发布信息 4 条，已招来客商，销出优质大米 620 吨……这一切无疑都对引导分水岭易旱地区的农民调整优化农村产业结构，产生较好的作用。

进入信息时代的今天，对于工商业者来说，信息就是金钱；对于农民来说，信息就是优化合理的产业结构。分水岭易旱地区的人民，在全省率先踏上了信息高速公路，那么通过综合治理开发，这里的社会经济发展、人均收入水平赶超全省平均水平的日子还会远吗！

当然，对于江淮分水岭地区来说，农业结构调整这篇大文章还刚刚开始，已经涌现了一批先进典型。但总的看，调整的步伐是坚实的，也是缓慢的。可以说，任重而道远。

（注：此文作者还有汪家驷）

原载《安徽日报》2000年9月13日头版头条

科技治岭见威力

——江淮分水岭综合治理开发系列报道之三

江淮分水岭易旱地区的综合治理开发，之所以三年能初见成效，各级党委、政府坚持科技治岭、科教兴岭是重要原因之一。科技迅速长入江淮分水岭，提高了综合治理的科技含量，提高了产品的科技含量，进而提高了产品在市场上的竞争力，初步实现了农业增效、农民增收，同时，也为分水岭地区经济的腾飞增添了后劲。

治穷必须先治愚

省委、省政府在实施江淮分水岭综合治理开发工作中，始终把科技兴农放在突出的位置，依靠科技加快治理开发。江淮分水岭地区为何比较贫困，除了客观原因之外，主观上的重要原因之一是这里的农业生产方式落后，整体效益不高，农业的科技含量低。因此，综合治理开发，首先必须对症下药，强化对农民的科技培训。

8 月 25 日上午，当我们来到凤阳县采访时，这个县分水岭地区“千户调整结构脱贫致富”示范工程科技培训班正在举行。石门山镇笆陈行政村后刘村民组女青年周国霞告诉我们：“以前只是凭老经验种花，现在通过培训，从理论上弄懂了种花的道理，心里亮堂了，一些养花难题也解决了，还获得了不少国内外市场信息，收获很大。”1993 年，高中毕业的周国霞去蚌埠一位种花的亲戚家打工，学到了一些种花、卖花的经验。1997 年回到家乡自立门户经营花卉生产。由于仅凭经验缺乏理论，直到去年她种花仅 4 亩。今年参加了培训，她已将花卉种植扩大到 6 亩，还带起周边 10 个农户。

据凤阳县农委的同志介绍，本期培训班共培训农民学员 70 人，全部聘请农师院老师授课，培训内容包括畜禽养殖及病防、果树、蔬菜、花卉、水产养殖、花生、西瓜等方面的科技知识。除了本期对两个省级重点乡镇的农民示范户培训以外，该县还将对市、县级 9 个重点乡镇分期分批各培训 35 名各种类型的示范户。同时，还计划组织科技人员深入各重点乡镇的重点户调查研究，发现问题，以乡镇为单位扩大再培训。

明光市仅 1999 年就在分水岭地区重点乡镇累计举办各类培训班 769 期，受训群众达 4.5 万人次。明光市电台、电视台还开辟了《农科教之窗》专栏，定期播放农业实用技术录音、录像。同时，市直有关部门和乡镇还分别组织科技人员巡回演讲，面对面地向群众传授实用技术。定远县从农业技术部门抽调技术骨干抓培训，仅 1999 年，这个县在省级重点治理乡镇共举办各类科技培训 34 场次，培训人数达 21745 人。此外，该县还利用省、市、县农广校，为重点治理乡镇举办了四个农业中专函授班。长丰县各重点治理乡镇把科技培训作为一项经常性工作来抓，请专家、教授深入农户家中开展技术培训，专家、教授成为农民家中的常客。肥西县在分水岭地区实施科技“进村入户”工程，推行“3+1”教育改革，组织科普赶集，办农民文化学校。3 年来，共举办讲座 160 多期，受培训农民达 26 万人次，600 多位农民获得绿色证书资格。六安市 3 年来在分水岭地区重点乡镇共举办各类培训班 300 多期，参加培训学员近 10 万人次。他们还以皖西联合大学为基地，举办了两期“451”科技扶贫工程培训班，免费为重点乡镇培养养殖专业人才 91 名。据统计，截至去年 8 月，分水岭地区各县市区共举办各类培训班、开设讲座、组织科技下乡活动 1000 多场次，受训干群 140 多万人次，印发资料 100 多万（册）份。

分水岭地区扎扎实实的科技培训，使这一地区农民的科技素质逐步提高，大大加快了新的科学技术在这一地区的推广速度。仅 1999 年省级分水岭重点乡镇就推广新技术 20 多项，推广面积达 72.5 万亩，良种覆盖率达 93.7%。在分水岭地区省级重点乡镇，科技对农业的贡献率连续 3 年增幅达到 2% 以上，比全省同期增幅高出 0.5 至 1 个百分点。

治穷必须先治愚，这个被各地实践证实了的真理，又一次在分水岭地区的治理中被证实。分水岭地区强化对农民的科技培训，使这一地区农民的科技素质得以提高，其意义还不仅在于推广几项新技术，获得眼前的经济利益，更重要的是增强了这一地区的造血功能。金钱扶不起愚昧，输血赶不上造血，这同样是被实践证实了的真理。

科技示范出活力

近年来，各类农业科技示范园在分水岭地区如雨后春笋般地涌起，仅合肥市及3县已建成的不同类型的农业科技示范园区就达17个，金安区建起各类农业科技示范园区20个。这对于引导这一地区的农民学科技、用科技、治穷致富发挥了很好的作用。

8月27日上午，我们来到长丰县陶湖乡农业科技示范园采访，但见一座座塑料大棚里的西甜瓜架上，挂满大大小小的西甜瓜，较大的西瓜都是绳网托着，煞是喜人。园主告诉我们，这个以农业科技人员为技术依托的示范园，按照“三新”（新品种、新技术、新材料）、“六化”（农田建设标准化、操作机械化、科技集成化、服务社会化、管理规范化、环境良性化）的要求实施，采取反租倒包，引导农民进园经营，每年“两瓜一菜”三季收获，年亩均纯收入6000元，是原来种粮效益的十几倍。1997年初创时，示范园仅有10座大棚，如今已发展到82座大棚。去年仅带动周围农民发展大棚西甜瓜就达270多户，面积达120多亩，亩均纯收入2500元；今年发展到380户，大棚西甜瓜面积200多亩，亩均纯收入3000元左右。

目前，陶湖行政村中有4个村民组的群众都按照示范园的要求实施，1200亩耕地全部变成了示范园，还辐射带动全乡8000多亩耕地实施科学种植。

采访中我们欣喜地发现，由明光市桥头镇农技站反租南朱村50亩土地创办的大棚芦蒿示范园，位于金安区三十铺镇的江淮分水岭高效经果林科技示范园，被列入1998年水利部节水增效示范项目的肥西县高店节水增效示范片，皖西淮滨园艺园等，都发挥了较好的示范带动作用。

不少高新农业技术，因为农民们不理解，不接受，不能很快在农村推广转化为现实生产力，令人惋惜。农民们是最重视实际的。通过办科技示范园，把高新技术所能带来的高效益实实在在地展示给农民看，农民们相信了，于是，新的科学技术在农民中间迅速生根、开花、结果。可见，一项新的科学技术能否在分水岭迅速被推广，不仅取决于其本身的价值，还取决于推广方式是否科学。

创立科技新机制

在江淮分水岭综合治理开发中，各地积极改革旧的科技体制，创立适应市场经济的新机制，为科技治岭带来了生机和活力。

8 月 28 日上午，我们来到位于金安区三十铺镇的江淮分水岭高效经果林科技示范园，但见这片昔日缺水的荒岭，如今变成了道道地地的花果山。大片大片桃树、黑李树树上树下，滴灌、微喷设施随处可见，透给你一股极强的现代农业气息。1998 年，当时的市农业局农业科技人员柳士勇，带领 17 名农业科技人员，采取自愿入股的方式，以每股 2 元筹集股金 42 万元，来此地签订了两期租用荒山 1100 亩开发 35 年的合同。他们投资 8 万元打两眼 62 米深的水井，后又打井 6 眼，栽植安农水蜜桃、甜油桃、美国黑李、藤稔、前锋葡萄等，经果林下套种花卉、甜瓜、打瓜、花生等农作物，发展节水灌溉，还建百头养猪场、修各类道路 5300 米，实施科技开发。当年示范园亩均收入就达到 660 元，去年达到亩均收入 800 多元，今年已提高到亩均收入 1100 多元。在他们的带动下，已有群众效法他们在附近开发荒山，发展经果林 300 亩。

为鼓励科技人员投身分水岭地区开发，金安区先后出台了一系列科技体制改革的文件，对离岗投身分水岭地区开发的，实行身份、职级、评薪评优、晋优晋职资格“四保留”，并对他们实行项目、资金等优先扶持的七项优惠政策，极大地调动了各类农业技术人员的积极性。目前，该区已有 162 名中高级农业技术人员采取技术参股、嫁接承包等多种形式投身分水岭地区综合治理开发，承包开发面积达 6 万亩。

1998 年以来，定远县定东乡、天河乡在引进香港冠叶集团资金的同时，引进科技人才，采取反租倒包方式，租赁荒山 3700 亩，进行银杏系列开发，实现了荒山开发、农民增收、财政增税、客商发财，同样显示出创新科技体制的活力。定远县大胆改革旧的科技体制，在全县掀起了新一轮科技承包热，今年全县参加各类科技承包人员达 246 人，承包面积 12.5 万亩，承包养猪 1.4 万头，养禽 15.4 万只。合肥市 3 县通过改革旧的科技体制调动科技人员的积极性，科技承包面积迅速发展到 276 万亩。

毋庸置疑，没有分水岭地区广大科技工作者的积极参与，科技治岭只能是一句空话。没有适应市场经济的新的科技体制，外地科技人才就不可能引来分水岭。科学技术是第一生产力，而科技工作者则是这第一生产力的活的载体。可见，改革旧的科技体制，建立适应市场经济的新机制，以调动科技人员投身分水岭开发的积极性，是实施分水岭地区综合治理开发至关重要的一环。

（注：此文作者还有汪家驹）

原载《安徽日报》2000 年 9 月 18 日头版头条

聊吧

策划“出”新闻

这是一项安徽省区域性整体脱贫攻坚重大工程，也是一项省级重大经济开发战略决策，实施3年“成功经验”类的系列报道，意义重大。创意的策划，使这组系列报道不仅在江淮分水岭地区引起强烈反响，受到该地区广大干群和省工程建设主管部门的一致好评，还受到社会的广泛好评。故，受到省委宣传部领导“很好”的评价。

一、时机策划：策划“成功经验”类系列报道的目的，绝不仅仅是总结经验，进一步巩固和扩大某项工作成果。更重要的是要将这里的成功经验转化为新闻，给社会提供有价值的新启示。这首先就要寻找一个好的新闻由头（即时机），才能引起社会的广泛关注。可见，策划这类系列报道选准时机同样至关重要。这组系列报道，不仅策划在这一地区综合治理开发3年已取得显著成效的大背景下，且选在当年全省遭受历史上罕见的大旱，不少地方的农田大幅减产甚至绝收，原本缺水易旱的江淮分水岭地区农村却罕见的丰收在望，形成巨大反差之时（与大背景对应，我称其为小时机）。反差越大，新闻性就越强，启示力就越强。

二、稿件策划：时机选准之后，稿件策划就成为系列报道能否成功的关键。某项工程或工作的成功（即便是重大工程或重要工作），都有其特殊性和偶然性。新闻工作者要善于透过这个特殊性和偶然性，找到寓于其中具有社会普遍价值的东西，即必然性，将其转化为新闻，给社会提供有价值的新启示。赴分水岭采访前，我们从省相关部门的材料上获悉，这里主要实施了“把水留住”“把树种上”“把结构调优”三项大的工程。如果简单地按三项工程分别成篇，那样最省事，但那只是工作经验总结，绝不是新闻。最显见的是，从大农业的角度看，“把树种上”也属农业产业结构调优的内容，分别成篇将造成主题和枝蔓的严重交叉和重叠。带着未完成的策划我们深入到江淮分水岭农村采访，从一块块高效科技示范园我们很快就发现，科技治岭是不可或缺的一个重要方面。于是，一个系列报道大结构的初步策划便形成了：分别从“把水留住”工程中提炼出“愚公移山、改造山河”的单篇主题；从“把树种上”和“把结构调优”工程中提炼出“更新观念、巧调结构”的单篇主题；从实际采访中挖掘出“治穷治愚、科技治岭”的单篇主题。在接下来的采访中，我们一面验证初步策划是否合理，并在确认的基础上，进一步深化和完善各篇主题及框架结构的策划。

“这篇调查报告，还有一个鲜明的特色，即每个段落的结尾都有作者恰到好处的议论……这议论使主题升华、深化，起到了画龙点睛的作用。叙事与议论的有机结合，最后成就了这篇佳作。”这是恒艺同志点评江淮分水岭系列报道首篇《喝令山河重安排》中的一段话【见《新闻三十论》(人民出版社 2008 年 7 月版）附录】。其实，这也是这组系列报道的共同特色，是这组系列报道精心策划的一个方面。该系列报道没有采取在篇末或系列之末配一篇评论的通常做法，而是因稿施策，将这里的综治开发做法，通过随时随处有感而发、恰到好处的议论提升到理论高度，深化为具有普遍意义的启示，叙事与议论实现有机融合，不仅耐读，且易于为读者所接受。

“详与略的有机结合，是作品成功的另一个重要原因。近 5000 字的调查报告，读来却让人并不感到乏味，原因是作品采用了大量感人的鲜活事例，让群众给读者讲故事，不仅每个故事交待得有声有色，而且穿插现场写真，使读者如临其境、如闻其声。面上的综述，则往往采用精炼的排比，将效果烘托到高潮，绝少作者一般化的自叙，做到了详略得当。”这是恒艺同志点评江淮分水岭系列报道首篇《喝令山河重安排》中的另一段话，指出了这组系列报道精心策划的又一个特色。不过，这类系列报道，由于篇幅相对较长、篇目相对较多，如果没有特别深入细致地采访，收集不到大量感人的鲜活事例，就不可能篇篇做到让群众给读者讲故事，并把故事讲得有声有色，甚至还能穿插现场写真，使读者如临其境、如闻其声。可以说，特别深入细致地采访，是实现这类系列报道精细策划必不可少的基础。

同时，各篇逐层深挖，合理推进，篇幅协调均匀，三篇主标对仗工整，各篇小标题风格统一。这些精心的策划，不仅使整组系列报道具有很强的新闻性和理论高度，各单篇主题及枝蔓绝不交叉重叠，又形成一个风格谐调、布局合理、挖掘充分、脉络分明的有机整体。该系列报道，还策划三个长篇通讯尽量在《安徽日报》的头版头条密集推出（8 天内推完），形成强大的舆论冲击力。

从精准的时机选择，到精巧的稿件策划，精心的版面和见报时间的安排，整组系列报道颇有创意，将这里的成功经验较好地转化成新闻，为社会提供了有价值的新启示，产生很好的社会效果，

三、特别注意：在一些报刊上，常常能见到一些“成功经验”性质的系列

报道，时机选择太随意，新闻性不强；稿件之间主题及枝蔓相互交叉重叠；前后篇风格不一、布局失当、难成有机整体；没有将经验上升到理论高度进而转化为新闻，不能给社会提供有价值的新启示；例子不够自叙凑（甚至一个例子反复使用），叙事大都由作者代劳，详略失当，读来乏味等。主要原因是对策划不够重视、不够精心，采访也不深入。不少是受相关部门工作总结材料的影响（有的就是工作总结的改头换面，甚至可称作剽窃），缺乏从新闻角度再提炼，缺乏通过特别深入细致地采访完善和细化策划，即缺乏创意。有的甚至采访结束后几位采访者大体上分一下工（这顶多能称上初步策划），然后各自草草成篇，无人协调统稿。这种单纯的完成任务甚至是应付观念，使本来就很难令人叫好的这类系列报道，效果更差。

四、他山之石：这里我想特别提及《湖北日报》精心策划的《改善湖北投资环境》系列报道，特别彰显出策划在这类系列报道中举足轻重的作用。该组系列报道，不仅策划在对外开放、全国上下正在强调改善投资环境、扩大招商引资的大背景下，还选在时任中共中央政治局委员、湖北省委书记俞正声，在一起被赖账百万美元9年不还的外商求助信上批示："又一起赖账案件！"并责成有关部门对"此类问题逐一排查，对搞欺诈的领导干部，应视情况作出处理"之时。时机选择可谓精准。稿件策划更是精心，组织了两篇赖骗外商、港商投资资金事件的舆论监督稿《一起典型的赖账案》《温柔陷阱》，并配发《正视这份耻辱》的重头评论员文章，组发在2004年6月18日《湖北日报》的头版头条，接着又配合在一版开辟"投资环境大家谈"专栏，开展大讨论。在省级党报的头版头条和头版，组发如此尖锐批评的系列报道，在全国都较鲜见，形成强大的舆论冲击力，不仅促进了具体赖骗案的最终解决，还促进了湖北投资环境的改善，效果极佳。该组系列报道，可谓极富创意，当之无愧地荣获第十五届中国新闻奖一等奖。

试想，这两篇舆论监督稿，如果不是选准时机或单独刊发，而是偶发赖骗外商、港商投资资金的普通事件（只有事件、不见警示），新闻价值将大打折扣，不仅很难推上省级党报的头版头条，甚至能否见报都难说。但是，创意的策划，把事件提高到改善湖北投资环境的理论高度来认识，这就转化成了警示社会的大新闻，不仅推上了省级党报的头版头条，此后还在一版开辟了"投资环境大家谈"专栏，开展起大讨论，这组系列报道的新闻价值就发生了质的飞跃。这里甚至可以说是策划"出"新闻！

NEWS CHAT BAR

聊吧十四 与文学互鉴

新闻与文学，虽有明显的区别（如在作品的真实性上，文学只求其本质，而新闻还要求故事情节真实；在文字表达上，新闻要求明白，文学则要求含蓄；在各种文体的表现手法运用上也各有侧重），亦有很多相通之处。如新闻与文学都属广义上的大文学范畴，在高校不少中文系里设置新闻专业、文学院里设置新闻系，在中小学语文课本里选有新闻（通讯）佳作；新闻与文学都是使用语言文字艺术反映现实、表达作者的思想、追求观念新、追求真善美；尤其是报告文学，既属于狭义文学的范畴，又属于新闻的范畴。因而，两者可以也应该互鉴。

新闻有很多方面可以借鉴文学。如人们常见新闻作品的标题借用或化用诗词、歌词名句，使标题凝练、形象、生动、出彩、内涵丰富、抓人眼球、影响力增强；有很多通讯作品，借鉴小说和散文的叙事、写景、抒情、画眼睛等表现手法（只是篇幅和文体所限，通讯作品表现得相对简练，小说、散文则相对雍容），使读者如临其境、如闻其声，人物形象鲜活，作品文采灿然，生动活泼，吸引读者。就连篇幅较短（一般只有几百字）、要求用最简洁的语言告诉读者所发生的新闻事实的消息写作，很多注重技巧的记者，也借用电影蒙太奇的表现手法，上来就推给读者一个特写镜头，取代枯燥抽象的导语，吸引并增强读者对新闻的直觉感受，强化传播效果。而古今优秀文学作品中那高新的立意、深邃的思想、爱国忧民的赤子情怀，更值得新闻借鉴。

可见，借鉴文学，丰富新闻的表现手法及内涵，对增强其可读性、感染力和对读者的吸引力，强化传播效果，都相当重要。实际上，一个好的新闻编辑记者，往往具有很高的文学素养，有的甚至成为著名作家。而有的著名作家，又能写出新闻及报告文学的名篇。也有新闻大家，在将自己那些文采飞扬的通讯作品结集出版时直接取名散文集，因为这些作品本身就是纪实散文（文学允许虚构，但并不排斥写实）。最为轰动的是，2015 年诺贝尔文学奖，就授予了一位擅长纪实性文学作品兼散文作家的白俄罗斯女记者斯韦特兰娜·亚历山德罗夫娜·阿列克谢耶维奇（代表作品《切尔诺贝利的回忆：核灾难口述史》《锌皮娃娃兵》）。

在安徽日报有一位我很尊敬的老主任，堪称写深度报道和新闻评论的高手。但由于他是理科出身，常慨叹写起事件和人物通讯力不从心。他曾颇有感慨的对我说："真羡慕你们学中文的，写起通讯（主要是指人物和事件通讯）那样得心应手。"是的，我庆幸自己是学汉语言文学出身，在大学期间还爱上了文学创作。毕业后被分配从事新闻工作，但这些文学积淀和素养并没有浪费，她在我的新闻职业生涯中发挥着非常重要的作用。受古今优秀文学作品中那些爱国忧民的赤子情怀所熏陶，当我采访新闻时往往从最基层的人民群众根本利益着想、从整个国家的大局着眼；受那些闪耀着火花的深邃思想所启迪，使我分析新闻问题时往往思考更深入；受那种追求景新、句新、观念新"领异标新二月花"的精神所感染，使我寻找认识新闻时对观念新的追求欲望往往更强烈；而那些丰富多彩的表现手法，也使我在新闻写作中借鉴起来较为应手。

中国文学源远流长博大精深，中国新闻是其逐步发展应用中派生广义上的一个新分支，她需要不断从文学母体中汲取营养。我之所以将自己少量的文学作品选在这个新闻集子中，意在说明，一位业务上追求进取的新闻编辑记者，在认真学习研究新闻业务的同时，还应尽量多读些古今优秀的文学作品，有兴趣的也不妨当个多面手试试文学创作。这绝非不务正业，也并非好高骛远，而是一种实实在在的需要。这不仅可以调解活跃你的精神文化生活，更重要的是可以提高你的文学素养（增强文字表达能力），开阔你的视野，深化你的思考，丰富你的技巧，激发你观念求新的欲望，对你从事新闻采编将受益匪浅。

写给黄山怪石

何必尽是一个姿势，
仿佛一娘同胎？
梦笔随心生花，①
奇石翩翩飞来……②
我愿化一块小石，
在这里独具一副神态。

何必尽盯着一个地方？
有的是大千世界！
犀牛举头望月，③
猴子俯首观海……④
我愿化石上雄鹰，
阅尽人间春色。

注：
① 北海有一根矗立的石柱，柱顶有一古松，人称“梦笔生花”。
② 仙桃峰下，有块巨石孤立地落在峰顶，下部与山峰分开，人称“飞来石”。
③ 牛鼻峰上有双头石牛，昂首仰望长空，人称“犀牛望月”。
④ 狮子峰北一平顶峰上，有一巨石象猴，石前常有云海，故名“猴子观海”。

原载安徽劳动大学《习作》1980 年第 2 期

江南三月

一块块碧水，
一片片菜花。
一座座小桥，
一坡坡香茶。

一块块碧水渡云影，
一片片菜花连金甲。
一座座小桥横牧笛，
一坡坡香茶戏女娃。

一山山松竹，
一坳坳野花。
一对对春燕，
一户户人家。

一山山松竹荡清漪，
一坳坳野花羞答答。
一对对春燕织旧梦，
一户户人家露新瓦。

无限春光收不尽，
留取西边半天霞。

原载《安徽日报》1982 年 3 月 10 日“黄山”副刊

我和儿子一起上学

1982年5月，作为一名“老三届”拖儿带女的大学生，为参加校际间的大学生赛诗会写下这首诗……35年后退休在家的我，春节期间整理书稿，偶然翻出此诗稿，当年创作时的澎湃心潮，又一次猛烈撞击着我的心扉……

我和儿子
一起上学
儿子上小学
爸爸上大学
在祖国的苗圃里
我们都是花朵

我的小同学
比我儿子只大四十个月
我的大同学
比我还大四岁多
这岁月的加减法呀
也许要留给儿子
或儿子的儿子
用电子计算机解决

每月十八块五角助学金
扳着指头过
省下伙食尾子——
一块块指甲大的硬币
偷闲数一数

我心跳耳热
我仿佛看见儿子
跳着唱着冲进文具店——
“我有一只铅笔盒”
他小小的脸蛋上不再有泪
他梦中的红气球不再化成泡沫

爸爸上学
带着儿子的天真
黎明躲进校园一角
用英语——
与风中的小草会话
和树上的鸟儿对歌
儿子上学
带着爸爸的老成
光着脚丫打球
怕把奶奶纳的鞋底磨破

我是爸爸
我要为儿子树立一个榜样的爸爸
没有抱怨
没有徘徊
没有冷漠
胸中揣一轮火红的朝阳
脚下踏平万重坎坷
我也是父亲一代呀
我要掘取知识冰峰上的千年雪莲
熬制热腾腾香喷喷的莲羹
献给天下所有的孩子
哺育共和国的亿万花朵

1982年5月作于安徽大学

歌

江南有一曲美妙的歌。

三月，嫩鸭试水
——呷呷、呷呷……
春天贴在黄绒绒的翅膀下。

五月，群鹅闹池
——哥哥、哥哥……
一朵红云掠过姑娘的双颊。

七月，碧荷蛙鼓
——呱呱、呱呱……
醉了采莲的大妈。

江南有一曲美妙的歌。

原载 1982 年 9 月 19 日《安徽文化报》3 版

樱桃园印象

树枝——
挑起千万个小太阳，
挑起千万束比太阳还火热的视线。

树叶——
一片失去涛声的海，
树下的喧哗是它失落的涛声？

摘樱桃的姑娘——
错把笑声丢进手中的竹篮
丢进树下那憨小子的心窝

卖樱桃的大嫂——
瞅错了秤星子，
眼前站着个狡黠的憧憬。

原载《安徽日报》1989 年 12 月 13 日“黄山”副刊

大沙河呵，我的母亲

我是大沙河的儿子，
河水是乳汁涛声是催眠曲，
河边这小城是我的摇篮，
摇呵摇，摇出一个初春的黎明。

少年时代我常去河滩捡贝壳，
拣拾您孕育在河边的故事，
许由在这里洗过耳朵，
甘罗在这里濯过小手，
管仲在这里涮过砚台……
我拣起一串沉甸甸的收获！

青年时代常去中流击水，
您将我举上浪峰又抛入波谷，
铸一身胆识；
您撞开我宣泄情感的闸门，
赋予我以粗犷豪迈的性格！

从岸边的码头乘上小轮，
您将我轻轻托给大海，
去探寻海的秘密领略海的风韵，
我有了海的胸怀海的深沉，
大沙河啊，我的母亲！

如今，如今我立马河畔，
俯身再掬一捧您甘甜的乳汁，
心头陡涨三尺狂澜，
我啊，策马一路狂奔，
大沙河啊，我的母亲！

原载《安徽日报》1990 年 2 月 16 日“黄山”副刊

浮山情思（诗二首）

被地质学家称为火山口的枞阳县境内的浮山，曾以佛教闻名海内。

一

从这儿喷涌的情感，
凝固成四周永恒的力。
历史翻动着山头的树叶，
留下一谷悟不透的玄机。
白荡湖信守着一个古老的承诺，
无底洞守口如瓶，
不去说破火山塞下的秘密。

二

从地母涌出的情感，
白荡湖用手掌托起，
交给太阳雕塑。
无形的风，吹动有形的力，
完成一个个的造型。
游人的脚步，
缝合着历史的断层，
引渡永恒的魅力。

原载《安徽日报》1990 年 7 月 5 日“黄山”副刊

杜甫草堂（外二首）

四处觅不到你的草堂，
富贵装饰了昔日的凄凉。
池塘边拣起一根飘落的茅草，
拣起你在秋风中的歌唱。
猛回首我发现了那漏雨的茅屋，
就筑在天下寒士的心坎上。

过都江堰二王庙

上小学的时候，
就把心弄丢在都江堰，
今天又走进您的故事。
父与子合筑一条堰，
截获江水冲进中国缺水的农业，
冲开中国水利的历史，
流进我家新承包的责任田。
我要把我的诗埋进责任田，
待明春长出一个七彩的花环。

大雁塔

你是一只雁，
一个腾飞的愿望。
云图翻阅着胸臆，
头颅高举着坚强。
一轮火红的呼唤，
挂在蓝蓝的天上。

原载《安徽日报》1991 年 10 月 23 日“黄山”副刊

乐山东坡读书楼怀古

昨夜涛声，
又来敲打您的小窗。
明月湖举着酒杯，
等待您斟满月亮。
您走了，
抚着一架琴，
把“大江东去”的歌声，
留在楼前日轰夜鸣的石壁上。

原载《阜阳报》1992年7月4日副刊

别了，我的苦楝树

十年前的一个冬天，
你孤零零栽到这门旁，
带着一片失落。
不知是意志磨残了霜刀，
还是霜刀屈服于意志，
一刀刀地砍你一节节地长。
残冬过后，
你用嫩绿的手指摘取阳光，
送给我片片春天。
昨天的失落，
在脚下已沤成肥料，
生长一个璀璨的明天。
啊，别了——
我心爱的苦楝树！

原载《安徽日报》1993年4月14日“黄山”副刊

冬

冬来了
田野上的道道屏障
一夜间全被拆除
世界坦荡荡的
视野像匹脱了缰的野马
放肆地驰向远方
一直追到冬尽头
那一片翠绿

冬来了
大树婆娑的舞姿
突然被凝固
也凝固了树的笑声

冬来了
一场茫茫大雪
吞食了大地上条条路径
只有野兔点点足迹
空中的太阳
是我的航标灯
地上的大山
是我的里程碑
我在雪地上行走
顶起一片明亮亮的天

原载《安徽日报》1994 年 12 月 18 日“黄山”副刊

买花

（为“合肥花市春来早”摄影图片配诗）

一大早带着两个女儿
就去市场买花
填补寂寞已久的阳台
打扮刚刚富起来的生活
多想买下整个花市
填补昔日无花的遗憾

原载《安徽日报》1996年3月17日

谒云岭

四周挺立的青山，
是一部沉甸甸的历史，
常读常新。

一畦畦明镜般的水田，
还记着当年的子弟兵，
步枪就支在田埂。

茂林不歇的松涛，
日夜呼唤着———归来吧，
那数千壮志未酬的英魂！

云岭烽火，
穿过历史的隧道，
点燃着拜谒者的心。

原载《安徽日报》2005年5月13日“黄山”副刊

椰林印象（外一首）

抗战胜利70周年前夕去海南旅游，沿途获悉许多海南人民可歌可泣的抗日故事，眼前不时闪现大片大片守护着海岛的椰树林，猛觉心潮起伏，随作此诗——

植根于地母深处
忠诚守护脚下
每一寸土
每一面坡
千百次搏风击雨
锻造出
铁的叶片
钢的性格
阳光下
你是一湾祥和的海
风暴中
你是一滩怒吼的波

一棵椰树独立
容易被狂风摧折
千万棵椰树站在一起
就是一堵屹立的石壁
任十二级台风
也无可奈何

东坡书院怀古

九百年过去了
五指山还在倾听
万泉河抑止喧哗
一个贬官在讲课[1]
吸引着一群黎家娃

寻遍海角
寻遍天涯
不见昔日流放地的洪荒[2]
到处喧闹着文明繁华
蓦然发现
农舍房廊下闲置的木犁——
一页被流放的文化

注：

① 据史料记载，公元 1097 至 1100 年，北宋大文学家苏东坡曾被贬流放海南。在此期间，他在儋州所居“载酒堂”给海南学子讲学，使得这块“蛮荒之地”开始“书声琅琅，弦声四起”。不久，海南人读书求学蔚然成风。苏东坡离开海南后，为了纪念这位中原文化的先驱，海南人民在“载酒堂”的原址修建了东坡书院。

② 据史料记载，自汉代开始，海南岛曾经在很长的时间里都作为流放谪贬官宦和罪臣的地方。唐宋两朝流放的最多。

2014 年 12 月 20 日草于海口

原载《安徽日报》2015 年 4 月 17 日“黄山”副刊

致江南友人

——：

噢，我的朋友，三月又到了，那牵着朝霞，扯着晚霞的油菜花又开了吗？蜜蜂是否又来酿蜜？你是否又常常听到那悠扬的牧笛和山歌？麻姑山下那碧透碧透的水库是否又把你和白云印在一起了？一年前的今天，我们是常常一起从水库边走进山里，走进祖国的花园里，去看那满山、满坡、满洼、满坳的杜鹃花的。

记得有一次，我要动手折一枝杜鹃，说是把春天带进寝室里，可你说："花离开了根就要枯萎的。如果你爱花，那就尊重她的意志，让她留下装点祖国的春天吧！"我点头表示赞成，但还是偷偷地折了一枝，至今还怒放在我的心上。

春天，是诗的季节。"两水夹明镜，双桥落彩虹"的宣城，自古就是诗人采撷之地。你一定又去寻诗了。从校门口搭上芜湖至杭州的班车，到西子湖畔汲一滴清漪，到钱塘江口采一朵浪花，回校路过善卷洞取一团幽雾，再登上张公洞顶拣一片太湖的帆影……当然，你也许乘车去"归来不看岳"的黄山，"黄山自古云成海"，你一定会剪一块白云的，再去云岭摘一根松针，到匡庐抽一条瀑丝，掺着九华山的钟声，你就可以酿诗了。酿诗，最好还是在"临风忆谢公"的太白楼吧？我们是常在那里写诗的。

诗要写得飘逸点。因为过去的日子里，生活中的"沉郁"太多了。这一点你可以去请教李老师，他是数得着的大诗人，千百年来人们都是称他为谪仙的。那你就还要到采石或大青山去一趟了。

青春，是人生的春天，她也应该是属于诗的，应该是诗的年华。但是，十年浩劫，我们的青春被"四人帮"的毒气、脏水严重污染了。在那中毒的土地上，连一片绿叶都不生，怎不令人叹息这诗的厄运呢？我真想在那污染的青春里移几枝杜鹃，种几片油菜，然而不能了。

噢，我的朋友，三月又到了，我们正在植树，美化环境，我一定多植几棵。如果每人都多植几棵，那是能染绿一个民族的心灵的。这一点，你多么令我羡慕。因为你身边有那么多金黄的油菜花，和那么多火红的杜鹃花。请不要都放在诗里，你能折几枝寄给我吗？

你的朋友：恒

1982 年 3 月

原载《安徽大学》(校刊) 1982 年 3 月 30 日“芳草地”副刊

除夕夜

一年一度的寒假，同学们都兴冲冲地回家团聚去了。刚迁新校，又只留下我和这些“哑巴”作伴，茕茕孑立，形影相吊，心中的寂寞就可想而知了。越近春节，我的心就越不能平静。我真后悔不该一时冲动，自报留下来陪伴这些讨厌人的铺盖卷。

近日来，零星不断的爆竹声，早已勾起我一腔乡情。母亲收到我的信了吗？她会不会每日在村头依树远眺，然后失望地叹一回气，在晚烟暮霭中走回去？每次放假，母亲总是这样接我的。按说，信早该到了。但会不会被那个偷懒的邮递员小吴耽误？该死的，可别折磨我的母亲呀！

记得童年，每次过春节，尽管生活困难，母亲总是设法把我们几个孩子打扮一新，而她只是把那件打着补丁的旧蓝粗布褂子洗了又洗，从未做过新的。我这个独子，更是母亲的掌上明珠。每年的除夕之夜，她总要亲手用红头绳和明清小钱给我编一挂长命锁。每过一年，我的脖子上就增加一挂。跑起来，在胸前哗哗作响。我并不相信真的以此就能长命，但我却为有这样多的母爱而自豪。

包迎春素饺，是母亲的拿手戏，那味道美极了。记得那年闹灾荒，全家人仅包了很少一点饺子。吃饭时，母亲先为我盛了一大碗。等我吞完这碗饺子才发现，母亲碗里仅漂着几块饺子皮。我真后悔不该吃得那么快。

依我们家乡的风俗，除夕夜新旧交替之时，吃了迎春饺子，孩子们要给家里长辈们磕头拜年。而每次，母亲总是舍不得让我跪倒就一把将我揽在怀里，“长着，大了再磕。”一边说一边使劲在我的小脸蛋上吻……这一切和我的童年一起深深地镌刻在记忆的石板上，并未因时间风雨的浸蚀而泯灭。

爆竹声越来越响了，我的心越不能平静。此时此刻，母亲在干什么呢？还在用红头绳、明清小钱编锁吗？我再也睡不着，索性爬起来，重新推开北窗，向着家乡眺望。映入眼帘的却只有省城的万家灯火，一种难以忍耐的寂寞感猛然袭上我的心头。

我又看见了那些讨厌人的铺盖卷，“鬼东西，是你们拖累了我！”我瞪大眼睛，向着它们怒吼！可它们谁也不说话，它们是一群“哑巴”呀。我终于无可奈何了。

“明子，快来吃饺子。”是一个母亲的亲切呼唤。

“不吗，我要看花炮。”是一个小男孩撒娇。

就在我打算再次关上窗子的一刹那，一对母子的亲切对话，悄然闯进我的小窗。啊，有哪个母亲不疼爱自己的孩子呢？我突然想，假如没有一个人愿意在这里看铺盖，此刻会有多少同学正牵肠挂肚，脸上涂着忧郁，使他们的母亲也不得开心啊！继而，我又想到守卫祖国边疆的解放军战士，此刻在风雪哨卡，正守着那些不会说话的界碑，以及远渡重洋货轮上的中国海员、奔驰在祖国大地上的列车员、作业在百米井下的采煤工……如果没有他们……我不能再想下去。

我下意识地扫了一眼行李架，突然发现，不知何时那一个个铺盖卷竟变成了一张张熟悉的面孔。“汪健，调皮鬼，在干什么呢？在和弟弟放爆竹吧？”“建平，见到你那‘没过门的’了吗？”“稚气的小妹程倩，是不是在搂着妈妈的脖子撒娇吧？”倏地，那一张张熟悉的面孔全笑了，呵呵，我也止不住笑出声来。

原载《安徽日报》1992年2月12日“黄山”副刊

新疆行

“吐鲁番的葡萄熟了，阿娜尔罕的心儿醉了……”是这优美的歌声把我拖去新疆的。

还是在中学课本里结识过新疆的大戈壁，那印象是一种雄浑、粗犷的美，却不曾留意还有缺水、荒凉的内涵。及至来到跟前，颇有些措手不及。由于事先未带水，干得嗓子眼里都冒烟的我，真担心过不了这茫茫的戈壁。时值盛夏，自从列车过了玉门，大戈壁上便很难再看到绿色。我这才真正领悟到“水是生命之源”的深沉内涵。

好不容易闯过“水”字关。我们下榻的乌鲁木齐天山大厦门前那段宽阔的马路，本来连一家商店都没有，近年来突然变得热闹起来了。国门开处，黄皮肤、白皮肤的汉族、回族、维吾尔族带着大批食品、日用品从这里走了出去；高鼻子、蓝眼睛的塔吉克斯坦人、哈萨克人、俄罗斯人提着大包、小包走了进来，掏出皮大衣、手表、铝制品等，就在这马路边摆摊。内地的群众也来这里开饭铺、做买卖。市场不时飘来面食、烤羊肉的诱人香气。高声叫卖，讨价还价、说声笑声，声声入耳；汉语、俄语、维吾尔语交相成趣。这特有的街头市场给我的印象太深了。

其实，这里只是整个新疆边贸经济的一个缩影。据说自治区一位副主席到周边几个国家走了一趟，便做成了相当可观的交易，其中一笔出口玉米就达几千万美元。即将到来的有 41 个国家和地区近万名中外客商参加的乌鲁木齐经贸洽谈会，更是令人振奋。与昔日闭关锁国、干旱缺水的新疆经济相比，今日的新疆经济已是大漠中的绿洲，满眼生机了。

到了新疆，总是要去吐鲁番和天池一游的。在吐鲁番，最使我感兴趣的要数那被称做中国古代三项伟大工程之一的 829 条坎儿井了。远古时代，为了生存，我们的先人使用笨拙的原始工具修建起这 5000 多公里长的地下暗渠，从地母深处引渡天山雪水，该是多么不容易。有了这些坎儿井，才有了今天的吐鲁番绿州，才有了被称为世界第一、甘甜可口的吐鲁番葡萄。

尝了吐鲁番的葡萄，便去天池了。早饭后，高原的太阳火辣辣的。车子从乌鲁木齐向北驶入大戈壁，约两个多小时，眼前出现一道绿色的山谷，耳边隐隐传来嗡嗡的鸣响，像是一群蜜蜂在前面飞翔。再往前，声音越来越大，宛若闷雷。道旁的树木也越来越多，左侧还出现农田和一片几抱粗的古树。我只顾寻觅声源，不知何时已过了山门。蓦然抬头，一座长满郁郁葱葱高大雪松的山峰奔来眼前，我的心止不住一阵欣喜。不多时，车子来到天池，那又是一番景象了。远处，阳光下四周的山峰青翠欲滴。连天池中清澈的天山雪水也被染成了绿色，在高大雪峰倒影的映衬下显得特别迷人。近处，那长满高大雪松的山坡上，树荫下，天山雪峰融化的雪水不住地渗下来，湿漉漉的。连四周的空气，天池里游艇上人们的笑声也是湿润的。

我终于觅到了那声源。从天池往北，绕过一个小山坡，仿佛突然闯入千军万马的战场。从天池飞流而下的瀑布如万千个雷霆，声震峡谷。噢，原来整个山谷生命的绿色全是你点染的！

我踏着露出水面的石块走入瀑流，让湍急的瀑水喧嚣着从我的心头流过，张大嘴巴贪婪地吮吸瀑口那白茫茫的漫天水雾。一阵从未有过的清爽刹时沁人心脾。入疆以来的郁闷和焦躁不觉被冲洗得一干二净。

不知怎的，我又想起天山大厦门前马路边那热闹的交易市场来。耳边也响起了自治区副主席李东辉的话语："我们去中央，一没要钱，二没要物，而是要回了改革开放的八条政策。"我突然想，那染透新疆边贸经济满眼绿色的活水，不就是中央的这八条政策吗？

原载《安徽日报》1992 年 11 月 25 日"黄山"副刊

黄山情

昨夜大雨，暑气顿消，一大早便从太平驱车去黄山。

车子就要到黄山大门了，像突然触到了心底那根最敏感的神经，我的心猛地狂跳起来，十多年前的那个“我”一下子又活了。

1980年暑假，出生在大平原上的我随大学生夏令营第一次来到黄山。在我当时的感觉里，那完全是一个梦中的去处。时逢大雨，万千条乳白色的流瀑从72峰上泻下来，在石壁上跳跃，在满眼葱翠的松竹间跌宕，如弹拨的琴弦，似流动的诗行。整个黄山像一个庞大的乐池，合奏出一曲惊心动魄的生命乐章。

霎时雨止，风吹气流，八百里黄山蠕动起来：山，摇着一个翠，水，荡着一个碧，太阳挂在秋千上，游人追逐着流动的美丽。不要说那沿途叫开天门的金鸡，松枝下悠然下棋的仙人，绝壁上的童子拜观音和在云海边不知静观了多少个世纪仍旧看不够的猴子了。在我看来，山上的每一块石头，每一根松针都是黄山这幅天然画屏上不可或缺的一笔。

简直是在石壁上爬行。数不清攀缘了多少石级，终于登上了奇险天都。鲫鱼背上，我曾怀疑过自己是否还是个男子汉。脚下，重重的云雾遮掩了山下的一切。只是偶尔一阵天风吹过，像上帝悄悄扯开天幕的一条缝，让你能一睹人间的风采，我丝毫不怀疑我是在天的都会，神仙出没的所在。

黄山三大主峰，号称三天子都。天都最险奇，而莲花峰却是制高点。“会当凌绝顶，一览众山小。”朋友们游兴正浓，下了天都，玉屏楼前、迎客松下合个影，来不及休息便开始向莲花峰挺进。百步云梯岂止百步，连续地攀登使人们开始气喘吁吁了，汗水也不停地顺着毛孔钻出来。我索性脱去上身的外套，连同几位朋友的外衣一同塞进我的背包里。

莲花峰终于到了。登上最后一个台阶，我迫不及待地想看一看峰顶的风光。扶着栏杆的手刚刚松开，突然，意外发生了，腋下，背包带的环扣突然脱勾，失去重心的我身体不由自主地向后倒去。“完了。”我的心霎时提到了喉咙。

“呀！”一声脆凌凌的惊呼。随之仿佛从天外伸来一双温柔的手，抓在我的手腕上。我得救了。定睛一看，峰口站着的竟是位身单力薄比我矮半头的苗条姑娘。许是用力过猛吧，那白嫩的脸蛋上正泛起红云。“好险！”把我这么个庞然大物从死神的手中夺回来的竟是她。

高考制度的改革，使在乡间蜗居了十年的我刚刚开始新的人生。假如就此匆匆划上一个句号，九泉之下也无法闭上眼睛。可倘若她因为救我不成反被拖下悬崖，那一缕香魂又将如何呢？！

姑娘嫣然一笑，径自下了莲花峰，回过神来的我才想到该道一声“谢谢！”可为时已晚。十几年来，一种强烈的负疚感一直萦绕心头……

车子一个急停，深陷在往事里的我猛地被撞了出来，一头撞在前排的靠背上。汽车已到慈光阁，要爬山了。

朝阳里，雨后的黄山像一位缩起晨妆、黛眉含情的少女，别有一番妩媚。那松针下的水珠晶莹透亮，生出七彩的光辉。许是在社会上被污染得太久了，我真想捧起松枝吸吮个够，用那纯洁的圣水冲尽心底的污垢。

正是旅游旺季，人流如七彩的缎带从前山一直飘到后山。“黄山自古云成海”，大千云海刚刚还是波光潋滟，霎时风起雾涌，山雨霏霏，层峦飘忽，一切又变得扑朔迷离了。沿着神秘而熟悉的山路过天门、上天都、下玉屏……我急切热盼着莲花峰的到来。待我兴冲冲爬上百步云梯，不想一道铁丝猛然横到我的面前：莲花峰通道维修，暂停开放。我心里真有十二分的遗憾和惆怅，只觉得浑身都失去了力量，一屁股坐在道旁湿漉漉的石头上。

倏尔一阵天风吹过。那朵怒放在玉宇间千万年的莲花破雾而出。我不禁心头一振，从石头上一跃而起。莲花峰近在咫尺，可峰顶上却不见那嫣然含笑的姑娘。一霎间，我仿佛悟出点什么来：那姑娘本来不就是不图谢的吗？经过那突如其来的生死较量，她飘然而逝，把一个倩影几多潇洒留给了莲花峰，共黄山同在，与日月争辉。也许十几年来我耿耿于怀的一个“谢”字，本身就是对她的亵渎吧。

十几年来，姑娘的侠举像一副净化剂一直净化着我的灵魂。黄山在我的眼睛里也因之变得更美了。我忽然想到：如果我们每个人都能给社会留下一“倩影”，那污染的社会不也能得到几多净化，从而变得更美吗？

原载《安徽日报》1993 年 7 月 21 日“黄山”副刊

海峡在吟唱

不久前，随旅行团搭乘合肥至桃园的航班，首次飞越台湾海峡。晴空下，蓝蓝的海水泛着微波，似在低吟，犹若轻唱。我忽然想起台湾诗人余光中的那首《乡愁》来："小时候乡愁是一枚小小的邮票 / 我在这头 / 母亲在那头……而现在 / 乡愁是一湾浅浅的海峡 / 我在这头 / 大陆在那头"。每每读到这首诗，我都会被诗人那强烈的爱国思乡赤子情怀深深打动。

《乡愁》之所以能感动海峡两岸亿万的中国人，还因为她写出了一代老兵蕴积在心底几十年的炽烈情怀。记得，两岸隔绝 38 年后的首次融冰，多少老兵前胸后背都写着"想家"两个大字，泪流满面地跨过台湾海峡。那一刻，电视机前海峡两岸无数的中国人为之落泪，泪水足以灌满那浅浅的海峡。

班机到达桃园机场，接团导游是位五十多岁的老兵后代张女士。她曾多次带团赴大陆，亲眼目睹大陆近些年来的嬗变与强盛，直面祖国山河的壮美与秀丽，自豪之情溢于言表。"如果把大陆的名胜比作大家闺秀，台湾就藏着个小家碧玉。"她这比喻倒也形象有趣。

到底是同根、同文、同种，近几年随着两岸关系的改善，竞相到祖国的宝岛看看，成为国人的一种新时尚。岛上，到处可见陆客团，宛如置身蓬莱、厦门或海南。据悉，近年陆客已占到台湾年接待游客总量的四成以上。大量的陆客来台，使宝岛的旅游业呈现一派兴旺景象。

去台湾，自然要去日月潭了。上午，晴空万里。阳光下，群山环抱中的日月潭，宛若一颗硕大的钻石镶嵌在翡翠之中，光彩夺目。那潋滟波光、闲云潭影更是美不胜收。可谁曾想啊，那一潭碧水竟多由原住民的泪水汇聚而成。

当年，日本鬼子为在这里建水电站，用刺刀逼着原住民在下游修砌大坝，而根本不管他们的死活，多少原住民就惨死在这大坝工地上。张导回忆起这段历史显得心情沉重。

甲午海战后，日本侵略者用刺刀逼着腐败无能的清廷签订丧权辱国的"马关条约”，从而抢占了台湾。在此后长达半个世纪的时间里，侵略者对台湾同胞实行野蛮地殖民统治，甚至进行文化灭绝，竟不许他们学习本民族的语言文字。不甘屈辱的台湾同胞奋起反抗，惨死在侵略者枪口下多达 65 万人！其中，发动雾社起义的原住民赛德克族几被屠戮殆尽！

又一个晴朗的上午，旅游大巴沿山间公路盘旋而上，一直开到海拔 2200 米的阿里山景区。湿润的亚热带海洋气候，滋润出满山满谷青翠欲滴的高大乔木。微风中，阳光从湿漉漉的树叶上滑落下来，发出沙沙的声响。空气清新，气候温和，旖旎风光让人流连忘返。然而，面对这美丽的风光，张导却道出一段令国人心碎的往事。

沿木制栈道的台阶小心徒步前行，蓦然抬头，一棵八九层楼高、十几人才能合围的参天大树兀地矗立在面前。这是阿里山特有的天然珍稀神木桧树，百年间才生长碗口来粗，木质坚硬，四五百年不朽。当年，日本鬼子来到这里，眼里都冒出绿光，立即展开掠夺。他们在山上修筑小火车路，将那些一二千年才长成的参天宝树，源源不断盗伐运下山，然后经高雄港运回日本，去建他们的神社……整整掠走了 33 万棵！如今，这里只剩下 36 棵了。

一个、二个……我用心数着那被盗伐桧树留下的巨大树墩，仿佛在数着祖国母亲胸口上的伤疤。

下山时，张导安排我们乘阿里山小火车。小火车开动，车窗外，一坡坡高大的乔木，一谷谷迷人的绿色，不时奔来眼底，足以令人陶醉。可我却怎么也高兴不起来。我仿佛觉得自己就是一段被盗伐的桧木，和许多的桧木一起被堆压在车厢里，正被运往他乡，那车厢和车轮不时发出的吱呀声，是无数的桧木在哭泣……

中华民族是一个多灾多难的民族，尤其是近代。而台湾总是和祖国的命运紧紧地联在一起的。每当祖国强盛，台湾同胞在祖国母亲的怀抱里尽享自由、平等、尊严和荣耀；而当祖国积贫积弱，台湾被列强霸占，台湾同胞就惨遭殖民蹂躏，受尽压迫和凌辱。我忽然想起台湾电视剧里的一首歌来：“世上只有妈妈好……没妈的孩子像根草 / 离开妈妈的怀抱 / 幸福哪里找”！

经台湾最南端的鹅峦（排湾族语“帆”的译音）鼻，旅游大巴沿岛东岸北行，沿途尽享太平洋的无限风光。但 8 天的环岛游，毕竟每天都要在巴士上待上几小时。除了一断断妙趣横生的导游词，张导还不时用车载视频播放些短片，调剂大家的心情。一部老兵骨肉分离至死都盼着回归故乡的悲情短片，让我几度落泪，车厢内唏嘘一片。

在秀丽的太平洋岸边小城花莲，住着一大批老兵。每当陆客来到这里，他们总是亲热地上前搭话，那神情绝对是一桩极开心的事。

在花莲石艺博物馆前厅一幅习马会的大幅彩照前，谈及岛内近年来颇抢风头的台独势力，接待员、五十多岁的徐先生甚是不屑："不识时务。"是啊，今日的中国已绝非昔日那个积贫积弱、任人宰割的中国，在已经跻身世界前列、即将实现中华民族伟大复兴中国梦的今天，无论什么势力，想把台湾从中国分割出去，无异于痴人说梦。张导却是一脸忧虑。我理解她的心情，假如台独势力一时上台，两岸关系倒退，最先受到冲击的怕就是旅游业了……

8 天的行程结束了。当返程的班机飞离桃园机场时，天阴沉沉的，犹如台湾当前的政治气候，亦如张导那张忧虑的脸。"我们本是一家人啊！"班机上，几天来听到最多的一句话又在我耳畔响起。血总是浓于水的，孩子总是向往着母亲的怀抱，这是任何力量都无法改变和阻挡得了的！

班机又一次来到海峡上空，天公突然放晴，蓝蓝的海水依旧泛着微波，似在低吟，犹若轻唱……

原载《新安晚报》2016 年 1 月 7 日 A1 第 08 版

水秀合肥

28年前，一纸调令，我从一个小县城来到省城合肥工作。

这次进肥，对我并非首次。那场改变国运的高考制度改革，使我这个“老三届”一下闯入“新三届”。大四最后一学期，省里高校布局调整，我从江南水乡一所大学被调进安徽大学。无山不灵，无水不秀。看惯了江南的湖光山色，觉得那时的合肥像只丑小鸭，少了点秀气。城内的水景，就数那条绕着老城区千百年的护城河了。随着城市的发展，其越发成为稀缺资源。

新单位一时缺宿舍，租房时，心底一个声音爬上来：“寻个傍水的地方。”因为，一颗心早弄丢在春来江水绿如蓝的江南，加之我出生在西淝河支流岸边的一个小村庄，儿时，村前数十亩池塘春草、夏荷、秋梨、冬冰，流淌着一首欢乐的歌，长大离开家乡后，成为抹不去的乡愁。

终于在北护城河畔租下一个小套房，距古渡逍遥津只有几步之遥。这处昔日张辽大战孙权的古战场，如今已变成一座公园了。尤其是园内那块百多亩的水面，更是偌大的省城孩子们仅有的一处水上乐园。然而，每逢节假日，带上孩子兴冲冲赶到出租游艇的售票窗口，那排得长长的购票队伍，时而蠕动、时而停顿、时而争吵，又颇有些让人无可奈何。孩子们早已急得吵吵嚷嚷，及至排到一张窄窄的船票，那游兴已是褪色不少。

近些年来，随着改革的春雨滋润着这座古城蓬勃生长，合肥也悄然流进了一个“水”时代，时尚的新称呼——“大湖名城”。大湖，指的是全国五大淡水湖之一的巢湖。但被人们津津乐道的，却还有“五湖”。

前年秋，大学同学入学四十周年聚会，就选在安大新校区的翡翠湖畔。安大老校区有两口半亩方塘，被同学们戏称作安大的未名湖。如今，安大真的有湖了。夕阳里，携同窗好友踱步湖畔，由古梗水库改建而成的翡翠湖，近千亩水面碧波荡漾，宛若一块巨大的翡翠镶嵌在绿树丛中，熠熠生辉。湖心岛树木葱翠，两侧的鹊桥犹如双虹卧波。沿湖，园林宽大，栈道曲折，木亭悠悠，鸟鸣声声，那优雅的环境，与左右两所211大学的氛围十分和谐，让人仿佛能听到黎明时湖畔的风声、水声、读书声，和青春奋进的脚步声。真想立马跃入湖中，潜回四十年前的人生彼岸。

去年春，到南艳湖畔看望乔迁新居的老友。千余亩水面的南艳湖，由原始湖泊、洼地扩挖而成。城市的快速发展，将这片远郊的风景早早揽入怀中。午后，一同去观光。艳阳下，春风轻抚，一湖碧水波澜不惊，宛如块巨大的祖母绿。湖中小岛满眼葱翠，遍布环岛低垂的柳丝儿，召唤着片片短短的芦芽、蒲草生长。环湖有大片湿地，芳草萋萋，林木森森，戏蝶飞舞，娇莺和啼。沿着海棠樱花拂动的中堤，穿湖来到北岸。约两公顷的月季园奔来眼底，大红、紫红、鹅黄、粉白，一簇簇夺人眼球……走累了，坐在湖畔，品一口南艳湖，倏忽间，眼前竟浮现一位略施粉黛的村姑，脉脉含情，楚楚动人。

单位新建的17层大厦，坐落在天鹅湖北岸。搬迁那天，我迫不及待赶到湖畔。时值暮春，夕阳下，微风轻拂湖畔柳丝，由荷叶洼地开挖出的千亩碧水波光粼粼。南畔沙滩群童的欢笑声，似乎惊得北岸睡天鹅般的合肥大剧院振翅欲飞。花木掩映中的一组组雕塑，活灵活现。四周林立的高楼倒映湖中，与水底摇曳的绿树红花、天光云影，构成一幅动态的美妙画卷。一股极强的现代气息，将我从老合肥的记忆中猛地呛了出来。去年国庆时，去湖畔看灯光秀。夜幕降临，一湖灯光和万点星光交相辉映，美不胜收。蓦地，湖畔座座高楼的幕墙点亮，天鹅湖翻阅起一幅幅多彩画卷，环湖一片惊呼。我突然觉得，有根魔棒点中了合肥，这只昔日的丑小鸭，瞬间就变成白天鹅了。

……

大湖名城，出现在合肥人的词典里并不久。昔日，巢湖分属合、巢两市，污水滥排，治污不力，湖水每况愈下。夏日，南郊的合肥人一度怕吹东南风。9年前，裁撤地级巢湖市，整个巢湖被揽入合肥的怀抱。500亿巨资、8大治污工程，逐步还巢一湖清水，多年的劣5类水质目前已提升至3类，环湖300多华里的绿色旅游大道，沿岸1.8万亩修复的湿地，更为巢湖挂上一串翡翠项链，巢湖俨然成了一座硕大的城市公园。

前年五一，一家人驱车去巢湖湿地公园。沿湖垂柳成荫，艳阳里的八百里巢湖烟波浩渺，快艇穿梭，画船轻移，如诗如画。湖畔草地上，数不清铺有多少块毯子，乘载着一个个家庭的欢笑声。一顶顶彩色小帐篷，让年轻的妈妈和宝宝头枕着涛声入睡。车流太挤，上午十点半才赶到，偌大的停车场及数公里内沿湖大堤边，竟难寻一个空车位。不经意间，让人触碰到一种甜蜜的烦恼。

去年秋天，几位高中同学来肥，我陪同去湖畔参观渡江战役纪念馆。在湖畔流连至傍晚，晚霞满天，水天一色，倏地几只野鸭从湖面飞过，两个句子马上从我的脑海里跳了出来：“落霞与孤鹜齐飞，秋水共长天一色。”古稀之年的我，爱这满天的晚霞，爱这晚霞中的巢湖，更爱这水秀的合肥！

2020 年 12 月 25 日《安徽日报》（“黄山”副刊）第 11 版

聊吧十五

文友聊汝鸣

八喜临门

——记优秀通迅员汝鸣

5月3日，安徽太和县委宣传部的汝鸣同志从北京领奖回来了，这是他在1988年的新闻工作中获得的第8项奖励。作为一位文友，我为他取得的成就而由衷地高兴，并以此文向他表示祝贺。

太和人忘不了他那篇“薄荷油大战的反思”。1988年11月，一场罕见的薄荷油抢购战在太和发生了。8省1市1特区的118个单位抢购大军手提“钱枪”一齐涌进了太和县。手中无钱的本地政府，不得不按照省府指示，对客商征收调节金，摆关设卡，围追堵截。然而“权枪”终究敌不过“钱枪”，结果是既跑了油又丢了税。省有关领导怪太和县委、县政府堵截不力，跑了油；农民则怪县里违背经济规律搞地区封锁；县里有人怪农民不能顾全大局，暗地里高价卖油给客商；也有人怪省里指挥不当，致使油税双丢。一时间，上上下下议论纷纷。《该怪谁呢？——太和县薄荷油大战的反思》（以下称《反思》）（《农民日报》1988年11月30日1版），这题目选得多好！汝鸣抓住了这个当时社会普遍关心的热点问题，透过现象，层层展开，客观地分析了“大战”形成的原因和必然结果。揭示出价值规律不可违背的道理。

读《反思》，我特别钦佩作者的胆识。记得当时中央提出制止农副产品收购战后，舆论界从上到下大都在谈如何摆关设卡，汝鸣却与舆论界唱了个反调。《反思》一文中明确指出：“任何关卡都堵不住农民的心”，只有按经济规律办事才能从根本上制止大战。《农民日报》以醒目的特制标题在头版重要位置刊出。当刊载这篇文章的那张《农民日报》运到太和的时候，全县上下激起的是一片欢呼声。

抓问题型的深度报道，这是汝鸣近几年来在新闻报道中逐步形成的特色。他常说：“新闻应注重思考。”他习惯于一个人静静地思考，认真研究社会问题。有时为了选择一个好的角度和主题，他不惜考虑一周甚至半个月不肯下笔。近年来，他的《小树开大花　一店带万家——太和县办好农业科技商店》（《人民日报》1987 年 1 月 25 日二版，获 1987 年全省好新闻三等奖）、《太和酒厂承包及其引发的思考》（《安徽日报》1988 年 5 月 16 日二版）、《“马流通”的新奉线》（《安徽日报》1987 年 6 月 11 日头版头条）等，无不闪烁着他思辨的光彩。正因为他勤于思考，写出了一大批有深度和力度的新闻作品，才被农民日报评为全国首届 51 名优秀通讯员之一，光荣地去首都北京出席表彰会，并被评为 1988 年度省、地先进新闻工作者。此外，汝鸣在 1988 年省、地报纸，电台的各种征文和好新闻评奖中，还先后获得了三个一等奖，两个三等奖。

汝鸣从事新闻工作已经 7 年了。7 年来，他总是孜孜不倦地追求着。7 年来，除农忙和春节外，他几乎没过过节假日，一步一个脚印在新闻的田野上辛勤地耕耘着，开拓着。《踏上第二级台阶的人们——安徽太和县经济开发区采访日记》（《农民日报》1989 年 2 月 14 日二版二条）是汝鸣最近的一篇新闻佳作。此文不仅在形式上令人耳目一新，而且将理论上的升华与散文的文彩巧妙地融为一体，受到许多新闻行家的好评。此稿已在省电台开拓杯“改革在我身边”有奖征文中获奖。功夫不负有心人，应该说汝鸣已踏上了新闻创作的新台阶。

（张善欣）

原载《农民日报》1989 年 7 月 20 日 3 版

艰辛耕耘结硕果

今年2月26日，《农民日报》1990年“乡村好书记”有奖征文评选揭晓，太和县委宣传部新闻科副科长汝鸣的长篇通讯《兼职‘总统’张其应》荣获二等奖。这是我省获得的唯一一个奖，也是汝鸣继1989年初被评为农民日报优秀通讯员之后，在中央级大报上第2次获奖，以及他几年来在中央、省、地级的新闻单位所获得的第29个奖。一个拖儿带女和上有年迈父母的农家独子，居然取得如此显著的成就！

“艰辛伴着汗水流”。几年来，汝鸣就是这样走过他的新闻写作路的。1982年秋，他从安徽大学中文系毕业分到太和县委宣传部新闻科工作，与另3个大、专毕业生住在县政府招待所103房间。一张小条桌摆满了四人的餐具、日用品。白天，连张办公桌都没有的汝鸣就常常躲进这间房子里进行新闻写作。晚上，伙伴们回到宿舍谈笑风生，汝鸣又悄悄躲进办公室写稿。夜深人静，伙伴们响起香甜的鼾声，回到宿舍余兴未尽的汝鸣钻进被窝，曲膝当桌又铺开了稿纸。到1986年的夏天，汝鸣被地以上新闻单位采用的数百篇稿都是在这种情况下写的。1986年4月，汝鸣家庭破裂了。他一个人拖儿带女在太和生活，心中又要记挂着住在利辛农村年逾七旬的父母。生活艰难、精神负重可以想见的。但汝鸣硬是不向生活低头，顽强地拼搏着。他依旧住在闹人的县政府招待所。白天，他匆匆料理完家务抢时间学习、采访；晚上，检查完孩子的作业，与在条桌另一端学习的小儿子对坐着写稿。头上，从简陋的木制楼板缝里，不时传来擂鼓般的脚步声、说笑声、电视喇叭声，以及滴下拖地板的泥水、洗脚水和孩子的小便。在这种条件下，汝鸣几乎每天工作到深夜。每年他在省内外报刊、电台都能发表上百篇新闻作品，还频频获奖。如《缺资金‘脑厂’烦恼　卖油难油农发愁——太和县巧搭鹊桥解‘双忧’》获安徽日报“江淮杯”短新闻竞赛3等奖和安徽日报年终2等奖，《以商养技　借水浇花——太和县积极开拓农村科技市场》获全省好新闻3等奖，《太和县为‘野马’套上了笼头》

《找‘洋米’ 喂‘土鸡’ 下‘洋蛋’——太和县农行引进外资扶持创汇乡镇企业》《月季花传奇》《王协军与马尾巴的‘功能’》《齐连云和他的生活交响曲》《这里的牛越宰越多》等，有的上了省报的头版头条或重要位置，有的上了《人民日报》《农民日报》等中央级报纸。同时，他的诗歌、散文、报告文学等作品在省内外的报刊上也从没间断过。

深入研究社会问题，是汝鸣新闻作品的一大特色。如《农民日报》发表的《该怪谁呢？——太和县薄荷油大战的反思》《不进‘圣殿’大门的张老家人》，《安徽日报》采用的《这里的牛越宰越多》《太和酒厂承包及其引发的思考》，《人民日报》刊登的《机械化施工在黑茨河》等都成了一份份社会问题的答卷，蕴含着深沉的哲理，闪耀着思辨的光辉。

随着孩子长大，如今的汝鸣“经济危机”已经解除。去年秋天，新来的县委书记王长运亲自关照，宣传部长张勤学与有关部门多次交涉，为汝鸣争得了一套50平方米的住房。汝鸣满足了，他在事业上也更加勤奋了。具有鲜明个性的各种题材的消息、通讯、报告文学不断见诸于中央、省、地报刊、电台、出版物。翻阅《安徽日报》的“华东九报现场新闻竞赛”专栏，汝鸣的名字已出现了3次。这在阜阳地区的通讯员中是绝无仅有的，在全省的通讯员中也是少见的。汝鸣将有新闻创作更美好的春天！

（张善欣）

原载《安徽日报通讯》1991年8月17日第13期3版

NEWS CHAT BAR

聊吧十六

后记

由于并非学新闻专业，此前虽已搞了二十多年的新闻，从没敢想过要出新闻方面的书。

一个偶然的机会，那是安徽日报社举办全省各市、县宣传部新闻科骨干通讯员培训班，要求编辑部各个部的主任都去讲一课，经济新闻中心的主任突然有事，硬是临时拉我这个副主任去顶替，真是赶鸭子上架。

匆忙间来不及准备，只好紧急思考一番，列出一个提纲，临时找了几张刊载有自己以往新闻作品的报纸，结合这些作品的时代背景、采写过程及新闻价值，采取聊天的形式，谈自己在多年新闻实践中始终追求一个“新”字的感悟和观念。也许是较为实用的缘故吧，想不到竟产生异乎寻常地热烈反响。下课后，学员们纷纷找到主持培训班的群工部主任高级记者刘步全，要求我再去讲。负责当期《安徽日报通讯》的编辑刘桂，也来找我要讲稿，准备刊发，以满足通讯员们的强烈要求。

尽管我答应把讲稿写出来，但始终没能兑现。此后，陆续又有一些厅局、市、县和市级报社请我去讲课，实在推不掉，我也是如法炮制，而一次次反响总是那样热烈。每次讲课结束后，总有很多学员围上来问我何时能将讲稿结集出版。我一次次承诺，时间久了就觉得欠着个债，同时，还感受到一份沉甸甸的责任。

之所以一直没有兑现承诺，并不都是因为忙，还因为担心仓促间对自己的有些感悟和观念从理论上说不清楚，以致谬误流传。接近退休的2008年底，策划并组织实施完报社纪念农村改革30周年的重大报道任务之后，我开始一边料理正常的报道工作一边谋划这本书。然而，还没能完成本书的结构体例构思和选稿，2009年初夏我就病倒了，出书的事只好暂停。

说是暂停，其实即使在病榻上度过的4年里也始终无法忘记这件事。退休4年后的2013年底，还在康复中的我便开始重新谋划这本书。由于原来的讲课提纲太粗、太不完善，如何使之完善并能保持原来讲课的风格和效果？确实大费周折。

翻阅新闻类的书籍，大体可分为三大类：一是从事系统研究的新闻理论、教材、史等学术专著；二是按照消息、通讯、新闻评论、新闻理论等分类选取的综合或单项新闻作品集；三是对这些综合或单项选取的新闻作品附加采编过程和点评、阅读提示、背后故事等的新闻作品集及新闻故事集。而我要谋划的这个集子，与上述三类皆不同。我完全按照自己原来讲课的风格，围绕自己在新闻实践中形成的认识和观念，打破消息、通讯、新闻评论、新闻理论的界限，从自己见报的近三千篇新闻作品中精选稿件，通过对这些作品采写的回顾与思考，仍采取聊天的形式，根据说明观念的需要，忽而聊在前，忽而聊在后，不是意在对作品做点评，而是意在聊自己对新闻求新的感悟与观念。堪称“四不像”。

一次次构思，一次次推到，一次次修改，整整折腾了一年半时间。

“文无定式，书亦无定式。”是本报老一辈评论家吕式毅老师的话，坚定了我的构思。接着便是艰难的选稿。说到艰难，主要是指依据“说明观念、力求精简、突出重点、兼顾体系”的选稿原则，很多好的、甚至是获奖作品，都在一次又一次全面精简中被忍痛割舍了，尤其是超长的通讯和报告文学作品，考虑到快节奏信息时代人们的阅读实际，尽量不选或少选，有的甚至是在基本选定、撰写了说明观念的聊吧、并打印出书稿的初样后又被一次次割舍的。仅基本精选出稿件就花费了半年多时间。

撰写《新闻求新聊吧》，是从2016年初开始的。由于时间跨度较长，担心对一些作品采写时的社会背景记忆不够准确，需要查找采访笔记及大量相关资料，撰写《新闻求新聊吧》甚至比当初创作原稿还要费力。加之病后精力不济，往往只能半天写稿半天休息，稿件又要反复修改，以及杂事耽搁，总共近80篇（原写成110余篇，后和原稿一起被删去30余篇）聊吧，直到2018年元旦过后才基本完成。屈指算来，此书的形成竟然横跨了十个年头。

至于本书聊及的新闻观念，有不少是受编辑老师和领导的影响、点拨（包括不曾谋面，但从被编改见报作品中领悟），及阅读名家相关论述后领悟而成的。置此，我要对众多影响、点拨过我的编辑老师和领导表示深深地感谢！这里我要特别感谢人民日报的著名编辑、原二版主编黄彩忠老师。当我还是一个小县城的通讯员应邀去人民日报改稿时，黄老师当面教授"写新闻是'骂人'（抬杠、求新，下同）的"，使我领悟到写新闻就要求新、关键是观念求新，并在实践中逐步深化、完善对新闻求新的认识，指导自己的新闻实践，堪称受益匪浅。我要特别感谢我国著名记者、原经济日报总编辑艾丰老师（虽不曾谋面），是他"记者要做一支思考的笔""当记者要想总理想的事"等精彩论述，使我坚定了在实践中朦胧意识到写新闻要注重思考的认识，并最终形成写新闻应将"骂人"与思考有机结合起来的新闻观念。

本书成稿后，黄彩忠老师还不顾年近八旬，认真审阅书稿并给予热情鼓励。对于此书的形成，当初力主将我从一个小县城的通讯员破格调进安徽日报当机动记者的省委原宣传部副部长、安徽日报社党组书记、总编辑王鸿，不仅提出了许多宝贵的建议，还不顾年逾八旬、带病为之作序。最初力荐调我进安徽日报记者部的老主任、省委原宣传部新闻阅评组组长杨佩良，对本书的目录和主要章节认真审阅后提出了许多真知灼见。我在经济部的老主任、为支持中国农村包产到户勇开第一腔的名记者汪言海，对本书的形成给予热心指导。我大学时代的恩师、诗歌评论家、诗人、安大中文系治芳教授，不顾年老多病，批阅了本书"与文学互鉴"的全部稿件。中国传媒大学新闻学博士成文胜教授，带着博士、硕士两级研究生，还上着本科教学课程，又赶上该校新闻传播学科正在接受国家创建世界一流大学、一流学科主管部门检查、评估的特别繁忙时期，拨冗为本书作序。原《新安晚报》常务副总编赵峰夫妇多次帮本书推敲斟酌，值此一并表示深深地感谢！

尽管有如此多的老师、领导、同学的热情帮助，由于自己的水平所限，"四不像"仍难免有不妥之处，敬请新闻同仁、方家和读者朋友批评指正。

注：本书除署名或作说明者外，均为汝鸣作品。